Brian Hill • Jack Lonergan

ENGLISCH ganz leicht ZUM AUFFRISCHEN

Deutsche Bearbeitung
Ursula Runde

Max Hueber Verlag

Quellennachweis

British Tourist Authority (Frankfurt/Main): S. 11, 12 (b, c)
Süddeutscher Bilderdienst (München): S. 12 (a, d, e, f), 58 (a), 166, 175, 178, 195
Leonore Ander (München): S. 58 (b, c, e), 173, 182
IFA-Bilderteam/Image du Sud: S. 39
Jack Carnell: S. 47
E. Friedrich: S. 58 (d, f), 175
www.britainonview.com: S. 68, 73
f1online/Detter/Schuster: S. 102
Bluebox/Reiner Harscher: S. 186
Cumbria Tourist Board: S. 38
Thames Television / The Coronary Prevention Group: S. 106
CY deCosse Inc., USA: S. 118
The London Standard: S. 135
The New Yorker: S. 151
Columbia – EMI – Warner Distributors Ltd.: S. 152
Manpower Services Commission: S. 167, 168
David McKie, The Guardian: S. 182
The Open University: S. 184

Dieses Werk folgt der seit dem 1. August 1998 gültigen
Rechtschreibreform.

€ 3. 2. 1. | Die letzten Ziffern bezeichnen
2006 05 04 03 02 | Zahl und Jahr des Druckes.
Alle Drucke dieser Auflage können, da unverändert,
nebeneinander benutzt werden.
1. Auflage

Lizenzausgabe von Palgrave Publishers Ltd, Basingstoke, England
Titel der deutschen Originalausgabe: Hueber-Selbstlernkurs Englisch für Fortgeschrittene,

Titel der englischen Originalausgabe: Breakthrough Further English, Pan Books, London 1985
Umschlaggestaltung: Atelier Kontraste, München
Zeichnungen: Barbara Schwab, Osterholz-Scharmbeck
Druck und Bindung: Friedrich Pustet, Regensburg
Printed in Germany
ISBN 3-19-002851-6 (Package)
1.2851 (Übungsbuch)

Inhalt

Symbole und Abkürzungen

1/12 Die erste Zahl gibt an, um welche der vier CDs es sich handelt, die zweite den Track, den Sie ansteuern können.

▶ Dieses Zeichen weist auf besonders wichtige Wörter und Ausdrücke hin.

pl = *plural,* Mehrzahl
coll = *colloquial,* umgangssprachlich
iron = *ironic,* ironisch

Dieser Selbstlernkurs ist für Englischlernende gedacht, die bereits über Grundkenntnisse verfügen, d. h. sich in den Gesprächssituationen des alltäglichen Lebens verständigen können.

Um diesen Lernern den (Wieder-)Einstieg zu erleichtern, werden gelegentlich Vokabeln oder grammatische Aspekte, die schon in einem Anfängerkurs vorkamen, nochmals besprochen bzw. erklärt.

Alle diejenigen, für die der Umgang mit Selbstlernkursen etwas Neues ist, finden im Folgenden noch einige Hinweise, wie man am schnellsten und effektivsten mit diesem Kurs lernt.

Wie man eine Unit bearbeitet

Wegweiser

Zu Beginn eines jeden Kapitels – das wir *Unit* nennen – finden Sie einen Wegweiser, in dem Sie die Seitenzahlen der einzelnen Übungen finden können.

Dialoge

In jeder *Unit* hören Sie 3–4 Tonaufnahmen aus Großbritannien, Dialoge genannt, in denen das neue sprachliche Material eingeführt wird. Die Aufnahmen stammen aus England, und die Personen, die Sie hören werden, sprechen so, wie im britischen Alltag tatsächlich gesprochen wird. Es wird daher nicht von Ihnen erwartet, dass Sie jeden Dialog auf Anhieb voll und ganz verstehen.

Hören Sie sich jeden Dialog erst einmal vollständig an; hören Sie ihn dann nochmals mit Hilfe der Pausentaste Ihres CD-Players und des Buchtexts Zeile für Zeile, sooft Sie wollen. Vokabular und Anmerkungen am Ende jedes Dialogs im Buch werden Ihnen das Verständnis erleichtern. Besonders wichtige Wörter und Redewendungen sind mit einem Pfeil markiert; Sie sollten sich diese gut merken, weil Sie sie in den Übungen wieder brauchen werden.

Wenn Sie glauben, einen Dialog ganz und gar verstanden zu haben, dann hören Sie ihn am besten nochmals an, ohne das Buch zu benutzen; so haben Sie noch eine weitere Verständniskontrolle.

Im Buch finden Sie dort, wo Sie mit der CD arbeiten sollen, ein Piktogramm mit zwei Zahlen. Die erste Zahl gibt an, um welche der vier CDs es sich handelt, die zweite den Track, den Sie ansteuern können. Falls Sie beim Sprachenlernen noch nie einen CD-Player benutzt haben, empfiehlt es sich ganz zu Anfang, sich mit der Technik vertraut zu machen.

Übungen

Mit jedem Dialog sind 2–3 Übungen verbunden. In den jeweils ersten Übungen werden Ihr Verständnis und Ihre Vokabelkenntnisse überprüft und gefestigt, in der jeweils letzten erhalten Sie Gelegenheit, selbst zu sprechen. Bei diesen Sprechübungen werden Ihnen meist Ihre Antworten auf Deutsch vorgesagt. Halten Sie dann die CD an und geben Sie laut Ihre Antwort auf Englisch. Danach hören Sie die korrekte Antwort. In einigen Fällen ist der Ablauf der Übung allerdings etwas abgewandelt. Wahrscheinlich werden Sie die Sprechübungen am Anfang mehrmals durchgehen müssen, um mit ihnen vertraut zu werden. Lesen Sie auf alle Fälle immer die jeweilige Anweisung im Buch durch, bevor Sie mit einer Sprechübung beginnen.

Wichtige Wörter und Ausdrücke

Dies ist eine Liste der wichtigsten Wörter und Redewendungen aus den Dialogen. Lernen Sie sie gründlich.

Grammatik

Da der Schwerpunkt dieses Kurses auf dem in der Praxis gesprochenen und geschriebenen Englisch liegt, ist der Grammatikteil so knapp und leicht verständlich wie möglich gehalten. Sie sollten es auf alle Fälle damit versuchen, auch wenn Sie sich sonst nicht so gerne mit Grammatik beschäftigen. Auch hier haben wir kurze Übungen vorgesehen, mit denen Sie prüfen können, ob Sie alles verstanden haben.

Leseübungen

Die Leseübungen basieren auf authentischen Passagen aus englischen Zeitungen, Zeitschriften und sonstigen Originalschriftstücken. Manche davon werden Ihnen vielleicht zunächst recht schwierig erscheinen, doch geben wir zusätzliche Vokabeln an, um es Ihnen leichter zu machen. Vergewissern Sie sich, dass Sie das Wesentliche jedes Texts verstanden haben, bevor Sie die damit verbundenen Übungen bearbeiten.

Radioübungen

Diese Ausschnitte aus echten Radiosendungen werden natürlich mit „Normalgeschwindigkeit" gesprochen. Deshalb werden Sie vielleicht auch am Anfang nicht allzu viel verstehen. Die Texte leisten jedoch gute Dienste dabei, Ihr Gehör für die fremde Sprache zu „schärfen". Wenn Sie am Anfang durchhalten, dann wird es Ihnen bei den späteren *Units* immer leichter fallen, sich in die Fremdsprache hineinzuhören. Dieser Abschnitt enthält auch Vokabeln und Übungen mit Verständnisfragen.

Im Beiheft finden Sie die Radiotexte auch schriftlich. Wenn Sie allerdings schon beim bloßen Zuhören keine allzu großen Schwierigkeiten haben, sollten Sie die Niederschrift eines Radiotexts erst dann zur Kontrolle heranziehen, wenn Sie die dazugehörigen Übungen bereits erledigt haben. Wenn es so nicht gleich geht, können Sie die Texte auch vor dem Zuhören oder während des Zuhörens lesen. Sie werden bald herausfinden, wie es für Sie am besten ist. Auf alle Fälle sollten Sie jedoch versuchen, die Niederschriften um so weniger zu benutzen, je weiter Sie in diesem Kurs fortschreiten.

Sprechen Sie selbst

Der letzte Abschnitt in jeder *Unit* gibt Ihnen die Gelegenheit, sich nochmals selbst zu äußern, aber jetzt haben Sie viel mehr Freiheit als in den Sprechübungen zu den Dialogen. Sie können den Inhalt Ihrer „Rede" nach Ihren eigenen Ansichten gestalten; wir geben Ihnen nur ein Thema und einige allgemeine Richtlinien. Auf der CD folgt dann jeweils eine Modellantwort; Ihre eigene Antwort kann jedoch ganz anders lauten und trotzdem richtig sein.

Das Begleitheft

Im Begleitheft finden Sie:

1. Eine ausführliche Übersicht über die einzelnen Lernschritte einer jeden *Unit*. In diesem Wegweiser haken Sie am besten jeden Schritt ab, nachdem Sie ihn erarbeitet haben; dann wissen Sie immer, wo Sie weiterarbeiten sollen.

2. Die Lösungen der Übungen zu den Dialogen und im Grammatikteil sowie der Lese- und Radioübungen.

3. Die Texte der Radioübungen.

Und hier noch einige Tipps

● Vertrauen Sie sich unserer Führung an. Die menschliche Sprache ist eine komplizierte Sache. Sie werden darum in jeder *Unit* immer wieder auf Erscheinungen stoßen, die nicht bis in die letzte Einzelheit hinein erklärt werden. Machen Sie sich deswegen keine Sorgen! Wir möchten Ihre Englischkenntnisse stufenweise aufbauen und wir lassen Sie auf jeder Stufe nur das lernen, was wirklich wichtig ist.

● Wenn Sie einmal eine Erklärung einer Äußerung oder auch nur ein Wort nicht verstehen, dann arbeiten Sie ruhig weiter. Das Lernen einer Sprache hat nämlich viel mit einem Puzzlespiel gemeinsam: Man muss immer wieder ausprobieren, welche Stücke zusammenpassen, bis man schließlich zum Ziel gelangt.

● Versuchen Sie, möglichst regelmäßig und häufig zu arbeiten. In der Regel sind 30 Minuten pro Tag Erfolg versprechender, als wenn Sie sich nur einmal in der Woche 3 oder 4 Stunden hintereinander mit dem Englischen befassen.

● Benutzen Sie dieses Lehrbuch als Arbeitsmaterial - schreiben Sie ruhig hinein und machen sich Notizen, wo Sie das für nötig halten. Scheuen Sie sich auch nicht davor, die englischen Wörter und Sätze laut auszusprechen; das gehört zum Sprachenlernen einfach dazu.

● Die *Units*, welche Sie sich bereits erarbeitet haben, sollten Sie in regelmäßigen Abständen noch einmal durchnehmen, damit sich der Stoff im Gedächtnis festsetzen kann.

● Es wäre ganz gut, wenn Sie jemand abhören könnte; wenn möglich, sollten Sie zu zweit oder in einer kleinen Gruppe lernen, denn dann können Sie sich gut gegenseitig helfen.

● Zu Beginn jeder *Unit* schlagen wir Ihnen jeweils vor, in welcher Reihenfolge Sie die Lehr- und Lernmaterialien erarbeiten sollten; an diesen Vorschlag brauchen Sie sich nicht unbedingt zu halten, wenn Sie den Eindruck haben, dass Sie anders besser vorankommen.

Und jetzt wünschen wir Ihnen viel Spaß und Erfolg beim Lernen mit diesem Selbstlernkurs.

1 Weekend plans

Sie lernen in dieser Unit:

- was es in und um London zu sehen gibt
- Pläne für das Wochenende zu schmieden
- den Wochenend-Wetterbericht im Radio zu verstehen

. . . und Sie erfahren etwas über Städtetouren, die *British Rail* (die britische Eisenbahn) anbietet.

Bevor Sie anfangen, lesen Sie jedoch bitte noch das Vorwort auf Seite 5; Sie finden dort nützliche Hinweise für selbständiges Lernen und für den Umgang mit diesem Kurs.

Wegweiser

Dialoge: Hören Sie zunächst dem Dialog 1 bei geschlossenem Buch zu; anschließend hören Sie ihn sich bei geöffnetem Buch an (wenn nötig, mehrmals). Studieren Sie ihn dabei sorgfältig Zeile für Zeile unter Zuhilfenahme des angegebenen Vokabulars und der Erklärungen. Bearbeiten Sie dann die zum Dialog gehörenden Übungen.

Anschließend verfahren Sie mit den Dialogen 2 und 3 ebenso.

Prägen Sie sich die *Wichtigen Wörter und Ausdrücke* (S. 18) gut ein.

Arbeiten Sie die *Grammatik* einschließlich der Übungen (S. 19) durch.

Nun sind die *Leseübungen* (S. 21) an der Reihe.

Hören Sie sich die beiden *Radioauszüge* an und bearbeiten Sie die entsprechenden *Übungen* (S. 22). (Hören Sie sich die Radioausschnitte an, sooft Sie wollen, versuchen Sie aber, nicht auf die Texte im Begleitheft zu sehen. Im Buch finden Sie Vokabeln und Erklärungen abgedruckt, die Ihnen das Verständnis erleichtern.)

Machen Sie die offenen Sprechübungen im Abschnitt *Sprechen Sie selbst* (S. 24). Hören Sie sich dann zum Vergleich die Beispielversionen auf der CD an.

Hören Sie sich alle Dialoge und Radiotexte noch einmal ohne Buch an.

1 (1/1)

There are many things you can do!

Die Lehrdialoge *(dialogues)* bestehen aus Interviews mit Personen, die sich zum Thema der *Unit* äußern. Sie finden die Dialoge auf CD und im Buch. Arbeiten Sie sie durch, bis Sie sie verstanden haben. Die zu jedem Dialog gegebenen Vokabeln und Erläuterungen werden Ihnen helfen. Beachten Sie besonders die mit einem ▶ versehenen Anmerkungen.

In Dialog 1 gibt der Londoner Gerry Tipps, wie man am besten ein Wochenende in der britischen Hauptstadt oder deren Umgebung verbringt.

G: Well, if you have a weekend in London, there are many things you can do, such as a trip down the river to Greenwich, where you have the zero meridian line and many other things to see. Or upstream to the Royal Botanical Gardens at Kew.

You can make half-day trips to Hampton Court Palace, to Windsor Castle, one of the favourite homes of the Queen; or if you wish you can visit some of the villages surrounding London, such as Hampstead, or Richmond, or Chiswick.

Or you may wish to get out of London for the day; and then you can visit Stonehenge, the most famous prehistoric monument in Europe; Bath; Cambridge, the famous university city, or Oxford; Stratford-upon-Avon, the home of William Shakespeare; there are endless possibilities.

the zero meridian line	der Nullmeridian
upstream	flussaufwärts
(downstream	flussabwärts)

▶ **a trip down the river** ein Bootsausflug (flussabwärts)

▶ **Greenwich** Londoner Vorort im Südosten der Stadt an der Themse. Durch Greenwich verläuft der Nullmeridian. Es beherbergt außerdem das **National Maritime Museum** (Seefahrtsmuseum) sowie den Clipper **"Cutty Sark"** und die Segelyacht Sir Francis Chichesters, die **"Gypsy Moth"**.

▶ **the Royal Botanical Gardens at Kew** die königlichen botanischen Gärten in Kew. Dieser berühmte botanische Garten wird kurz **Kew Gardens** genannt, da er im Stadtteil Kew (im Südwesten Londons) liegt.

▶ **Hampton Court Palace** der Palast zu Hampton Court. Dieses Schloss, im Südwesten Londons an der Themse gelegen, wurde im 16. Jahrhundert von Kardinal Wolsey erbaut und dann von König Heinrich VIII. „zwangsenteignet". **Hampton Court** ist im Tudor-Stil gebaut und kann besichtigt werden.

▶ **Windsor Castle** Schloss Windsor, einer der Wohnsitze der britischen Königsfamilie, ca. 50 km westlich von London.

▶ **Hampstead, Richmond, and Chiswick** hübsche Londoner Stadtteile (und teure Wohngegenden!) mit vielen Gärten und Parks.

▶ **Stonehenge, the most famous prehistoric monument** Stonehenge, das berühmteste prähistorische Denkmal. Stonehenge besteht aus einem Kreis von riesigen Monolithen, die in prähistorischer Zeit errichtet wurden. Die Anlage befindet sich auf der Ebene von Salisbury westlich von London.

▶ **Bath** elegante Bäderstadt, mit vornehmlich aus dem 18. Jahrhundert stammenden Gebäuden, in Westengland.

▶ **Oxford and Cambridge** die beiden ältesten und traditionsreichsten britischen Universitätsstädte.

▶ **Stratford-(up)on-Avon** Stadt am Fluss Avon; Shakespeares Geburtsort.

▶ **You can visit some of the villages surrounding London** Sie können einige Dörfer in Londons Umgebung besuchen. (Mit „Dörfern“ meint Gerry hier die jetzigen Vororte Hampstead, Richmond usw., die ursprünglich Dörfer außerhalb Londons waren.)

▶ **There are endless possibilities** Es gibt zahlreiche (wörtlich: endlose) Möglichkeiten.

Übung 1

Bevor Sie mit der ersten Übung beginnen, lesen Sie sich den entsprechenden Abschnitt zur Bearbeitung der Übungen im Vorwort auf Seite 5 durch.

Hören Sie sich Gerrys Tipps zur Wochenendgestaltung in London und Umgebung gut an, dann verbinden Sie die Sehenswürdigkeiten (links) mit den entsprechenden Orten, wie im Beispiel e.

Things to see	**Places**
a. A home of the Queen	Cambridge
b. The home of Shakespeare	Greenwich
c. A prehistoric monument	Kew
d. The Royal Botanical Gardens	Stonehenge
e. A university city → Cambridge	Stratford-on-Avon
f. The zero meridian	Windsor

Übung 2

Sehen Sie sich diese sechs Fotos der in Dialog und Übung 1 genannten Sehenswürdigkeiten an. Können Sie erraten, was auf welchem Bild zu sehen ist? Beschriften Sie die Fotos und versuchen Sie, noch eine kleine zusätzliche Bildunterschrift (auf Englisch zu erfinden, die die jeweilige Sehenswürdigkeit beschreibt.

a ______________________________

b ______________________________

c ______________________________

d ______________________________

e ______________________________

f ______________________________

Übung 3 (1/2)

Nun kommen wir zur ersten Sprechübung. Die meisten Sprechübungen gehen wie folgt: Sie nehmen an einem Gespräch teil. Andreas sagt Ihnen auf der CD auf Deutsch vor, was Sie auf Englisch sagen sollen. Halten Sie die CD kurz an und sprechen Sie. Danach können Sie auf der CD die von Martin oder Linda gesprochene richtige Version hören.

In der ersten Sprechübung in diesem Kurs sollen Sie nur die zwei folgenden Wendungen sprechen: "I've already been there" (Da war ich schon) oder "Yes, I'd like to go there" (Ja, da möchte ich gern hin). Linda empfiehlt Ihnen Sehenswürdigkeiten. Antworten Sie dann mit einem der beiden obigen Sätze, je nachdem, welchen Andreas Ihnen vorsagt.

2 (1/3)

Spare time activities

Das *International House* in London ist eine große Sprachenschule, an der Ausländer Englisch lernen können. Das Lehrprogramm reicht von einmonatigen Intensivkursen bis zu Kursen von anderthalb Jahren. Abgesehen vom Unterricht bietet *International House* auch ein Freizeitprogramm für seine Studenten an. Für die Zusammenstellung dieses Programms sind Anton und seine Assistentin Anna zuständig, die hier die Veranstaltungen für den kommenden Monat durchsprechen.

Anton: OK, we've got about three spaces. Yeah, there's three days in which we're not doing anything. Can you think of something?

Anna: How about another theatre visit? We haven't got any ballet at all this month yet.

Anton: Well, yeah – the London Festival Ballet are doing something, aren't they – the Nutcracker, towards the end of next month.

Anna: Yes.

Anton: Maybe you could phone them and try and get some tickets for that.

Anna: And maybe a rehearsal before.

Anton: And a rehearsal tied to it, if you could, that would be nice. And a backstage – maybe a backstage visit.

Anna: OK.

Anton: As well, if you could do that. What else d'you think, though? We're still left with two spaces, aren't we?

Anna: How about another conversation exchange?

Anton: Yeah, we could put it in on the third week.

Anna: Because they like those.

Anton: And a national evening, maybe. We haven't had one for a month now.

Anna: Good idea. Spanish?

Anton: Try Spanish, yeah.

Anna: OK.

to phone (*kurz für:* to telephone)	telefonieren
to try	versuchen
backstage visit	Besuch „hinter den Kulissen“
(stage	Bühne)
national evening	nationaler Abend (d. h. spanischer, italienischer Abend usw.)

We've got about three spaces Wir haben circa drei Lücken (im Programm). Andere Bedeutungen von **space: There's no space left** Hier ist kein Platz mehr; **a journey into space** eine Reise in den Weltraum.

the London Festival Ballet eine Londoner Ballett-Truppe.

The Nutcracker *Der Nussknacker* (Ballett von Tschaikowsky).

a rehearsal tied to it mit einer Probe verbunden (d. h. mit einem Besuch bei einer Ballettprobe). Das Verb heißt **to rehearse: They rehearsed the play for four weeks** Sie probten das Stück vier Wochen lang. **To be tied** oder **to be linked to/with something** mit etwas verbunden sein: **Our visit to London was linked with a sight-seeing tour** Unser Londonbesuch war mit einer Stadtbesichtigung verbunden.

a conversation exchange ein Konversationsaustausch, d. h. die Studenten von *International House* sprechen Englisch mit einem noch in der Ausbildung befindlichen jungen Lehrer und geben diesem (bei Bedarf) Unterricht in ihrer eigenen Muttersprache.

▶ **How about another theatre visit?** Wie wär's mit noch einem Theaterbesuch? Ähnlich: **How about going out for dinner/ to the cinema/swimming?** Wie wär's mit Essen- / Ins-Kino- / Schwimmengehen? **Yes, how about it?** Ja, wie wär's/wie steht's damit?

Übung 4

Unten sehen Sie ein Reihe von Veranstaltungen, die bei *International House* zum Freizeitprogramm gehören. Welche wurden in Dialog 2 erwähnt? Kreuzen Sie sie an.

Theatre visit	☐	**Conversation**	☐
Acting	☐	**Film showing**	☐
Ballet	☐	**Spanish evening**	☐
Disco	☐		

Übung 5

A chance to see the ballet! Am Freitag, den 19. Dezember, steht ein Ballettbesuch bei *International House* auf dem Programm. Lesen Sie die Bekanntmachung, die Anna ans schwarze Brett geheftet hat, und füllen Sie die fehlenden Wörter aus dem Kasten darunter ein.

Friday, December 19th: A ______ to see the London Festival Ballet ______ ___ 'The Nutcracker' at the Royal Festival Hall. Before the _______ _____ you can see a _________. There is also an opportunity for a visit _________; _______ from Anna at £5 each.

performance (Vorstellung) tickets dancing chance backstage rehearsal

Übung 6

Sehen Sie sich den Veranstaltungskalender an, den *International House* für die erste Augustwoche zusammengestellt hat. Die Titel der einzelnen Veranstaltungen fehlen – setzen Sie den jeweils richtigen ein:

Around London tour
New student's party
Conversation Exchange
Excursion to Cambridge

Tuesday August 2nd: ______________

A special party for new students and teacher trainees. An opportunity to meet each other and some of the teachers over a few free glasses of Italian wine. Room C2 6.30–8.00 p. m. Afterwards there will be **Rock music in the bar**.

Thursday August 4th: ______________

A chance to see the famous sights of London including: The Tower of London; The Bank of England; St. Paul's Cathedral; Fleet Street; The Houses of Parliament and Westminster Abbey – and many more interesting places. The coach will leave school at 1.00 p. m. Tickets for the tour are £15 each. Please buy these in advance from Anna.

Friday August 5th: ______________

An opportunity for foreign students to learn more English, and for teacher trainees to begin or brush up a foreign language. The Conversation Exchange is free, and will take place at 6.30 p. m. in Room C2.

Saturday August 6th: ______________

A full day excursion, accompanied by a guide. Tickets are £ 19.00 each. Coach leaves International House at 9.00 a. m. There are no refunds if you miss the coach!

teacher trainees · Lehrer in der Ausbildung
free · *hier:* kostenlos
famous sights · bekannte Sehenswürdigkeiten
in advance · im voraus
to brush up · aufpolieren (Kenntnisse usw.)
excursion · Ausflug

Übung 7 (1/4)

Jetzt sind Sie dran. Die Sprechsituation: Sie unterhalten sich mit Ihrem Partner über die Gestaltung des gemeinsamen Abendprogramms und können sich nicht einigen. Martin spielt Ihren Partner, Andreas gibt Ihnen Hinweise auf Deutsch, und Linda gibt Ihnen die richtige englische Version, nachdem Sie gesprochen haben.

3 (1/5)

Maybe to Hertford

Zwei Freundinnen, Penny und Kay, planen ihr Wochenendprogramm.

(P = Penny, K = Kay)

P: Right then, what are we going to do tomorrow? Assuming that the weather stays like this, really bright and clear. Because I'm really fed up with being indoors all the time.

K: We could go out into the country I suppose.

P: We could do. What do you think we should do?

K: We could go to Hertfordshire or somewhere. Hertford House or Hatfield House.

P: What, d'you feel like going to an old country house or just going for a walk in – no, we could go to Epping Forest again, couldn't we?

K: Yes, that takes rather a long time to get there, though, doesn't it?

P: Well, you've got the advantage of cheap fares on the tube if we went out there.

K: We could do that.

P: D'you really feel like that?

K: Yes, I do, actually. If it's weather like this it would be really nice.

P: But what about, what if it rains? Because I've heard it'll either rain or snow.

K: Well, we'll just play it by ear and go in the morning, decide in the morning, shall we?

P: OK, right, we'll make a decision then.

K: Right, OK.

► **Assuming the weather stays like this . . .** Angenommen, das Wetter bleibt so . . . **assuming** von **to assume** (annehmen, vermuten): **I assume there'll be a lot of changes around here soon** Ich nehme an, dass sich hier bald viel verändern wird.

► **. . . because I'm really fed up with being indoors** . . . weil ich wirklich genug davon habe, immer drinnen zu sein. **To be fed up with something** von etwas genug haben, die Nase voll haben, keine Lust mehr zu etwas haben: **I'm fed up with my job** Ich hab' keine Lust mehr zu meiner Arbeit.

Hertfordshire Grafschaft nördlich von London. **Hertford House, Hatfield House** Landhäuser in Hertfordshire. **Epping Forest** Wald von Epping, ein großes Waldgebiet im Norden Londons.

► **We could go out into the country** wir könnten aufs Land fahren (wörtlich: gehen). **Could** (von **can** können) wird sehr häufig gebraucht, um eine Möglichkeit auszudrücken. Ebenso **should** (von **shall** sollen) und **would** (von **will** wollen, werden). Mehr über **could** finden Sie im Grammatikkapitel auf Seite 19.

▶ **You've got the advantage of cheap fares on the tube** Man hat den Vorteil der verbilligten U-Bahn-Fahrpreise. Für Tagesausflüge bietet die **tube** (umgangssprachlich für die Londoner Untergrundbahn) billige Rückfahrkarten an. **To have the advantage of something** im Vorteil sein, etwas voraus haben: **You've got the advantage of being younger than me** du hast mir gegenüber den Vorteil, dass du jünger bist. Beachten Sie auch **disadvantage** Nachteil.

If we went out there ... Wenn wir dorthin führen. Beachten Sie hier den Gebrauch des Konjunktivs nach **if: went** – identisch mit der Imperfektform des Verbs. Ähnlich: **If we had nice weather ...** Wenn wir schönes Wetter hätten ... **If I got another job ...** Wenn ich eine neue Stellung bekäme ...

▶ **Do you really feel like that?** Hast du wirklich Lust dazu? (wörtlich: Fühlst du dich so?) Ähnlich: **Do you feel like going out/playing cards/watching TV?** Hast du Lust auszugehen/Karten zu spielen/fernzusehen?

What if it rains? Was ist, wenn's regnet? Ähnlich: **What if it snows?** Was ist, wenn's schneit? **What if he changes his mind?** Was ist, wenn er seine Meinung ändert?

We'll just play it by ear etwa: Wir werden sehen (was morgen ist).

Übung 8

Hören Sie sich Dialog 3 gut an, dann kreuzen Sie unten bei den Fragen das richtige Kästchen an.

a. Wie ist das Wetter an dem Tag, an dem Penny und Kay ihr Gespräch führen?
   1. ☐ schön
   2. ☐ wolkig
   3. ☐ regnerisch

b. Was für eine Jahreszeit ist es?
   1. ☐ Frühling
   2. ☐ Sommer
   3. ☐ Herbst
   4. ☐ Winter

c. Warum ist *Epping Forest* ein günstiges Ausflugsziel?
   1. ☐ Man kommt gut mit dem Auto dorthin
   2. ☐ Man hat den Vorteil der verbilligten U-Bahn-Tarife
   3. ☐ Man kann dort ein Schloss besichtigen

d. Was machen Penny und Kay, wenn es am Ausflugstag regnet oder schneit?
   1. ☐ zu Hause bleiben
   2. ☐ ins Kino gehen
   3. ☐ sich morgens entschließen

Übung 9

Vervollständigen Sie diese Sätze auf Englisch. Benutzen Sie dabei Wendungen aus dem Dialog.

Kay is fed up with ____________. ____________ the weather stays bright and clear, they would like to go to the country. Kay and Penny would have got the advantage of ____________ if they went out to Epping Forest. Kay and Penny will just ____________ and decide what to do in the morning.

Übung 10 1/6

In der Sprechübung schmieden Sie mit einer Freundin Pläne für den Sonntag. Andreas sagt Ihnen wieder auf Deutsch vor, was Sie auf Englisch sagen sollen.

Wichtige Wörter und Ausdrücke

Suggesting a weekend trip	**Vorschläge für einen Wochenendausflug**
You can visit . . .	Man kann . . .
the villages surrounding London	die Dörfer um London
Hampstead, Richmond and Chiswick	Hampstead, Richmond und Chiswick
Bath, Oxford, or Cambridge	Bath, Oxford oder Cambridge
Windsor Castle or Hampton Court Palace	Schloss Windsor oder Hampton Court
Greenwich or Kew Gardens	Greenwich oder Kew Gardens
Stonehenge	Stonehenge
	. . . besuchen
You can go on a trip up/down the river	Man kann (mit dem Boot) flussaufwärts/ flussabwärts fahren
There are endless possibilities	Es gibt zahllose Möglichkeiten
Planning a weekend	**Planung des Wochenendes**
Assuming the weather stays like this	Angenommen, das Wetter bleibt so,
we could go . . .	dann könnten wir . . .
for a walk	einen Spaziergang machen
to the country	aufs Land fahren
see an old country house	ein altes Landhaus besuchen/anschauen
You've got the advantage/disadvantage of . . .	Man hat den Vorteil/Nachteil von . . .
I'm really fed up with . . .	Ich habe wirklich keine Lust mehr zu . . .
Do you really feel like . . .?	Hast du wirklich Lust, zu . . .?
How about . . .	Wie wär's mit . . .
a theatre visit?	einem Theaterbesuch?
going to the opera?	einem Opernbesuch?
going to the cinema?	einem Kinobesuch?
going out for dinner?	essen gehen?

Can und could

Folgende Sätze kamen in Dialog 1 vor:
There are many things you can do (in London).
(Man kann viel in London unternehmen.)
You can make a half-day trip . . .
(Man kann einen halbtägigen Ausflug machen...)
You can visit Stonehenge . . .
(Man kann Stonehenge besuchen.)

Dieser Gebrauch von *can* (können) drückt wie im Deutschen eine Möglichkeit aus, das heißt, man kann etwas tun, wenn man will. Dann drückt *can*, ebenfalls wie das deutsche *können*, eine Fähigkeit aus:
Monkeys can climb trees.
(Affen können auf Bäume klettern.)
She can play the piano.
(Sie kann Klavier spielen.)
He can swim.
(Er kann schwimmen.)
Beachten Sie jedoch, dass es zwar im Deutschen manchmal möglich ist, *können* allein zu gebrauchen, dass im Englischen aber immer ein zweites Verb folgen muss:
He can speak English.
(Er kann Englisch.)
Everybody can do it.
(Das kann jeder.)

Can hat für alle Personen dieselbe Form:

I can	ich kann
you can	du kannst
he/she/it can	er/sie/es kann
we can	wir können
you can	ihr könnt
they can	sie können

Die Verneinung von *can* ist *cannot* oder *can't*:
Can't we go now?
(Können wir jetzt nicht gehen?)
You cannot be serious!
(Das kann doch nicht dein Ernst sein!, wörtlich: du kannst doch nicht ernst sein!)

Übung 1

Übersetzen Sie ins Englische:
a. Es kann nicht möglich sein!
b. Kannst du reiten?
c. Ich komme, sobald ich kann.
d. Mach deine Hausaufgaben.
Deine Schwester kann dir helfen.
e. Mein Vater kann nicht gut sehen.
f. Sie kann sehr gut Französisch.

Could

Could ist die Vergangenheit und die Möglichkeitsform (Konditional oder Konjunktiv) von *can*. In dieser *Unit* wurde *could* vor allem in der letzteren Form gebraucht:
If you could . . . (arrange a visit etc.)
(Wenn du einen Besuch arrangieren könntest...)
Maybe you could phone them.
(Vielleicht könntest du sie anrufen.)
We could go out into the country.
(Wir könnten aufs Land fahren.)

Man benutzt *could* also genau wie das deutsche könnte(n); d. h. es deutet eine Möglichkeit an oder drückt aus, dass bestimmte Bedingungen erfüllt werden müssen.

Beim Gebrauch von *could* als Vergangenheitsform von *can* muss man etwas vorsichtig sein. Sehen Sie sich diese beiden Sätze an:
I could run fast when I was young.
(Als ich jung war, konnte ich schnell laufen.)
I was able to run a mile, then I had to stop.
(Ich schaffte es, eine Meile zu laufen, dann musste ich aufhören.)

Im zweiten Satz ist der Gebrauch von *could* nicht möglich. Man kann *could* als Ausdruck der Vergangenheit nur dann benutzen, wenn man a) eine allgemeine Fähigkeit oder b) Erlaubnis oder Möglichkeit ausdrücken will:

a. *A few years ago I could eat anything I liked.* (Vor ein paar Jahren konnte ich (noch) alles essen, was ich wollte.)
My father could speak English, Spanish and French. (Mein Vater konnte Englisch, Spanisch und Französisch.)

b. *I could go wherever I liked.* (Ich konnte überall hingehen.)
We couldn't just get up and leave, could we? (Wir konnten ja schließlich nicht einfach weggehen, oder?)

Wenn Sie „können" im Sinne von „schaffen, in der Lage sein" in der Vergangenheit ausdrücken wollen, benutzen Sie *to be able to* oder *to manage*:

I was finally able to get him on the telephone.
(Ich schaffte es endlich, ihn telefonisch zu erreichen.)
She finally managed to get a better job.
(Sie hat es endlich geschafft, eine bessere Stelle zu finden.)
They managed to get out of the country just in time.
(Es gelang ihnen gerade noch rechtzeitig, das Land zu verlassen.)

Übung 2

Füllen Sie entweder *could* oder *managed to* ein.

a. She ________ always sing like a bird.

b. I ________ bring my friends home whenever I liked.

c. He ________ walk 50 miles before he collapsed.

d. I ________ pass my driving test yesterday.

e. He ________ play the guitar like nobody else.

f. Last year I ________ get a lot of apples off that old tree.

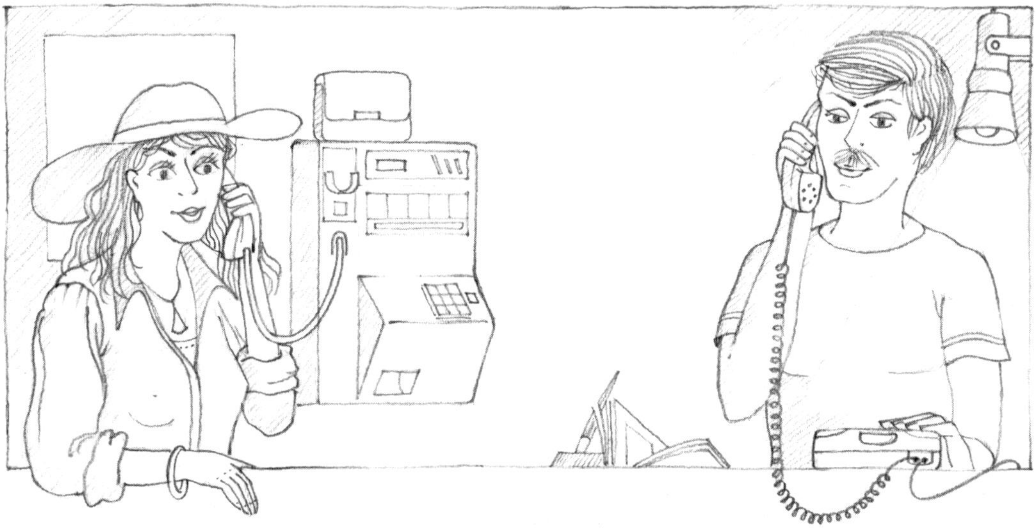

In diesem Abschnitt finden Sie hauptsächlich Ausschnitte aus englischen Zeitungen, Zeitschriften, Broschüren, Formularen, Fahrplänen, Schildern, Speisekarten usw. Diese zu lesen und zu verstehen wird Ihnen helfen, sich in Großbritannien besser zurechtzufinden.

1

In der ersten Übung stellen wir das *Triple Ticket* (die 'Dreifachkarte') der britischen Eisenbahn *(British Rail)* vor. Das *Triple Ticket* ist eine günstige Tourenkarte, mit der man beliebte Ausflugsziele erreichen kann. Aber man ist bei der Benutzung des Tickets natürlich gewissen Beschränkungen unterworfen. Lesen Sie die unten stehenden Informationen zum *Triple Ticket*, dann beantworten Sie die Fragen.

day trip · Tagesausflug
that's up to you · das ist Ihnen überlassen
overleaf · umseitig
you tick the place · Sie wählen den Ort (d. h. kreuzen ihn an)
holiday schedule · Ferienreiseplan
consecutive · aufeinander folgend
valid . . . from the date of issue · gültig . . . vom Tag der Ausstellung an

a. Wie viele Orte kann man mit dem Ticket anreisen?
b. Wie lange kann man einen Ort besuchen?
c. Wie lange ist das Ticket gültig, nachdem man es gekauft hat?
d. Wie viel englische Pfund kostet das Ticket?
e. Kann man mit dem Ticket überall hinfahren?
f. Was sind die Beschränkungen bei der Wahl des Zielortes?
g. Kann man das Ticket nur in Großbritannien kaufen?

WHAT? does the Triple Ticket give you? 3 separate day trips from London. Taken anytime within a period of one month. All for an inclusive price of £35 / $US 50 / €58 Second Class. Children (5–15) half-fare. Prices available until 31. 3. 03.

WHERE? That's up to you.
We have selected 27 of the most popular places of interest to give you a great day out from London. You choose one destination from each of the three groups shown overleaf. There is a choice of 9 destinations in each group. When you make your choice you tick the place and put the date of travel on the ticket. It's that easy!

WHEN? You can leave London anytime from 09.30. Plan the dates for your days out to fit your own holiday schedule. They don't have to be on consecutive days as your Triple Ticket is valid for one month from the date of issue. And the tickets can be used in any order.

HOW? You can buy your Triple Ticket from British Rail sales offices in Europe, BritRail Travel International in North America, British Rail Travel Centres in London and at Heathrow and Gatwick Airports and London Tourist Board offices.

2

Places of interest. Hier sind nur einige Ziele aufgeführt, die man mit dem *Triple Ticket* bereisen kann. Wo ist was zu finden und wo gibt es was zu sehen? Schreiben Sie den Namen des entsprechenden Ortes hinter die englische Frage, wie im Beispiel a.

Greenwich	Closely connected with Britain's naval history. Visit the national Maritime Museum and "Cutty Sark."
Guildford	Attractive county town of Surrey – the famous cobbled High Street has many historic buildings.
Hampton Court	Magnificent Tudor Palace by the Thames with beautiful riverside gardens and "Maze."
Hatfield	Ideal for a picnic – "Hatfield House" is a fine Jacobean Mansion set in delightful parklands.
Richmond	Enjoy a gentle stroll by the banks of the Thames – there's a riverside pub nearby for lunch!
Rochester	The setting for many novels by Charles Dickens. Visit the cathedral and castle.
St. Albans	Cathedral city dating back over 2000 years. The museum has many fascinating Roman relics.
Southend	Lively seaside resort. Popular as a day-trip destination for London's "Cockney" East Enders.
Windsor	See the famous Royal castle with its colourful pageantry – always a popular attraction.

naval history · Geschichte der Seefahrt
cobbled · kopfsteingepflastert
the *Maze* · das 'Labyrinth', d. h. ein Irrgarten, bestehend aus grünen Hecken
Jacobean mansion · Herrenhaus aus dem 17. Jahrhundert
a stroll · ein Bummel
a riverside pub · ein Gasthaus am Flussufer
Roman relics · römische Überreste
destination · (Ausflugs-)Ziel
pageantry · *hier:* prunkvolle historische Kostüme (der Wachsoldaten usw.)

a. If you were interested in naval history, which place would you visit? Greenwich

b. Where could you have a picnic by the seaside? ______________

c. If you felt like a stroll along England's most famous river, where would you go? ______________

d. If you were interested in historical costumes and in castles, where would you go? ______________

e. Where could you see a cathedral as well as a castle? ______________

f. Near which palace could you get easily lost? ______________

g. Which city is over 2000 years old? ______________

Radioübungen

In diesem Übungsabschnitt können Sie auf der CD Ausschnitte aus authentischen britischen Rundfunksendungen hören. Die Sendungen stammen von *Southern Sound,* einem Sender im Seebad Brighton an der Südküste Englands. Sie werden wahrscheinlich nicht jedes Wort verstehen, aber versuchen Sie, mit Hilfe der Vokabeln und Erklärungen den Sinnzusammenhang zu erfassen. Hören Sie sich die Passagen so oft wie nötig an und stoppen Sie die CD bei Bedarf. Die Texte der Radioausschnitte sind im Begleitheft abgedruckt.

1 (1/7)

Weekend sports news. Der erste Radioausschnitt ist eine Sportreportage über Zola Budd, die südafrikanische Mittelstreckenläuferin, die die britische Staatsbürgerschaft erhielt. Hören Sie sich den Bericht des *Southern-Sound*-Reporters Jonathan Pearce gut an, dann entscheiden Sie, ob die unten angegebenen Sätze Richtiges oder Falsches (*True* or *False*) aussagen. Schreiben Sie entweder *T* oder *F* in die Kästchen.

athletics · Leichtathletik
to miss out on a chance · eine Chance verpassen
Crawley · (Stadt bei Brighton)
opening meeting · Eröffnungsveranstaltung
another step in her bid . . . · ein weiterer Schritt auf ihrem Wege (ins Olympia-Team)
Hove · (Stadt bei Brighton)
her appearance · ihre Teilnahme (*wörtlich:* ihr Erscheinen)
. . . can only benefit the sport · . . . kann dem Sport nur zugute kommen
track · Aschenbahn
it'll be a boost to the Crawley Club · es wird dem Crawley-Club Auftrieb geben

a. Sue Morley usually runs 100 metres. ☐
b. She is running against Zola Budd at Crawley this weekend. ☐
c. Zola Budd is running in the 1500 metres race. ☐
d. She hopes that this will help her to be selected for the Olympic Team. ☐
e. The track at Crawley has never been used before at a running meeting. ☐
f. Zola Budd is not British. ☐

2

Ehe Sie sich den nächsten Radioausschnitt – einen Wetterbericht – anhören, vervollständigen Sie bitte das „Wetterpiktogramm“ unten. Setzen Sie entweder das fehlende Adjektiv oder das fehlende Substantiv ein (Beispiel: *sun – sunny, misty – mist*).

sun	sunny
breeze	________
frost	________
mist	misty
________	foggy
drizzle	________
rain	________
________	showery
cloud	________

drizzle · Nieselregen

3 (1/8)

The weekend weather. Hören Sie sich den Wetterbericht auf der CD zuerst einmal ganz bis zu Ende an. Spielen Sie den Ausschnitt dann abschnittweise durch und halten Sie die CD an, wenn Sie an einen der unter a. bis f. angeführten Sätze kommen. Zu jedem Satz gibt es drei Erklärungen – wählen Sie die richtige und kreuzen Sie das entsprechende Kästchen an.

a. The afternoon will be dry and it'll stay mostly sunny.
   1. ☐ There could be some clouds.
   2. ☐ It will be sunny nearly all afternoon.
   3. ☐ There will be more sun than rain.

b. Temperatures will peak at 13 degrees centigrade.
   1. ☐ The lowest temperature will be 13 °C.
   2. ☐ The highest temperature will be 13 °C.
   3. ☐ The average temperature will be 13 °C.

c. . . . except along the coast where light to moderate force 2 to 4 southerly breezes restrict temperatures to 11 °C.
   1. ☐ By the sea the temperature will be lower because of heavy winds.
   2. ☐ By the sea the temperature will be lower because of light winds.
   3. ☐ By the sea the temperature will be higher because of light winds.

d. Overnight it's going to stay dry with clear spells.
   1. ☐ There will be some cloud in the night.
   2. ☐ There will be some rain in the night.
   3. ☐ There will be no cloud or rain.

e. . . . resulting in ground frost and patchy mist over inland valleys.
   1. ☐ . . . there will be heavy fog all day.
   2. ☐ . . . there will be snow.
   3. ☐ . . . the day will start cold and misty.

f. The outlook for tomorrow: dry and bright.
   1. ☐ There will be no rain but some cloud.
   2. ☐ There will be no rain and it'll be sunny.
   3. ☐ There will be some rain but also sun.

showery · regnerisch
to peak · den höchsten Punkt erreichen
centigrade · (Grad) Celsius
light to moderate · schwach bis mäßig
force 2 to 4 southerly breezes · leichte südliche Winde Stärke 2 bis 4
clear spells · Aufhellungen
patchy mist or fog · stellenweise Nebel
outlook · die (weiteren) Aussichten

Jetzt haben Sie wieder das Wort, aber in diesem Abschnitt handelt es sich um „offene“ Sprechübungen. Das heißt, Sie können die Übung Ihrer eigenen Situation anpassen – es gibt keine „richtigen“ oder „falschen“ Antworten. Im Buch finden Sie nur die allgemeine Aufgabenstellung und eventuell einige Wörter und Wendungen, die Sie möglichst benutzen sollen. Auf der CD hören Sie dann eine von Martin oder Linda gesprochene „Modellversion“, die Sie sich zum Vergleich anhören können. Aber Ihre eigene Version kann, wie gesagt, ganz anders lauten.

1 (1/9)

Beschreiben Sie ein Ausflugsziel, das Sie am Wochenende gerne ansteuern – zum Beispiel einen See *(a lake)*, ein Waldgebiet, ein Schloss, eine Ortschaft usw. Sagen Sie, wie Sie dorthin kommen, zum Beispiel mit dem Auto *(by car)*, mit dem Zug *(by train)* oder zu Fuß *(on foot* oder *we walk there)*. Fangen Sie folgendermaßen an:
At the weekend we often/normally go to . . .
Hören Sie sich dann zum Vergleich Linda auf der CD an.

2 (1/10)

Hören Sie sich den Wetterbericht (Radioübung 2) noch einmal an und beschreiben Sie dann, wie das Wetter heute bei Ihnen ist, so wie es Martin auf der CD tut.

2 Non-stop to Florida

Sie lernen in dieser Unit:

- wie Engländer ihren Sommerurlaub verbringen
- wie man einen Urlaub plant
- wie Weihnachten in England gefeiert wird

... und Sie erhalten Gelegenheit, über Ihre eigenen Urlaubspläne und -erfahrungen zu sprechen.

Wegweiser

Dialoge: Hören Sie zunächst dem Dialog 1 bei geschlossenem Buch zu; anschließend hören Sie ihn sich bei geöffnetem Buch an (wenn nötig, mehrmals). Studieren Sie ihn dabei sorgfältig Zeile für Zeile unter Zuhilfenahme des angegebenen Vokabulars und der Erklärungen. Bearbeiten Sie dann die zum Dialog gehörenden Übungen.

Anschließend verfahren Sie mit den Dialogen 2, 3 und 4 ebenso.

Prägen Sie sich die *Wichtigen Wörter und Ausdrücke* (S. 35) gut ein.

Arbeiten Sie die *Grammatik* einschließlich der *Übungen* (S. 36) durch.

Nun sind die *Leseübungen* (S. 38) an der Reihe.

Hören Sie sich die beiden *Radioauszüge* an und bearbeiten Sie die entsprechenden Übungen (S. 41). (Hören Sie sich die Radioausschnitte an, sooft Sie wollen, versuchen Sie aber, nicht auf die Texte im Begleitheft zu sehen. Im Buch finden Sie Vokabeln und Erklärungen abgedruckt, die Ihnen das Verständnis erleichtern.)

Machen Sie die offenen Sprechübungen im Abschnitt *Sprechen Sie selbst* (S. 42). Hören Sie sich dann zum Vergleich die Beispielversionen auf der CD an.

Hören Sie sich alle Dialoge und Radiotexte noch einmal ohne Buch an.

1 (1/11)

Lost in the fog

Ein Urlaub verläuft nicht immer unbeschwert – vor allem dann nicht, wenn man mit Kindern verreist. Quentin und Poppy, ein britisches Ehepaar, berichten hier von einem etwas unangenehmen „Urlaubsabenteuer".

(Q = Quentin, P = Poppy)

Q: Yes indeed, we did have an adventure. It was – at the time it was somewhat alarming but afterwards I think we were able to joke about it. It was because Ruth got lost in the fog, which you don't expect on a holiday by the seaside in July in England. Nevertheless she managed to wander off and we realized after a while that we couldn't see her. And of course this got us all quite upset and we started wondering what on earth we were going to do as we could only see about 20 yards in front of us; and I think Poppy was really more alarmed than I was.

P: Yes, I was terrified. I rushed off to see the man in the caravan who was in contact with the coastguard and he instructed us what to do. He said "Get some people to help you. Make sure that they search a hundred yards in either direction up the beach and come back and report, and if you don't find her then, then I will call out the coastguards." So some people had already gone off in one direction and I asked somebody to help by going in the other direction, which they did, and then I just had to sit and wait. And luckily, after a little minute or two, somebody said, "I think that woman's got her" and there she was, just coming out of the fog.

an adventure	ein Abenteuer
to instruct	Anweisungen geben
beach	Strand
luckily	glücklicherweise
to report	melden

► **At the time it was somewhat alarming** Zu dem Zeitpunkt war es etwas beunruhigend. **Somewhat** (etwas; schon irgendwie) ist umgangssprachlicher als **rather** (ziemlich). **Alarming** kommt von **alarm** (Schreck, Bestürzung; Alarm); vergleichen Sie auch weiter unten im Dialog die Wendung **I think Poppy was really more alarmed than I was** Ich glaube, Poppy hat sich mehr geängstigt als ich.

► **Ruth got lost in the fog** Ruth hatte sich im Nebel verlaufen. **To get lost** (sich verlaufen, sich verirren) hat auch eine umgangssprachliche Bedeutung: **Get lost!** Hau ab! Zieh Leine!

► **by the seaside** (oder **by the sea**) an der See, an der Küste.

Nevertheless she managed to wander off Trotzdem schaffte sie es, sich zu entfernen. Verwechseln Sie **off** (wie in **to wander off,** wörtlich: davonwandern, hier: sich (von den Eltern) entfernen) nicht mit der Präposition **of** (von). **Off** bedeutet immer „weg, davon": **I rushed off to hospital** Ich eilte (davon) ins Krankenhaus.

This got us all quite upset Das hat uns alle ziemlich beunruhigt. Ähnlich: **The incident upset me very much** Der Zwischenfall hat mich sehr verstört/aufgewühlt.

We started wondering what on earth we were going to do Wir fragten uns (wörtlich: begannen uns zu fragen), was wir um Himmels willen tun sollten. **What on earth** wird oft verwendet, um einer Sache Nachdruck zu verleihen: **What on earth was that all about?** Worum ging's denn dabei, um Himmels willen?

► **I was terrified** Ich stand Todesängste aus.

► **Get some people to help you** Lassen Sie sich von ein paar Leuten helfen. **To get someone to do something** drückt aus, dass man jemanden dazu bringt, etwas zu tun: **Get him to do it!** Mach ihm Beine!

Make sure that they search … in either direction Vergewissern Sie sich, dass sie in beiden Richtungen suchen. **Either** heißt hier: jede von den zweien. Ähnlich: **There is a window on either side of the room** An beiden Seiten des Zimmers ist ein Fenster.

► **I will call out the coastguards** Ich werde die Küstenwärter rufen. Ähnlich: **to call out the fire brigade** die Feuerwehr rufen. (Beachten Sie: **coastguards** Küstenwärter, **coastguard** Küstenwache).

Übung 1

Lesen Sie die unten stehenden Sätze und hören Sie sich dann den Dialog noch einmal an. Tragen Sie dann die richtige Reihenfolge der Sätze (d. h. die Buchstaben a., b. usw.) in die Kästchen ein.

a. Poppy was terrified.
b. A woman came out of the fog with Ruth.
c. She talked to the man in the caravan.
d. Poppy sat and waited.
e. One day Ruth got lost.
f. She got some people to search for Ruth.
g. He told her what to do.

Übung 2

Lesen Sie sich die Fragen durch und kreuzen Sie die richtige Antwort an.

a. Why did Quentin call their holiday an adventure?
   1. ☐ Because there was always a lot of fog by the beach
   2. ☐ Because their little daughter got lost
   3. ☐ Because they went far away

b. How did Poppy react when Ruth got lost?
   1. ☐ She didn't know what to do
   2. ☐ She went off to search
   3. ☐ She found someone who could tell her what to do

c. Who instructed the parents what to do?
   1. ☐ The man in the caravan
   2. ☐ The people on the beach
   3. ☐ The coastguard

d. What did Poppy do after asking people to help?
   1. ☐ She called the coastguard
   2. ☐ She went down the beach
   3. ☐ She sat and waited

e. How do the parents feel now?
   1. ☐ They can joke about it
   2. ☐ They are angry
   3. ☐ They are terrified

Übung 3 (1/12)

In der Sprechübung sollen Sie nun die Rolle des Strandwärters übernehmen, der Poppy Anweisungen gab, als sie Ruth finden wollte. Benutzen Sie Wendungen aus dem Dialog. Andreas sagt sie Ihnen auf Deutsch vor.

2 (1/13)

I got a nice suntan

Andrew und Ellie, ein weiteres britisches Ehepaar, haben in Frankreich Urlaub gemacht und hatten keinerlei Ärger mit den Kindern.

(A = Andrew, E = Ellie)

A: Yes, we had a terrific time. We went camping in the South of France.

E: One of the really nice things about going there with young children ist that in the evenings you can take them to restaurants and have a really pleasant meal and they can play around and so on, which you can't really do here.

A: Where we went though, we went to camp by rivers where there were beaches, and every day we were able to lie on the beach and go swimming. And there wasn't so much commercialization, not like the seaside.

E: There were no English people there either. Which was nice.

A: I spent a lot of time just lolling about in the river. But I think that you were on the beach most of it.

E: Yes, yes, I got a nice suntan. Which we didn't the year before, if you remember, because the children wouldn't leave us alone at all, they were just that much younger and demanded attention all the time whereas this time they actually went off and played together, and we had some peace.

A: We didn't spend the whole time in camping sites. We spent quite a lot of time camping in the open.

terrific	toll, wunderbar
a pleasant meal	ein schönes Essen
commercialization	Kommerzialisierung
suntan	Sonnenbräune
camping site	Campingplatz
to go camping	zelten gehen

One of the really nice things about going there … is that … Was so schön daran ist, ist die Tatsache, dass … Ähnlich: **One of the nice things about him is his honesty** Seine Ehrlichkeit ist eine seiner guten Seiten.

▶ **They can play around** Sie können herumtoben/-spielen. (Vergleichen Sie auch weiter unten im Dialog: **I spent a lot of time lolling about in the river** Ich verbrachte viel Zeit damit, mich im Fluss zu aalen.) Sowohl **around** als auch **about** bedeuten „herum" und drücken eine gewisse Ziellosigkeit oder Entspanntheit der Tätigkeit aus.

(The children) were just that much younger Die Kinder waren gerade um so viel jünger. **That much** oder **that bit** plus Komparativ wird benutzt, um genau *den* Unterschied zu betonen, auf den es ankommt: **He could run that much faster** Er lief um so viel schneller; **It was just that bit too expensive** Es war gerade um so viel zu teuer.

► **They actually went off and played together** Sie gingen (doch) tatsächlich los und spielten (allein) miteinander. **Actually** drückt hier etwas Unerwartetes aus. Ähnlich: **He actually enjoyed his holiday although he didn't want to come in the first place** Ihm hat der Urlaub (doch) tatsächlich Spaß gemacht, obwohl er zuerst nicht kommen wollte.

camping in the open „wild“, d. h. im Freien zelten.

Übung 4

Which one? Hören Sie sich Dialog 2 gut an, dann verbinden Sie die richtigen Satzhälften. (Beispiel: a. – IV)

a. Ellie and Andrew don't much like ...
b. The children enjoyed ...
c. Ellie likes ...
d. Andrew likes ...
e. The family enjoyed ...
f. Last year the children didn't like ...
g. This year the children didn't need ...

I) looking after so much
II) sunbathing
III) having meals together in restaurants
IV) meeting other English people when on holiday
V) leaving their parents at all
VI) the water
VII) amusing themselves

Übung 5

Pack your suitcase! Was würden Andrew, Ellie und ihre Kinder für ihren Camping-Urlaub mitnehmen? Kreuzen Sie die Kästchen an.

- [ ] a sailing boat
- [ ] passports
- [ ] hotel confirmations
- [ ] baby's nappies
- [ ] swimming costumes
- [ ] skis
- [ ] warm underwear
- [ ] a tent
- [ ] blankets
- [ ] sleeping bags
- [ ] suntan lotion
- [ ] a map of the alps
- [ ] a guide to camp sites
- [ ] winter overcoats
- [ ] sunglasses

Übung 6 (1/14)

Jetzt sind Sie dran! Übernehmen Sie Andrews Rolle. Eine Bekannte, die ebenfalls Kinder hat, fragt ihn nach seiner Rückkehr aus dem Urlaub nach seinen Erfahrungen. Andreas sagt Ihnen wieder vor. (Benutzen Sie immer das Wort *actually* zur Betonung in Ihren Antworten.)

3 (1/15)

Plans for the next summer holiday

Penny und Kay planen ihren nächsten Sommerurlaub. Sie möchten gerne segeln und windsurfen.

(P = Penny, K = Kay)

P: What do you think about going on a windsurfing and sailing holiday next year?
K: I think do what we did last – once before, in Corfu, that would be quite fun.
P: We could actually put windsurfing and sailing together, that would be fun.
K: Mm.
P: Because windsurfing gets so exhausting, you can't actually do it all day long.
K: No, exactly. I think sailing in the morning, say windsurfing in the afternoon. That's the idea.
P: Also a good way to pick up a suntan.
K: Yes. Mind you, you spent most of your time in the water last year, didn't you?
P: Yes, I remember you were trying to learn to windsurf and I was lying on my back telling you what to do and all of a sudden the boom went over …
K: I pushed the boom over.
P: And I was in!
K: The language!

► **a windsurfing and sailing holiday** ein Surf- und Segelurlaub. Ähnlich: **a skiing holiday** ein Skiurlaub, **a walking holiday** Wanderferien, **a camping holiday** ein Camping-Urlaub.

► **because windsurfing gets so exhausting …** weil Surfen so anstrengend wird … Vergleichen Sie auch **exhausted** (erschöpft), **exhaustion** (Erschöpfung).

You can't actually do it all day long Man kann es eigentlich nicht den ganzen Tag lang machen. Hier hat **actually** die Bedeutung von „eigentlich", wie auch im Satz davor: **We could actually put windsurfing and sailing together.** Wir könnten eigentlich Surfen und Segeln kombinieren. Kombinieren heißt außerdem auch **to combine**.

say windsurfing in the afternoon sagen wir mal Surfen am Nachmittag.

► **That's the idea** eigentlich: das wäre die Absicht; darum geht's; hier mehr im Sinne von „So stell ich's mir vor." **To get the idea** etwas kapieren/verstehen: **Am I doing it right? – Yes, you got the (general) idea** Mach ich's richtig? Ja, du hast es (im Großen und Ganzen) kapiert.

► **a good way to pick up a sun-tan** eine gute Methode, braun zu werden (wörtlich: sich eine Sonnenbräune zu holen). **To pick up** ist hier anstelle von **to get** (holen, bekommen) gebraucht. Ähnlich: **I picked up a cold** Ich habe mir eine Erkältung geholt.

All of a sudden the boom went over Ganz plötzlich kam der (Segel-)Baum 'rüber.

The language! Das Gefluche! (wörtlich: die Sprache!) Penny hat wahrscheinlich **bad language** benutzt, das heißt, sie hat viel geflucht, als sie ins Wasser fiel.

Übung 7

A postcard from Corfu. Penny hat während ihres letzten Urlaubs auf Korfu eine Postkarte an ihre Mutter geschrieben. Lesen Sie sie und füllen Sie diese fehlenden Wörter ein:

language · windsurf · boom · sun-tan · water

Dear Mum,

Well, here we are in Corfu. As you know, we came here mainly to ________. The weather is hot and sunny and I'm picking up a nice ______. But the windsurfing is difficult. Yesterday Kate pushed the ______ of my sail over, and I fell into the ________. I shouted at her so much that she complained about my ________!

Best wishes, see you soon,

Penny

Übung 8

Multiple choice. Lesen Sie sich die deutschen Fragen zum Dialog 3 durch und kreuzen Sie die jeweils richtige Antwort an.

a. Was für einen Urlaub planen die Mädchen?
  1. ☐ nur Surfen
  2. ☐ nur Segeln
  3. ☐ Surfen und Segeln kombiniert.

b. Wo wollen sie hinfahren?
  1. ☐ auf eine griechische Insel
  2. ☐ nach Cornwall
  3. ☐ nach Bayern

c. Wie sieht ihr Tagesprogramm aus?
  1. ☐ den ganzen Tag surfen
  2. ☐ morgens surfen, nachmittags segeln
  3. ☐ morgens segeln, nachmittags surfen

d. Warum hat Penny im letzten Jahr viel Zeit im Wasser verbracht?
  1. ☐ sie schwimmt gern
  2. ☐ sie wollte surfen lernen
  3. ☐ sie ist beim Segeln vom Boot gefallen

Übung 9 (1/16)

Auf der CD stellt Ihnen Martin einige Fragen über Ihren letzten Urlaub. Antworten Sie ihm so, wie Andreas es Ihnen auf Deutsch vorsagt.

4 (1/17)

Christmas is a special time

Ebenso wie bei uns wird Weihnachten auch in Großbritannien gebührend gefeiert. Rory McLeod von *Southern Sound Radio* muss jedoch arbeiten, da er das Festtagsprogramm überwachen muss.
Auf Ihrer CD hören Sie nun ein Interview unserer Reporterin Chris Reilly mit McLeod zu seiner Arbeit während der Festtage.

(R = Reilly, M = McLeod)

R: Christmas is a special time for everyone. Families and friends get together to celebrate and enjoy themselves, and they often listen to the radio. Programme controller at Southern Sound Radio, Rory McLeod, explains how he sees the radio's job during the festive season.

M: It's a time really when people want to relax, I suppose. Because they've worked hard for most of the year with the exception of their summer holidays, so what we tend to do is relax a little as well, and we concentrate mainly on entertainment. So we put on a series of major rock concerts. We'll be doing a drama. We promote a yearly concert with the Royal Philharmonic Orchestra at the Dome in Brighton. We tend to concentrate a little less on news and a little more on entertainment and we don't forget the fact that it's Christmas as well and people want to be told the story of the birth of Jesus Christ and what happened after that. So we spend a little time on that too. But primarily it's entertainment. It's enjoying ourselves and we hope that our listeners enjoy the Southern Sound Radio and that we can enjoy ourselves too.

programme controller	Programmdirektor
the festive season	die Feiertage
primarily	in erster Linie
to put on (a broadcast, etc.)	(eine Sendung) bringen

▶ **Families and friends get together to celebrate and enjoy themselves** Familien und Freunde kommen zusammen, um zu feiern und sich zu freuen. **To get together** gibt es auch als Substantiv: **a family get-together** ein Familientreffen. Das Substantiv von **to celebrate** (feiern) ist **celebration,** das von **to enjoy** ist **enjoyment.** Beachten Sie: **to enjoy oneself** (*sich* freuen, *sich* amüsieren), aber **to enjoy something: We hope our listeners will be enjoying our Christmas programme** Wir hoffen, dass unseren Hörern unser Weihnachtsprogramm gefallen wird.

... how he sees the radio's job wie er die Aufgabe des Rundfunks (zur Weihnachtszeit) sieht.

So what we tend to do is relax a little as well Also neigen wir auch dazu, uns ein bisschen zu entspannen.

▶ **We concentrate mainly on entertainment** Wir konzentrieren uns hauptsächlich auf Unterhaltungsprogramme. **Entertainment** (eigentlich „Unterhaltung", hier „Unterhaltungsprogramme zur Festzeit"), **to entertain** unterhalten, **entertaining** unterhaltsam.

we promote a yearly concert with the Royal Philharmonic Orchestra Wir sorgen dafür, dass in jedem Jahr ein Konzert mit dem Königlich-Philharmonischen Orchester gesendet wird. Ähnlich wie **yearly** (jährlich): **daily** täglich, **monthly** monatlich, **weekly** wöchentlich. – Das **Royal Philharmonic Orchestra** ist eins der führenden Sinfonie-Orchester Großbritanniens.

the Dome Gebäude aus dem 19. Jahrhundert in Brighton. **Dome** heißt eigentlich „Kuppel".

▶ **People want to relax I suppose** Ich vermute, die Leute wollen sich entspannen. Außer **I suppose** hört man auch häufig **I think** (ich glaube), **I expect** (ich erwarte; erwartungsgemäß) oder **I imagine** (stelle ich mir vor; wie man sich vorstellen kann).

Übung 10

A festive programme. Kreuzen Sie die Sendungen an, die *Southern Sound Radio* zur Weihnachtszeit bevorzugt. Manchmal ist mehr als eine Antwort richtig.

a. Families and friends get together
   1. ☐ to concentrate
   2. ☐ to dance
   3. ☐ to enjoy themselves
   4. ☐ to relax

b. By profession, Rory McLeod is
   1. ☐ a concert promoter
   2. ☐ a programme controller
   3. ☐ an entertainer
   4. ☐ a dramatist

c. At Christmas, the radio presents more
   1. ☐ news
   2. ☐ commentaries
   3. ☐ music
   4. ☐ religion

d. Southern Sound Radio promotes a classical music concert
   1. ☐ every week
   2. ☐ every month
   3. ☐ every year
   4. ☐ twice a year

e. The concert is held in
   1. ☐ London
   2. ☐ Durham
   3. ☐ Brighton
   4. ☐ Birmingham

Übung 11

Versuchen Sie, dieses Worträtsel zu lösen. Alle einzutragenden Wörter kommen in Dialog 4 vor. Das Wort in der umrandeten Säule sagt Ihnen, worauf bei *Southern Sound* zu Weihnachten der Schwerpunkt liegt.

a. musical entertainment
b. *Southern Sound Radio* concentrates a little less on ... at Christmas
c. At Christmas time people get together to ...
d. a set of similar programmes
e. to support actively
f. radio audience
g. a play for actors
h. *Southern Sound* is a ... station
i. Rory McLeod is a programme ...
j. late December festival
k. to take pleasure in something
l. At Christmas, family and ... get together
m. a group of performing musicians

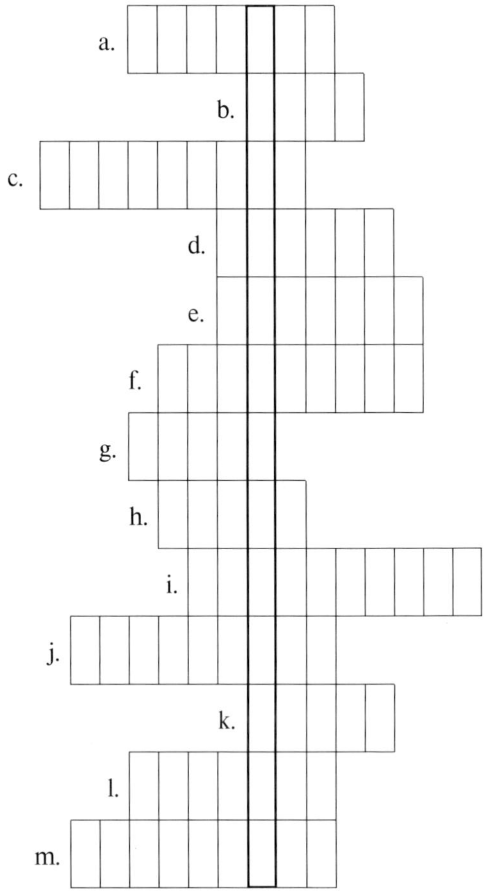

Übung 12 1/18

Stellen Sie sich vor, dass Sie von einem Marktforschungsinstitut interviewt werden. Man will von Ihnen wissen, was Sie vom Weihnachtsprogramm des Rundfunks halten. Antworten Sie wie üblich, nachdem Andreas Ihnen Hilfestellung gegeben hat, und benutzen Sie immer die Wendungen *I suppose, I think, I expect, I can imagine* in Ihren Äußerungen.

Holidays	**Urlaub**
We went ...	Wir gingen ...
camping	zelten
sailing	segeln
swimming	schwimmen
windsurfing	surfen
We stayed ...	Wir blieben ...
at a camping site	auf einem Campingplatz
by the seaside/sea	an der Küste/der See
by a river	an einem Fluss
at the beach	am Strand
The children were able to play around	Die Kinder konnten herumtollen
They actually went off and played	Sie gingen (tatsächlich) los und spielten
That's the idea (of a good holiday)	So stell' ich mir (einen schönen Urlaub) vor
to pick up a sun-tan	braun werden
exhausting	anstrengend
exhausted	erschöpft
exhaustion	Erschöpfung, Anstrengung
We had quite an adventure	Wir haben ein richtiges Abenteuer erlebt
We were terrified/alarmed	Wir standen Todesängste aus/waren sehr beunruhigt
Call out the coastguards!	Rufen Sie die Küstenwache!
Search the beach!	Suchen Sie den Strand ab!
Get some people to help you!	Holen Sie Hilfe!
Christmas	**Weihnachten**
the festive season	die Feier-/Festtage
Family and friends ...	Familie und Freunde ...
get together	kommen zusammen
celebrate	feiern
enjoy themselves	freuen sich
relax	entspannen sich
entertainment	Unterhaltung

Die Vergangenheit (einfache Form und Verlaufsform)

In Dialog 3 haben Penny und Kay sich an ihren letzten Urlaub erinnert:
Penny: You *were trying* to windsurf, and I *was lying* on my back, and the boom *went* over ...
Kay: I *pushed* the boom over ...
Penny: And I *was* in!

Penny und Kay erzählen in der Vergangenheit. Sie benutzen sowohl die Verlaufsform als auch die einfache Form:
were trying, was lying – Verlaufsform
went, pushed, was – einfache Form.

Bildung der einfachen Form
Bei regelmäßigen Verben braucht man, wie Sie wahrscheinlich schon wissen, nur ***-ed*** anzuhängen: *push – push**ed**, walk – walk**ed**, laugh – laugh**ed*** usw. Die Vergangenheitsform der unregelmäßigen Verben muss man sich einprägen.

Häufig vorkommende Vergangenheitsformen bei unregelmäßigen Verben sind zum Beispiel: *do – did, go – went, write – wrote, think – thought, have – had.* Bis auf das Verb *to be* (Vergangenheit: *I was, you were, he/she/it was, we were, you were, they were)* sind die Formen in der Vergangenheit bei allen Personen unveränderlich:

I wrote	ich schrieb
you wrote	du schriebst
he/she/it wrote	er/sie/es schrieb
we wrote	wir schrieben
you wrote	ihr schriebt
they wrote	sie schrieben

So bilden Sie die Verneinung der einfachen Form in der Vergangenheit:

I did not (didn't) go	ich ging nicht
you did not (didn't) go	du gingst nicht

usw.

Beachten Sie, dass beim Verb *to be* kein *did* bei der Verneinung erforderlich ist:

I was not (wasn't)	ich war nicht
you were not (weren't)	du warst nicht
he/she/it wasn't	er/sie/es war nicht
we weren't	wir waren nicht
you weren't	ihr wart nicht
they weren't	sie waren nicht

Bildung der Verlaufsform
Die Bildung der Verlaufsform in der Vergangenheit ist für alle Verben gleich:

was / *were* } + Verb + *-ing*

Zum Beispiel:

I was laughing	*we were going*
you were trying	*you were asking*
he/she/it was walking	*they were swimming*

Manchmal wird der Endkonsonant verdoppelt, bevor *-ing* angehängt wird:

he was travelling	er reiste
The story was just beginning.	Die Geschichte fing gerade an.

Die Verneinung der Verlaufsform ist *I wasn't laughing, you weren't walking* usw.

Gebrauch von einfacher Form und Verlaufsform in der Vergangenheit
Beide Formen werden zum Berichten von vergangenen Ereignissen verwendet. Die einfache Form gibt die Hauptereignisse wieder; die Verlaufsform schildert die „Nebenereignisse" – sie stellt dar, was zur gleichen Zeit passiert:
On Monday morning I **woke up** late. The sun *was*

shining brightly, and people *were hurrying* to work in the street. I **didn't have** time for breakfast. I **rushed** to the station, but the train *was just leaving,* and I **missed** it ...

Die **fett** gedruckte Gewohnheitsform schildert die aus der Sicht des Erzählers wichtigsten Ereignisse – die, die ihn unmittelbar selbst betreffen. Die *kursiv* gedruckte Verlaufsform gibt sozusagen den Hintergrund dazu ab.

Übung 1

Kombinieren Sie die Verben unter 1 mit ihrer entsprechenden Vergangenheitsform (Gewohnheitsform) unter B.

A		*B*	
be	put	spoke	had
bring	let	ate	brought
buy	talk	could	bought
catch	speak	talked	was/were
do	meet	did	got
eat	want	wanted	went
get	can	caught	put
go	have	met	let
see	know	saw	knew

Übung 2

Vervollständigen Sie den Text unten, indem Sie entweder das *simple past (sp)* oder das *past continuous (pc)* der in Klammern stehenden Verben einsetzen.

a. It (happen) ____________ last Friday *(sp).*
b. I (look) *(sp)* ____________ out of the window and (see) ____________ her *(sp).*
c. She (hurry) *(pc)* ____________ along the street, which was full of tourists who (walk) ____________ slowly *(pc).*
d. I (try) *(sp)* ____________ to remember her name, but it (be) ____________ impossible *(sp).*
e. Suddenly, she (turn) *(sp)* ____________ and (see) ____________ me *(sp).*
f. ____________ she ____________ (smile) *(pc)*?
g. I ____________ not ____________ (know) *(sp).*

Leseübungen

1

Welcome to the lakes! Der Lake District ist eine reizvolle Seen- und Gebirgslandschaft in der Grafschaft Cumbria in Nordwestengland. Zur Urlaubszeit herrscht im Lake District Hochbetrieb, also empfiehlt es sich, rechtzeitig ein Quartier zu buchen. Das Angebot an Unterkünften reicht vom Campingplatz über ein einfaches *Cottage* (kleines Haus, bessere „Steinhütte") bis zum Luxushotel, wie Sie aus den unten stehenden Anzeigen entnehmen können. Lesen Sie die Anzeigen mit Hilfe der Vokabeln und Erklärungen gut durch, dann entscheiden Sie, wo die unter a. bis e. aufgeführten Parteien am besten untergebracht wären. (Schreiben Sie die Nummer der Anzeige – I. II., usw. – in das entsprechende Kästchen.)

I

Starnthwaite Ghyll, Crosthwaite, South Lakeland

Cottage in secluded historic site on River Gilpin; large living/dining room. Superb kitchen. Cloakroom. Upstairs: double bedroom, en suite bathroom, 2 twin bedrooms, bathroom, cot, high chair, full c/h, use of grounds. Fishing rights. Linen provided. Bowness-on-Windermere five miles.

II

Away from the crowd

This warm, friendly former Vicarage in an unspoilt village of Northern Lakeland is an ideal centre for Lakes, Borders, Roman Wall. Pets, children and the Disabled all welcome. Central heating, TV lounge. Licensed. Superior bedrooms all with WC, bath/shower. Tea-making facilities. Exceptional food and personal service. Private Hotel, Ireby.

III

Rickerby Grange, Portinscale, Keswick

Delightfully situated in quiet village, a fifteen minute scenic stroll to Keswick. It is a licensed residence surrounded by its own pretty gardens with ample private parking. Home cooked meals served in an attractive, informal dining room. Cosy bar and television lounge. Private facilities, special diets. Colour brochure.

IV

Ravensworth Hotel, Windermere

Our hotel will appeal to those guests who enjoy the friendly atmosphere of the smaller establishment but want a high standard of comfort and food. We are noted for our Austrian and English cooking. All bedrooms have private bathrooms, TV and tea-making facilities. Brochure from Robert and Ilse Eyre.

V

Solway Lido Holiday Centre, Silloth

Self-catering chalets and caravans to hire. Tourers and campers welcome. Bags of entertainment on site for all the family including two licensed clubs, family room, discos, swimming pool, crazy golf, roller skating, pony trekking, adventure playground and train, plus much, much more.

in secluded site · abseits gelegen
cot · Kinderwiege
high chair · Kinderstuhl
full c/h (= central heating) · alle Räume mit Zentralheizung
linen · Bettwäsche
vicarage · Pfarrhaus
the Borders · Gegend um die englisch-schottische Grenze
the Roman Wall · der Hadrianswall (in Nordengland)
the Disabled · die Behinderten
licensed · mit Lizenz zum Alkoholausschank
a scenic stroll · ein Spaziergang durch reizvolle Landschaft
ample · mehr als ausreichend
facilities · *hier:* Einrichtungen (wie Bad, Toilette usw. in jedem Zimmer)

diet · Nahrung, Diät; *hier:* Diätkost
appeal to somebody · jemandem zusagen, gefallen
self-catering · mit Selbstversorgung
bags of entertainment · ein reichhaltiges Unterhaltungsprogramm (bags: Beutel, Säcke)
crazy golf · Minigolf
roller skating · Rollschuhlaufen
pony trekking · Ponyreiten

Where would these people stay?

a. A family with two children and a baby. Father likes to go fishing. ☐
b. A family with three children aged 7, 9, and 11. They're fond of sports and outdoor activities and want cheap, simple accomodation where they can cook themselves. ☐
c. A middle-aged couple who like continental food and their comforts. ☐
d. Two young vegetarians who like privacy. ☐
e. A couple who want to take their three children, their dog and grandmother along who is in a wheelchair. ☐

2

Christmas in Britain. Lesen Sie unten, wie Weihnachten in Großbritannien gefeiert wird. Tragen Sie dann die in der Tabelle stehenden „Weihnachtsaktivitäten" unter das entsprechende Datum ein, d. h. kreuzen Sie die entsprechende Spalte an, wie im Beispiel a.

All over the world Christmas is celebrated in different ways. In England, Christmas Eve (December 24th) is when the final decorations are put up and last preparations are made. The children are given their Christmas stockings which will be filled by Father Christmas (or Santa Claus) over night. To get into the house he has to slide down the chimney! On Christmas day the presents are admired and at around lunchtime everybody has a traditional Christmas meal with roast turkey and Christmas pudding. The second day of Christmas is called Boxing day when everybody recovers from too much eating by going for walks, visiting friends and relations, or just watching television and relaxing.

to slide · rutschen
turkey · Truthahn
Christmas pudding · der englische „Weihnachtspudding“ ist kein Pudding in unserem Sinne, sondern eine Mixtur aus getrockneten Früchten, Mehl, Eiern, Zucker und Gewürzen. Der Pudding wird etliche Stunden in einem Dampfbad aufgeheizt, ehe er serviert wird. Vor dem Verzehr wird er mit Branntwein übergossen und angezündet.

What do you do when?		24th Dec.	25th Dec.	26th Dec.
a.	getting stockings ready	x		
b.	visiting friends			
c.	opening presents			
d.	decorating the Christmas tree			
e.	roast turkey			
f.	watching TV or going for a walk			
g.	Christmas pudding			
h.	wrapping presents			
i.	opening stockings			
j.	playing with presents			
k.	visiting relations			

1 (1/19)

Kids on holiday. Der Urlaub kann für die Eltern leicht zur Strapaze werden, wenn die Kinder nicht richtig ausgelastet sind. Chris Reilly interviewt Neil Halley zu diesem Thema. Mr. Halley arbeitet für das Verkehrsamt im Seebad Worthing in Südengland. Hören Sie sich das Interview gut an, dann bearbeiten Sie die unten stehende Übung.

amenities and tourist office · Freizeit- und Fremdenverkehrsamt
the kids · die Kinder (kids ist umgangssprachlich für children)
keeping children out of trouble · Kinder vor (ihren eigenen) Dummheiten bewahren
to keep children busy · dafür sorgen, dass die Kinder beschäftigt sind
to keep an eye on them · sie (= die Kinder) im Auge behalten
Brookland's Pleasure Park · Brooklands Vergnügungspark
seashore · Küste
an attraction · eine Attraktion
a pitch and putt course · verkleinerter Golfplatz
a putting course · Golfübungsplatz (speziell zum Einlochen des Golfballs)

Welche der links aufgeführten Wendungen stimmt mit den deutschen Erklärungen (rechts) überein? Verbinden Sie sie, wie im Beispiel a.

a. pitch and putt →	öffentliche (Freizeit)einrichtungen
b. seashore	→ verkleinerter Golfplatz
c. amenities	Erholungsort
d. Worthing Council	Gemeinderat
e. to keep kids busy	liegt zwischen Land und Meer
f. resort	Kinder auf Trab halten

2 (1/20)

In der zweiten Radioübung hören Sie zwei Werbespots für Billigflüge nach New York und Florida. Hören Sie gut zu, dann entscheiden Sie, ob die in der Tabelle aufgeführten Aussagen auf den ersten Werbespot (von *Travel On*) oder auf den zweiten (von *Arrow Air*) zutreffen. Kreuzen Sie die entsprechende Spalte an.

Virgin Atlantic Airways · britische Fluggesellschaft, die sich auf billige Nordatlantikflüge spezialisiert hat
Arrow Air · eine Charterfluggesellschaft
Travel On · Reisebüro in Brighton
Gatwick · zweitgrößter Londoner Flughafen
Tampa · Stadt in Florida
Walt Disney World, Sea World · Freizeitparks in Florida
available · erhältlich
fabulous · phantastisch
there's masses to do · man kann viel unternehmen
smashing · toll
loads of golf · jede Menge Golf

		Travel On	Arrow Air
a.	Flights are from Gatwick		
b.	Flights are to New York		
c.	The lowest fares to Florida		
d.	Fly with Virgin Atlantic		
e.	The only non-stop service to Florida		
f.	The telephone number is Brighton ...		
g.	The service is comfortable		
h.	The cost of the flight is £ 99		
i.	The destination is fun for the whole family		

destination · Ferienziel

Sprechen Sie selbst

1 (1/21)

Sicher haben auch Sie sich schon einmal verlaufen oder verfahren – das passiert ja nur allzu leicht, wenn man in einer fremden Stadt oder in einem fremden Land unterwegs ist! Beschreiben Sie einen solchen Zwischenfall, wie es Martin auf der CD tut.

2 (1/22)

Beschreiben Sie nun den schönsten Winterurlaub, den Sie je hatten. Erzählen Sie, wo Sie diesen Urlaub verbracht haben, wie die Unterkunft war und an was Sie sich am besten erinnern. Dann hören Sie sich Linda zum Vergleich an.

3 What time will you be free?

Sie lernen in dieser Unit:

- wie man seinen Tagesablauf beschreibt
- auf Englisch eine Verabredung zu treffen
- wie ein Engländer seinen Feierabend verbringt

. . . und Sie erfahren etwas über Sprachkurse an einer britischen Hochschule und den Alltag eines Fernsehstars.

Wegweiser

Dialoge: Hören Sie zunächst dem Dialog 1 bei geschlossenem Buch zu; anschließend hören Sie ihn sich bei geöffnetem Buch an (wenn nötig, mehrmals). Studieren Sie ihn dabei sorgfältig Zeile für Zeile unter Zuhilfenahme des angegebenen Vokabulars und der Erklärungen. Bearbeiten Sie dann die zum Dialog gehörenden Übungen.

Anschließend verfahren Sie mit den Dialogen 2, 3 und 4 ebenso.

Prägen Sie sich die *Wichtigen Wörter und Ausdrücke* (S. 53) gut ein.

Die *Leseübungen* (S. 54) sind diesmal vor der Grammatik an der Reihe.

Arbeiten Sie die *Grammatik* einschließlich der Übungen (S. 55) durch.

Hören Sie sich die beiden *Radioauszüge* an und bearbeiten Sie die entsprechenden *Übungen* (S. 57). (Hören Sie sich die Radioausschnitte an, sooft Sie wollen, versuchen Sie aber, nicht auf die Texte im Begleitheft zu sehen. Im Buch finden Sie Vokabeln und Erklärungen abgedruckt, die Ihnen das Verständnis erleichtern.)

Machen Sie die offenen Sprechübungen im Abschnitt *Sprechen Sie selbst* (S. 58). Hören Sie sich dann zum Vergleich die Beispielversionen auf der CD an.

Hören Sie sich alle Dialoge und Radiotexte noch einmal ohne Buch an.

1 (1/23)

It's a great place to go!

Eine junge Mutter berichtet, wie eine Mütter-Kinder-Gruppe ihr Leben verändert hat.

Young woman: I'm a local mother and I have two children. One aged 3½ months and the other one who's now almost three. When I first became a mother I found that I was really quite lonely, because I knew no-one who lived locally, and so I soon got involved with the local parent-toddler group.

At the toddler group you go along with your children. You can't leave them there, in that a parent or someone else must be responsible for their safety. And the children can play, use different sorts of media, such as sand, paint, water, and then there are other facilities, climbing frames, bricks, puzzles, all sorts of things.

One of the main advantages of it is that kids can make a lot of mess there and it doesn't matter, someone else is clearing it up, someone else is preparing it. And the other thing is, it's a great place to go if you're a lonely parent wanting someone to chat to and a cup of tea.

lonely	einsam
in that	*hier:* insofern, als
paint	Farbe
climbing frames *(pl)*	Klettergerüst
brick	Ziegelstein
puzzle	Puzzlespiel
main advantage	Hauptvorteil
parent	Elternteil

► **I'm a local mother** Ich bin eine hiesige Mutter. **Local** heißt immer „hiesig, örtlich, (hier) ansässig": **She's a local girl** Sie kommt von hier; **We often go to the local cinema** Wir gehen oft ins Kino hier in der Nähe; vgl. auch **the local (pub)** die Eckkneipe.

► **I soon got involved with the local parent-toddler-group** Ich habe mich dann bald der örtlichen Eltern-Kinder-Gruppe (Krabbelgruppe) angeschlossen. Ein **toddler** ist ein kleines Kind, das gerade laufen gelernt hat (von **to toddle** herumwatscheln, unsicher gehen).

► **The children can ... use different sorts of media** Die Kinder können verschiedene Materialien benutzen (wörtlich: verschiedene Arten von Medien). **Media,** hier im Sinne von „Arbeitsmaterialien" gebraucht, wird meistens im Sinne von **the media** (die Medien, d. h. Fernsehen, Presse usw.) benutzt.

► **. . . then there are other facilities** . . . dann gibt es (noch) andere Einrichtungen. **Facilities** (Einrichtungen, Ausrüstung, Hilfsgegenstände): **There are excellent sports facilities in this town** In dieser Stadt gibt es ausgezeichnete Sportstätten.

► **Kids can make a lot of mess there** (Die) Kinder können dort alles so richtig schön schmutzig machen. **To make a mess** (wörtlich: Schmutz, Unordnung machen): **Don't make such a mess** Bring' hier nicht alles durcheinander; vgl. auch **messy** schmutzig, unordentlich.

► **. . . somebody to chat to . . .** jemand, mit dem man reden kann. **To chat** schwatzen, plaudern, reden; **a chat** ein Schwätzchen.

Übung 1

True or false? Hören Sie sich den Bericht der jungen Mutter gut an, dann kreuzen Sie an, ob die unten stehenden Aussagen stimmen oder nicht. Kreuzen Sie entweder *T(rue)* oder *F(alse)* an.

a. The woman has 3 children. *T/F*

b. She works and needs to pay someone to look after the children. *T/F*

c. She looks after her children all day. *T/F*

d. She used to be lonely because she didn't know any people who lived near her. *T/F*

e. She knows lots of other mothers now. *T/F*

f. The mothers leave the children at the group while they go shopping. *T/F*

g. The children have a lot of things to play with. *T/F*

h. The children make a lot of mess. *T/F*

i. The mothers talk and drink tea while the children play. *T/F*

j. The mother doesn't enjoy the group very much. *T/F*

Übung 2

Sehen Sie sich die Bilder an, dann suchen Sie unter den darunter stehenden Bildunterschriften die passende aus und schreiben Sie den entsprechenden Buchstaben (a., b. usw.) unter die Zeichnungen.

a. There are all sorts of facilities.

b. The children can play with different sorts of media.

c. The kids make a lot of mess.

d. When I first became a mother I was quite lonely.

e. The group is a great place to go to for a chat and a cup of tea.

Übung 3 (1/24)

Jetzt sind Sie an der Reihe. Stellen Sie sich vor, Sie seien eine junge Mutter und leben allein mit ihrem Baby. Ein Bekannter fragt Sie nach Ihrem Leben. Antworten Sie ihm wie üblich, nachdem Sie die Hinweise von Andreas gehört haben. Dann hören Sie sich an, was Linda sagt.

2 (1/25)

Are you doing anything for lunch?

In England, vor allem in London, trifft man sich häufig zum *lunch* (Mittagessen), um mit Freunden oder Geschäftspartnern ungestört reden zu können. Hier schlägt Julie ihrer Freundin Maureen einen besonderen *lunch* vor – nämlich im berühmten *Brown's Hotel* in Mayfair.

(J = Julie, M = Maureen)

J: Are you doing anything for lunch today, Maureen?
M: Nothing special, no.
J: How do you fancy popping up to Brown's Hotel in Mayfair for lunch?
M: Brown's? Tell me more about it.
J: Well, it's not (as) expensive as you might expect. You can sit in the lounge, which is a really nice, wood-panelled place, and you can have a hot meal if you like, but I think the best thing to do there is to have a sandwich and a coffee.
M: It sounds lovely! I really would love to, I've often intended going but never thought about actually doing it.
J: Well, let's do it today. What time will you be free?
M: I could be ready by 12.30.
J: That suits me fine. Let's meet downstairs, shall we?
M: Right!
J: See you later.

nothing special	nichts Besonderes
to intend	beabsichtigen

► **How do you fancy popping up to Brown's Hotel?** Was hältst du davon, schnell zu *Brown's Hotel* hinüberzuspringen? **To fancy doing something** wird meist im Sinne von (a) „sich etwas vorstellen" oder (b) „etwas gern tun" gebraucht: **I can't fancy doing that** Ich kann mir nicht vorstellen, dass ich das tun würde. **I rather fancy going out tonight** Ich würde heute Abend gern ausgehen. **To pop up/over/across** (jemandem) einen kurzen Besuch abstatten: **I'm just going to pop over to my parents** Ich schau' mal gerade zu meinen Eltern.

You can sit in the lounge Man kann im Salon sitzen. Eine **lounge** (Salon, Aufenthaltsraum, in privaten Häusern Wohnzimmer) ist in Hotels meistens mit bequemen Sesseln und niedrigen Tischen ausgestattet. Man kann dort etwas trinken, eine Kleinigkeit essen oder einfach gemütlich sitzen.

a nice, wood-panelled place ein angenehmer, holzgetäfelter Raum (wörtlich: Ort).

I would really love to (go) Ich würd' schrecklich gern (gehen). Man benutzt **I would love to,** wenn man wirklich begeistert ist, sonst **I would like to** (Ich würde gern . . .).

▶ **That suits me fine** Das passt mir gut. Ähnlich: **That doesn't suit me at all** Das passt mir überhaupt nicht.

Let's meet downstairs Treffen wir uns unten.

Übung 4

Did you understand? In dem Diagramm sind drei Versionen von Dialog 2 zusammengefasst. Welches ist die richtige – a., b. oder c.?

Julie lädt Maureen ein

a.	b.	c.
Maureen lehnt ab.	Maureen nimmt die Einladung an.	Julie schlägt einen Zeitpunkt vor.
Julie schlägt einen anderen Zeitpunkt vor.	Julie nennt den Ort und fragt Maureen, wann sie gehen möchte.	Maureen passt die Zeit nicht. Sie schlägt eine Stunde später vor.
Maureen passt auch das nicht.	Maureen nennt einen Zeitpunkt.	Julie stimmt zu, und sie verabreden sich.
Sie lassen die Verabredung erst mal sein.	Julie passt es gut, und sie verabreden sich.	

Übung 5

Die kursiv gedruckten Ausdrücke haben eine ähnliche Bedeutung wie die im Dialog verwendeten. Streichen Sie sie durch und setzen Sie die Dialog-Wendungen ein.

a. *Would you like to pop* up to Brown's Hotel in Mayfair for lunch?
   ________________ up to Brown's Hotel in Mayfair for lunch?

b. Well, it's not as expensive *as people think.*
   Well, it's not as expensive ____________

c. It sounds lovely! *I want to go.*
   It sounds lovely! __________

d. *I've wanted to go many times* but never thought about actually doing it.
   ____________________ but never thought about actually doing it.

e. Well, *shall we go today?* What time will you be free?
   Well, ____________ What time will you be free?

f. *That's all right for me.* Let's meet downstairs, shall we?
   ________________ Let's meet downstairs, shall we?

g. *Okay.* Thanks.
   _____ Thanks.

Übung 6 (1/26)

In der Sprechübung fragt Sie jemand, ob Sie schon etwas zum *lunch* vorhaben. Reagieren Sie wie üblich auf die Tipps von Andreas. Danach können Sie anhand von Lindas Äußerungen feststellen, ob Sie es richtig gemacht haben.

3 (1/27)

I'm feeling rather tired

Frank hat seine eigene Firma und muss jeden Tag hart arbeiten. Aber auch sein Feierabend ist relativ anstrengend.

F: I usually try to leave the office at about half past five and I invariably find that the phone rings as I'm about to leave. Nevertheless I have to try and ignore it.
It takes about 20 minutes to get home. And when I'm home I'm usually attacked in a friendly manner by both of the children, because they want to have a good fight with me and a good run around. Because of course they're full of energy and I'm feeling rather tired. But I make the best of that.
And then we try and sit down and have a fairly civilized meal. And after the meal I generally get the children ready for bed. And after that it's a case of trying to work out mentally what I'm going to be doing at the office the next day. And that will include a certain amount of discussion – with clients on the telephone.

client	Kunde
full of energy	energiegeladen

► **I usually try and leave the office at about half past five . . .** Normalerweise geh' ich so um halb sechs aus dem Büro (wörtlich: versuche ich, das Büro . . . zu verlassen). **Usually** (normalerweise, meistens, gewöhnlich) wird oft gebraucht, um immer wiederkehrende Handlungen zu beschreiben, wie auch weiter unten im Dialog:

I'm usually attacked by both of the children Gewöhnlich fallen beide Kinder über mich her. **Generally** hat die gleiche Bedeutung wie **usually: I generally get the children ready for bed** Normalerweise bring' ich die Kinder ins Bett.

► **I invariably find that the phone rings as I'm about to leave** Gerade dann, wenn ich gehen will, klingelt (mit Gewissheit) immer das Telefon. **Invariably** (wörtlich: unveränderlich regelmäßig wiederkehrend) wird ebenfalls oft verwendet, um immer wiederkehrende Handlungen zu beschreiben: **The children invariably want to watch TV before going to bed** Die Kinder wollen immer fernsehen, ehe sie ins Bett müssen.

They want to have a good fight with me and a good run-around Sie wollen sich mit mir noch ein bisschen balgen und sich ordentlich austoben (wörtlich: einen guten Auslauf haben). **Good** hat hier die Bedeutung von „seinen Zweck erfüllt haben", etwa wie in **We had a good walk today** Wir haben heute einen ausgedehnten Spaziergang gemacht (d. h. wir sind so lange gegangen, wie wir es uns vorgenommen hatten).

► **a fairly civilized meal** eine halbwegs zivilisierte (d. h. ungestörte) Mahlzeit.

And after that it's a case of trying to work out mentally what I'm going to be doing at the office the next day Und danach stell' ich mir im Geiste schon vor, was ich am nächsten Tag im Büro zu tun haben werde. Frank hätte es einfacher sagen können:

► **After that I try to work out what I should do in the office the next day.**

That will include a certain amount of discussion Das schließt (gewöhnlich) eine gewisse Anzahl von Besprechungen ein, d. h. Frank muss abends noch Kunden anrufen.

Übung 7

Sort it out! Die Zeichnungen sind mit falschen Bildunterschriften versehen worden. Finden Sie zu jedem Bild die passende Unterschrift (z. B. I/b.).

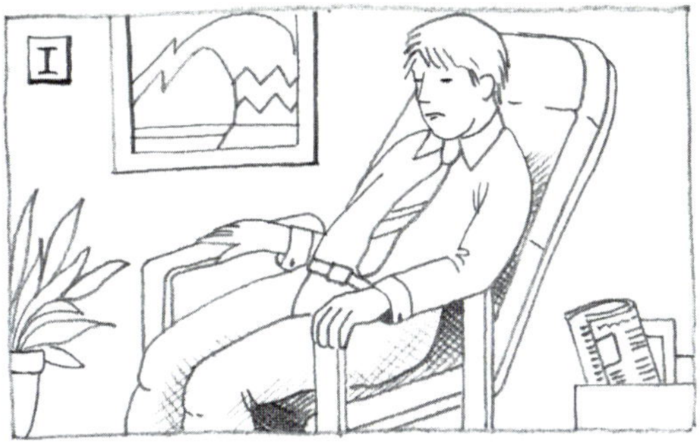

a. I have a certain amount of discussion with clients on the telephone.

b. I'm feeling rather tired.

c. We try to have a fairly civilized meal.

d. I generally get the children ready for bed.

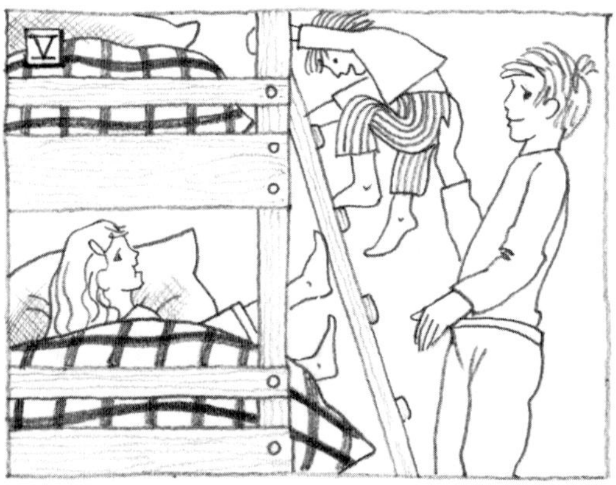

e. The children want to have a good fight with me.

Übung 8

Vervollständigen Sie diese Zusammenfassung von Dialog 3. Versuchen Sie, dabei nicht auf den Text zu sehen.

I __________ try to leave the office at about half past five and __________ find that the phone rings at that point. It takes me __________ 20 minutes to get home. At home I'm usually __________ by the children in a friendly __________ because they want to have a __________ and a good __________ . After dinner I get the children __________ for bed, and then I have a certain __________ of discussion with clients on the __________ .

Übung 9 1/28

Unterhalten Sie sich jetzt mit Linda über Ihren Feierabend. Andreas sagt Ihnen vor, was Sie auf Englisch sagen sollen.

4 1/29

Your breakfast is marvellous!

Wenn Ausländer nach Großbritannien kommen, wundern sie sich oft, wie anders dort alles ist. Lee-Shin und Dai-Lin, zwei chinesische Studentinnen, mussten sich erst einmal an das englische Essen gewöhnen. Sie erzählen unserem Autor Jack Lonergan von ihren Erfahrungen.

(J = Jack, D = Dai-Lin, L = Lee-Shin)

J: English food must be so different. What about your problems of shopping in London?

D: Actually, you see, we haven't had much English food – actually we cook a lot of Chinese food here.

L: We can get everything in Chinatown and some other shopping centres.

J: But have you tried English food?

D: I like some of (the) English food. I especially like the English breakfast. Because we don't have such big breakfasts in China. Our breakfast is really very, very simple compared with your breakfast. So I think your breakfast is really marvellous. But I'm really not very interested in your other meals; you see, when I first arrived here I was in Folkestone and I was staying with an English family, and there I had English food every day for almost three months. And actually I think I had a big variety of English food. So I do like some of them but not all of them.

marvellous | großartig, wunderbar

Chinatown chinesisches Viertel im Londoner Stadtteil Soho.

Our breakfast is really very simple compared with your breakfast Verglichen mit eurem Frühstück ist unser Frühstück sehr einfach (d. h. bescheiden). Man kann **compared to** oder **compared with** sagen: **Munich is small compared to London** Verglichen mit London ist München klein.

Folkestone Hafenstadt in Südengland

► **a big variety of English food** viele verschiedene englische Gerichte (wörtlich: ein große Vielfalt an englischem Essen). Ähnlich: **There is a big variety of fruit in the market** Auf dem Markt gibt es viele verschiedene Obstsorten.

When I first arrived here . . . I was staying with an English family Als ich hier ankam, habe ich bei einer englischen Familie gewohnt (wörtlich: bin ich . . . geblieben).

I do like some of them but not all of them Dai-Lin hat hier einen Fehler gemacht: Es muss heißen **I do like some of it** Ich mag einiges (vom englischen Essen), weil **food** in der Einzahl gebraucht wird.

Übung 10

Hören Sie sich Dialog 4 gut an, dann beantworten Sie diese Fragen auf Deutsch.

a. Kochen die beiden Chinesinnen viele englische Gerichte?

____

b. Warum ist es für sie kein Problem, Lebensmittel einzukaufen?

____

c. Wie ist das chinesische Frühstück im Vergleich zum englischen?

____

d. Wann hat Dai-Lin die britische Küche kennengelernt?

____

e. Mag sie alle englischen Gerichte?

____

Übung 11

Unten finden Sie den Anfang eines Briefes, den Katrin, eine deutsche Studentin, an ihre englische Gastfamilie geschrieben hat. Füllen Sie die fehlenden Wörter (im Kasten darunter) ein.

12th January, 1986

Dear Mr. and Mrs. Knowles,

you won't believe this – I actually have ________ getting used to German _____ again! I find I miss my English ____, especially my big ________ which I think was __________! I think you both were exceptionally good _____ and gave me a big _____ of English food. Now listen what I'm going to have for _____ today:

variety · problems · lunch · breakfast · cooks · food · marvellous · meals

Übung 12 (1/30)

Jetzt sind Sie wieder dran. Martin fragt Sie auf der CD, wie Ihnen die britische Küche gefällt. Sprechen Sie Andreas wieder auf Englisch nach.

Zusatzvokabel:
Indian · indisch

Family life	Familienleben
local	örtlich, hiesig
I sometimes feel lonely	Ich fühle mich manchmal einsam
I go to the parent-toddler-group	Ich gehe zur Eltern-Kindergruppe
The main advantage/disadvantage is that there is somebody/nobody to chat to	Der Hauptvorteil/-nachteil ist der, dass jemand/niemand zum Reden da ist
There are many facilities	Es gibt viele Einrichtungen
I invariably/usually/generally get home at six	Ich komme immer/normalerweise/ im Allgemeinen um sechs nach Hause
The children want a good fight and run-around	Die Kinder wollen sich ordentlich mit mir balgen und herumrennen
I get the children ready for bed	Ich bringe die Kinder zu Bett
We have a (fairly civilized) meal	Wir versuchen, (relativ ungestört) zu essen
I work out what I'll be doing the next day	Ich plane schon den nächsten (Arbeits)tag

Making appointments for lunch or dinner	Sich zum Mittag- oder Abendessen verabreden
Are you doing anything for lunch/dinner today?	Hast du/haben Sie schon etwas zum Mittagessen/Abendessen vor?
No, nothing special	Nein, nichts Besonderes
How do you fancy lunch at . . .	Wie wär's mit Mittagessen bei . . .
Let's pop over to . . .	Lass uns schnell bei ... vorbeigehen
Let's meet at one/at the restaurant	Treffen wir uns um eins/im Restaurant
That suits me fine/not at all	Das passt mir gut/überhaupt nicht
There is a big variety of food	Es gibt viele verschiedene Arten von Gerichten/Lebensmitteln
The food/breakfast/lunch/dinner is marvellous	Das Essen/Frühstück/Mittagessen/ Abendessen ist vorzüglich

Leseübungen

Early nights and mornings. Joanna Francis ist Schauspielerin und tritt häufig in britischen Fernsehserien auf. Hier schildert sie ihren Tagesablauf. Lesen Sie den Abschnitt mit Hilfe der Vokabeln, dann machen Sie die Übungen.

"As a television actress you have to get up early – very early. Shooting usually starts at eight o'clock in the morning, and I like to be in the studio by 6 a. m. Because it takes about two hours to have one's hair done and to be made up – longer, if it's a period piece or a costume drama. Then costumes and wigs have to be put on as well.

Depending on the size of the part I've got, I either share a dressing room, or I have my own. But in any case there's never enough room. On the whole I prefer to be with the others – it takes my nervousness away. When I was younger, I used to be really struck by stage-fright. I would go out onto the set and just freeze. I'm still like that occasionally, when the director is not sympathetic. But thank goodness he usually is, and I'm much more relaxed these days.

As an actress you always have to watch your figure, so I only have a piece of fruit or a bowl of salad for lunch. Never any alcohol! I used to get really ravenous by six o'clock in the evening, and when I got home I would raid the fridge and eat everything I could lay my hands on. I'm a bit more disciplined now.

While we are shooting I never feel like doing much in the evening. If you have to get up at five a. m. parties and night clubs don't seem very attractive somehow. I normally take a hot bath (and learn my lines for the next day while I'm soaking), have a nice meal with my husband and watch a bit of television. When I'm not filming, though, I try to make up for lost time, and I'm usually out seven nights a week!"

actress · Schauspielerin
to be made up · geschminkt werden
costume drama · historisches Drama oder Fernsehspiel
wig · Perücke
size · Größe
dressing room · Ankleideraum, Garderobe
to be struck by stage-fright · von Lampenfieber befallen werden
to freeze · erstarren
director · *hier:* Regisseur
sympathetic · verständnisvoll
to watch one's figure · auf seine Figur achten
ravenous · heißhungrig
to make up for lost time · das Versäumte nachholen
lines · *wörtlich:* Zeilen (d. h. Rollentext)

1

Sehen Sie sich die unter a. bis f. aufgeführten Ausdrücke an und versuchen Sie, die richtige Bedeutung (eine von dreien) zu erraten. Kreuzen Sie das entsprechende Kästchen an.

a. *shooting* heißt hier:
1. ☐ schießen
2. ☐ Filme drehen
3. ☐ auf Dreharbeiten vorbereiten

b. *studio* ist hier:
1. ☐ ein Arbeitsraum für Künstler
2. ☐ ein Appartement
3. ☐ ein Ort, an dem Filme gedreht werden

c. *period piece* heißt hier:
1. ☐ antikes Möbelstück
2. ☐ Fernsehdrama, das in einem bestimmten Zeitraum in der Vergangenheit spielt
3. ☐ modernes Drama

d. *part* hat hier die Bedeutung von:
   1. ☐ Teil
   2. ☐ Abschied
   3. ☐ Filmrolle

e. *to raid* heißt hier:
   1. ☐ über etwas herfallen
   2. ☐ leeren
   3. ☐ füllen

f. *soaking* bedeutet hier:
   1. ☐ vom Regen durchnäßt werden
   2. ☐ gemütlich in der Wanne sitzen
   3. ☐ sich einseifen

2

Beantworten Sie nun die unten stehenden Verständnisfragen auf Englisch.

a. When does Joanna like to be at work in the mornings?
b. When does she have to share a dressing room?
c. Has she completely overcome her stage-fright now?
d. Does she have a big meal at lunchtime?
e. What would she do when she got home in the evenings?
f. Does she stay up late during a working week?
g. Where does she learn her text for the next day?

Mehr über die Vergangenheit

In *Unit 2* sind die einfache Vergangenheit sowie die Verlaufsform in der Vergangenheit behandelt worden, d. h., Sie haben gelernt, wie man vergangene Ereignisse erzählt und den dazugehörigen Hintergrund schildert. In der Leseübung dieser *Unit* finden Sie Beispiele, wie man gewohnheitsmäßige Handlungen in der Vergangenheit ausdrückt. Joanna Francis berichtet darüber, wie ihr Leben früher aussah und was sie zu tun pflegte:

I *used to* be struck by stage-fright.
I *would* . . . just freeze.
I *used to* get really ravenous.
I *would* raid the fridge . . .

Sie benutzt *used to* und *would*, um auszudrücken, was sie früher getan hat. Beides drückt man im Deutschen am besten mit „pflegte“ aus, oder man schiebt „gewöhnlich“ ein:
Ich pflegte von Lampenfieber befallen zu werden.
Ich stand gewöhnlich wie erstarrt da.
Ich pflegte einen Heißhunger zu bekommen.
Ich fiel gewöhnlich über den Kühlschrank her.

Beachten Sie, dass sie das einfache Präsens (und nicht die Verlaufsform) benutzt, wenn sie ihre heutigen Gewohnheiten beschreibt:
I'm much more relaxed now.
I'm a bit more disciplined now.
I only have a piece of fruit for lunch.

Bildung der Vergangenheit mit would

Sie kennen *would* wahrscheinlich hauptsächlich in der Verbindung *I would like* (= ich möchte). In Verbindung mit anderen Verben hat *would* meistens die oben beschriebene auf die Vergangenheit bezogene Bedeutung:

Every morning, I *would* get up early.
(Ich pflegte jeden Morgen früh aufzustehen.)
I *would* prepare food for the family.
(Ich bereitete gewöhnlich das Essen für die Familie vor.)

Im gesprochenen Englisch wird *would* oft zu *'d* verkürzt:
I'd get up early every morning.
She'd do her exercises before breakfast.
Beachten Sie, dass diese Verkürzung bei der Verneinung nicht möglich ist:
I wouldn't get up very early.
She wouldn't do her exercises before breakfast.

Wenn *would* betont gebraucht wird, ist eine Verkürzung zu *'d* ebenfalls nicht möglich:
The doctor warned him, but he still would smoke.
(Der Arzt warnte ihn, aber er rauchte *trotzdem* weiter.)
No matter how often we asked him, he would not answer.
(Sooft wir ihn auch fragten, er *antwortete einfach* nicht.)

Bildung der Vergangenheit mit used to

Die Vergangenheit mit *used to* wird ebenso gebraucht wie die mit *would*:
I used to get up very early.
I used to do my exercises every morning.
She used to prepare the food for the family.

Beachten Sie jedoch, dass bei *used to* zwei Verneinungsformen möglich sind:
I used not to get up.
I didn't use to get up.
Die zweite Form ist umgangssprachlicher.
Used to (und nicht *would*) wird gebraucht, um den Kontrast zwischen früheren und heutigen Gewohnheiten darzustellen:
I used to drink tea, but now I prefer coffee.
I didn't use to smoke cigars, but now I like them.
I used to smoke far too much, but now I don't smoke at all.

Übung 1

Die unten stehenden Sätze erscheinen im Präsens. Setzen Sie sie in die Vergangenheit und benutzen Sie *would* für a., b., c., *used to* für d. und e. und *used to* und *would* für f.

a. Every morning I get up at seven.
b. I have a shower and brush my teeth.
c. I don't have breakfast, just a cup of tea.
d. I am always just in time at the station.
e. I read the newspaper on my way to work.
f. I sometimes fall asleep and miss my stop.

Übung 2

Then and now. Bilden Sie Sätze nach folgendem Beispiel:
Like wine – prefer beer
I used to like wine, but now I prefer beer.
a. Drink mineral water – not now.
b. Watch much television – prefer going to the cinema.
c. Afraid of flying – enjoy it.
d. Not like strong coffee – love it.

1 (1/31)

Viele Engländer lernen heutzutage Fremdsprachen, vor allem Französisch, Deutsch und Spanisch. Private Sprachschulen, Hochschulen und Volkshochschulen bieten zahlreiche Kurse an. Das Angebot der polytechnischen Hochschule zu Brighton *(Brighton Polytechnic)* ist besonders vielseitig, wie man dem Rundfunk-Werbespot entnehmen kann. Hören Sie gut zu, dann machen Sie die entsprechende Übung.

at all levels · für jeden Standard, auf jedem Niveau
residential courses · Kurse mit Unterkunft (normalerweise Ferienkurse)
the Language Centre · Zentrum für Fremdsprachen
a grounding of Greek · griechische Grundkenntnisse
a smattering of Spanish · ein bisschen Spanisch
an inkling of Italian · ein Hauch Italienisch
a reminder of Russian · Russisch auffrischen

Zusätzlich zur Rundfunkwerbung veröffentlicht das *Polytechnic Language Centre* auch Anzeigen* in der Lokalpresse. Vervollständigen Sie diese Anzeige, nachdem Sie den Werbespot gut verstanden haben. Sie finden die fehlenden Wörter im Kasten unter der Anzeige.

Brighton Polytechnic ______ courses!
Courses from ______ to diploma level!
Part time or ______.
And if you want accomodation provided, then there are ______ courses.
All in a ______ of languages – French, German, Spanish, ______, ______.
For more information, ______ the Language Centre now!

variety · beginners' · Russian · phone
intensive · residential · Greek · language

accomodation · Unterkunft

2 (1/32)

Do you know the answer? In der zweiten Radioübung können Sie an einer Quizsendung „teilnehmen". Lokalsender wie *Southern Sound* bringen oft kurze Quiz-Programme mit Fragen zur örtlichen Umgebung oder Geschichte. Der erste Hörer, der anruft und die richtige Antwort weiß, bekommt einen Preis.
In diesem Ausschnitt beschreibt Chris Copsey von *Southern Sound* einen Ort in der Nähe von Brighton, den die Hörer erraten sollen, und es meldet sich Peter. Hören Sie sich die Unterhaltung der beiden an, dann markieren Sie diejenigen Abbildungen, die im Gespräch erwähnt werden.

the age of steam and latterly diesel · das Zeitalter der Dampf- und später Diesel-Lokomotiven
Beechings · Name einer Siedlung
well, I reckon · nun, ich glaube/würde sagen . . .
some clues gave it away · einige Hinweise haben's verraten
to be axed *(coll.)* · abgeschafft werden
bridle way · Reit- und Fahrweg

* Die Rundfunk- und Zeitungswerbung des *Language Centre* richtet sich an Engländer, die Deutsch, Französisch usw. lernen wollen. Außerdem gibt es natürlich etliche Englischkurse für Ausländer.

a.

b.

c.

d.

e.

f.

Sprechen Sie selbst

1 (1/33)

Wie sieht Ihr Tagesablauf an einem gewöhnlichen Werktag aus? Beschreiben Sie ihn so genau wie möglich - wann Sie aufstehen, wann und wie Sie zu Ihrem Arbeitsplatz gelangen usw. -, und benutzen Sie dabei das einfache Präsens. Danach hören Sie sich Martin zum Vergleich an.

2 (1/34)

Lernen Sie gern Englisch? Können Sie auch andere Sprachen? Sagen Sie, wie lange Sie schon Englisch lernen, wo Sie es gelernt haben, wo und wann Sie andere Sprachen gelernt haben usw. Versuchen Sie, so oft wie möglich *used to* oder *would* zu benutzen. Auf der CD gibt es dann eine Version von Linda.

4 Take the Awayday Ticket!

Sie lernen in dieser Unit:

- ein Auto zu mieten
- sich über Zugabfahrtszeiten und Flüge zu informieren
- die Verkehrsmeldungen im Rundfunk zu verstehen

... und Sie erhalten Gelegenheit, die Vorzüge und Nachteile der Londoner Flughäfen miteinander zu vergleichen.

Wegweiser

Dialoge: Hören Sie zunächst dem Dialog 1 bei geschlossenem Buch zu; anschließend hören Sie ihn sich bei geöffnetem Buch an (wenn nötig, mehrmals). Studieren Sie ihn dabei sorgfältig Zeile für Zeile unter Zuhilfenahme des angegebenen Vokabulars und der Erklärungen. Bearbeiten Sie dann die zum Dialog gehörenden Übungen.

Anschließend verfahren Sie mit den Dialogen 2, 3 und 4 ebenso.

Prägen Sie sich die *Wichtigen Wörter und Ausdrücke* (S. 68) gut ein.

Arbeiten Sie die *Grammatik* einschließlich der *Übungen* (S. 70) durch.

Nun sind die *Leseübungen* (S. 71) an der Reihe.

Hören Sie sich die beiden *Radioauszüge* an und bearbeiten Sie die entsprechenden *Übungen* (S. 74). (Hören Sie sich die Radioausschnitte an, sooft Sie wollen, versuchen Sie aber, nicht auf die Texte im Begleitheft zu sehen. Im Buch finden Sie Vokabeln und Erklärungen abgedruckt, die Ihnen das Verständnis erleichtern.)

Machen Sie die offenen Sprechübungen im Abschnitt *Sprechen Sie selbst* (S. 76). Hören Sie sich dann zum Vergleich die Beispielversionen auf der CD an.

Hören Sie sich alle Dialoge und Radiotexte noch einmal ohne Buch an.

Dialoge mit Übungen

1 (2/1)

I'd suggest an Escort

Jack will ein Auto mieten und erkundigt sich in der Autovermietung.

(J = Jack, C = car girl)

J: Oh, hello; I'd like to hire a car for this Thursday and Friday please.
C: What size vehicle were you interested in?
J: Not too small.
C: Fiesta? Or an Escort? How many of you are travelling?
J: Well there's three of us. And a child.
C: I'd suggest an Escort. That's a three-door, it's a hatchback, and when did you want to hire it?
J: Well I must have it Thursday morning.
C: Thursday for two days? And how are you paying?
J: I'll pay cash.
C: Pay cash. Right, it's £19.50 a day, unlimited mileage. £2.75 a day for insurance plus V. A. T. at 15 per cent.
J: Right; and at what time in the morning can I pick it up?
C: We're open from 8 o'clock in the morning.
J: 8 o'clock. Do you do any special offers if I have it for longer?
C: Only if it's over the weekend, from Friday afternoon until Monday morning.
J: No, I must have it on Thursday morning.
C: Okay, so it's 19.50 a day, with the insurance and VAT. And you're paying by cash. That'll be a hundred pounds deposit.
J: I'll pay that by credit card.
C: You'll pay that by credit card. Okay, and can you bring your driving licence with you?
J: Right, fine.
C: Okay?
J: Thanks very much.

a hatchback	Wagen mit Heckklappe
unlimited mileage	unbegrenzte Kilometerzahl
insurance	Versicherung
V. A. T. (= value added tax)	Mehrwertsteuer
to pick up	*hier:* abholen
special offers *(pl)*	Sonderangebote, Vergünstigungen
deposit	Anzahlung
driving licence	Führerschein

► **I'd like to hire a car** Ich möchte gern ein Auto mieten.

There's three of us Wir sind zu dritt. (wörtlich: Es gibt drei von uns). Beachten Sie, dass Jack hier umgangssprachlich **there is** sagt und nicht **there are (three of us)**, wie es richtig wäre.

What size vehicle were you interested in? An welcher Wagengröße wären Sie interessiert? (**vehicle** Fahrzeug, Wagen; **car** Auto). Eigentlich müsste es heißen: **What size *of* vehicle?**

► **You're paying by cash** (oder **in cash**)/ **by credit card** Sie zahlen bar/mit Kreditkarte. Auch: **by cheque** mit Scheck.

Übung 1

Cars for hire. Welchen Autotyp mietet Jack? Keuzen Sie in jeder Sparte das entsprechende Kästchen an.

Hier noch zwei neue Wörter:
estate · Kombi
saloon · Limousine

a)	**Make of car** (Wagentyp)	Ford Sierra	Ford Escort	Maestro	Metro City
b)	**Body type** (Ausführung)	estate	saloon	hatchback	
c)	**No. of doors** (Anzahl der Türen)	5	4	3	2
d)	**Price per day** (Tagessatz)	£ 27.50	£ 19.50	£ 16.75	£ 21.25
e)	**Cost of insurance (per day)** Versicherungssatz (pro Tag)	£ 2.75	£ 3.75	£ 2.25	£ 1.95

Übung 2

Verbinden Sie die richtigen Satzhälften miteinander (z. B. a./V.).

a. The car hire office is open ___
b. Jack wants to hire the car ___
c. He must have the car ___
d. The cost of hire is cheaper ___
e. Jack wants to pay the deposit ___

I. over the weekend
II. by credit card
III. on Thursday morning
IV. for 2 days
V. from 8 o'clock in the morning

Übung 3 (2/2)

In der Sprechübung sollen Sie sich ein Auto mieten. Andreas gibt Ihnen wieder auf Deutsch die Hinweise, dann sprechen Sie, und anschließend gibt Ihnen Martin die richtige Version.

2 (2/3)

Out and about

Jack informiert sich bei *British Rail* über Tourenkarten für Touristen.

(J = Jack, O = British Rail official)

J: Excuse me, I've got some friends coming over from abroad, staying in London for a few weeks, and they want to get out and about from London; I wonder what you could recommend.

O: Well, there's several possibilities. If they want to go for a day trip, we have a special ticket which allows them three trips from twenty-nine which are available, and they can take any one of these trips any day within a month. If they want to go farther afield from London, they can take our special savers, Inter City Savers which will go to all parts of the country at a very cheap price, especially at the weekends. If they're doing a very short trip in London perhaps they'll just use an ordinary ticket which will take them there and back in the same day, called an Awayday Ticket.

day trip	Tagesausflug
special ticket	Sonderfahrkarte
ordinary ticket	normale Fahrkarte
farther afield	weiter weg
special savers *(pl)*	verbilligte Fahrkarten

I've got some friends coming over from abroad Ich krieg' Besuch von ein paar Freunden aus dem Ausland (wörtlich: ich habe ein paar Freunde kommend . . .). **Abroad** heißt immer von außerhalb Großbritanniens.

▶ **They want to get out and about from London** etwa: Sie wollen sich ein bisschen von London aus (im Lande) umsehen. **Out and about** ist eine häufig gebrauchte umgangssprachliche Wendung: **You shouldn't be indoors all day – you should get out and about more.** Du solltest nicht den ganzen Tag drinnen hocken – du solltest mehr ausgehen/unter Leute kommen.

I wonder what you could recommend Was könnten Sie (mir) empfehlen? (wörtlich: Ich frage mich, was Sie mir empfehlen könnten?) **I wonder** wird oft gebraucht, wenn man besonders höflich sein will: **I wonder if you could help me?** Könnten Sie mir helfen? – Jack hätte hier auch einfach sagen können: ▶ **What could/would you recommend?**

▶ **Inter City Savers** Intercity-Sparer, d. h. vergünstigte Fahrkarten zwischen den auf den Intercity-Strecken von **British Rail** liegenden Großstädten. Beachten Sie, dass die Eisenbahn das beste Fernverbindungsmittel ist und auch oft in die Londoner Vororte fährt. In der Innenstadt aber benutzt man am besten Busse und U-Bahn.

Übung 4

The second half. Welche der jeweils drei zweiten Satzhälften vervollständigt den Satz im Sinn von Dialog 2? Kreuzen Sie das richtige Kästchen an.

a. Jacks Freunde kommen . . .
   1. ☐ aus London
   2. ☐ aus Nordengland
   3. ☐ aus dem Ausland

b. Seine Freunde bleiben . . .
   1. ☐ eine Woche
   2. ☐ mehrere Wochen
   3. ☐ mehrere Monate

c. Das *special ticket* berechtigt zu . . .
   1. ☐ 29 Tagesausflügen innerhalb von 6 Monaten
   2. ☐ 3 Ausflügen innerhalb eines Monats
   3. ☐ 3 Ausflügen innerhalb einer Woche

d. Die *Inter City Savers* . . .
   1. ☐ benutzt man am besten für Kurzausflüge
   2. ☐ können nur am Wochenende benutzt werden
   3. ☐ sind ideal für Städtetouren

e. Ein *Awayday Ticket* . . .
   1. ☐ ist eine normale Tagesrückfahrkarte
   2. ☐ ist eine Wochenendrückfahrkarte
   3. ☐ berechtigt zu verbilligten Fahrten auf Intercity-Zügen

Übung 5

In den unten stehenden Sätzen sind etliche Wendungen kursiv gedruckt. Finden Sie für diese ähnliche Wendungen in Dialog 2 und unterstreichen Sie sie dort.

a. I've got some friends *visiting me* from abroad.
b. There are different *things you can do.*
c. We have a special ticket *on which they can take* three trips out of twenty-nine.
d. If they want to travel *quite a way* from London . . .
e. The Inter City Savers will go anywhere in Britain at a very *cheap rate.*

Übung 6 2/4

In der Sprechübung sollen Sie diesmal mehrere Rollen übernehmen, und zwar die von vier Touristen, die sich im Londoner *Tourist Office* nach Ausflügen und Sehenswürdigkeiten erkundigen. Sprechen Sie Andreas wieder auf Englisch nach und hören Sie dann Martin zu. Linda ist die Dame im Fremdenverkehrsamt.

3 2/5

Just in time for lunch!

Jack möchte nach München fliegen und erkundigt sich im Reisebüro nach Flügen.

(G = girl, J = Jack)

G: Good afternoon, sir. Can I help you?

J: Yes, I have to go to Munich on Friday week, in the morning, for a conference, and stay overnight until Saturday.

G: I see. And did you want to come home on Saturday or could you stay till Sunday?

J: Well, I could either come Saturday night or perhaps stay on Sunday to see some friends.

G: Well, I'll tell you why, because if you're able to stay on Saturday night, the fare drops to about 50 per cent.

J: Really?

G: Yes. And you wouldn't spend the difference on a hotel. So you're still going to save quite a bit of money.

J: Are these scheduled airlines?
G: Oh yes, BA and Lufthansa from Heathrow.
J: Mm! Well, what times are the flights?
G: Well, the morning flight out would be the LH069. That leaves at 10.55 and arrives in Munich at 12.35.
J: That's all right.
G: Just in time for lunch.
J: And coming back?
G: Well, evening or earlier?
J: I think the evening on Sunday.
G: Right; there's another Lufthansa flight, the 070 at 18.10, arriving in London at 19.10.
J: Yeah, that sounds fine.
G: OK. Good, we'll make the reservation.
J: Thanks.

scheduled airlines	Linienflüge
schedule	Flugplan, Fahrplan, Zeitplan
airline	Fluggesellschaft

on Friday week Freitag in einer Woche. Ebenso: **on Saturday/Sunday/Monday week** am Samstag/Sonntag/Montag usw. in einer Woche.

► **The fare drops to about 50 per cent** Der (Flug-)Preis geht auf circa 50 Prozent 'runter. Das Gegenteil wäre: **The fare goes up** Der Preis geht 'rauf.

You wouldn't spend the difference on a hotel Sie würden die Differenz (zur regulären Flugpreissumme) ja nicht für ein Hotel(-zimmer) ausgeben. Beachten Sie: **to spend money *on* something** Geld für etwas ausgeben: **She spent a lot of money on a new fur coat** Sie hat viel Geld für einen neuen Pelzmantel ausgegeben.

Oh yes, BA and Lufthansa from Heathrow Oh ja, BA (= British Airways) und Lufthansa von Heathrow. **British Airways** ist die größte britische Fluggesellschaft. Heathrow ist Londons Hauptflughafen, einer der größten der Welt.

► **That (flight) leaves at 10.55 and arrives . . . at 12.35** Dieser (Flug) fliegt um 10.55 Uhr ab und kommt um 12.35 Uhr an. Merken Sie sich in diesem Zusammenhang auch **arrival** (Ankunft) und **departure** (Abfahrt, Abflug) sowie **to book a flight** einen Flug buchen.

► **the morning flight out** der Hinflug morgens. Ähnlich: **the evening flight back** der Rückflug abends.

Übung 7

Hören Sie sich den Dialog mehrmals an, dann lesen Sie die englischen Fragen durch und kreuzen Sie bei jeder Frage das richtige Kästchen an.

a. If today is Wednesday 9th, when does Jack intend to leave for Munich?
   1. ☐ Friday 11th.
   2. ☐ Friday 18th.
   3. ☐ Friday 25th.

b. Why does Jack want to visit Munich?
   1. ☐ to attend a business meeting.
   2. ☐ to attend a conference.
   3. ☐ to visit friends.

c. Why is it better to stay in Munich on Saturday night?
   1. ☐ There are more flights on Sunday.
   2. ☐ Jack can save money on the hotel.
   3. ☐ Jack can save money on the fare.

d. How long does the flight to Munich take?
   1. ☐ one hour.
   2. ☐ an hour and a quarter.
   3. ☐ an hour and forty minutes.

e. Where will Jack have lunch on the day of his departure to Munich?
   1. ☐ in London.
   2. ☐ on the plane.
   3. ☐ in Munich.

to intend · beabsichtigen
(aero)plane · Flugzeug
to attend · teilnehmen (an)

Übung 8

Which flight? Studieren Sie den Flugplan, der die Flüge zwischen London und München angibt. Unterstreichen Sie die Flugnummern des Hin- und Rückfluges, den Jack gebucht hat.

London – Munich

Mon. – Fri.	Sat.	Sun.
0740 BA451	0740 BA451	
0825 BA672		0815 BA472
0955 LH031	0955 LH031	
1055 LH069	1055 LH069	1015 BA684
1215 BA897	1215 BA897	
1325 LH273		1205 LH072
1455 LH311	1455 LH311	
1605 BA298	1605 BA298	1505 LH314
1725 BA922		1610 BA304
1855 LH428	1855 LH428	1725 BA934
2015 BA499		1810 LH430
		1925 BA501

Munich – London

Mon. – Fri.	Sat.	Sun.
0645 LH030		
0750 LH068	0750 LH068	
1015 BA452	1015 BA452	0830 LH040
1120 BA673		
1345 LH032	1345 LH032	1055 BA473
1455 LH083	1455 LH083	1315 BA685
1545 BA898	1545 BA989	1525 LH073
1655 LH312		1650 BA420
1825 BA299	1825 BA299	
1910 BA923	1910 BA923	1810 LH070
2055 LH429		1925 BA983

Übung 9 (2/6)

Sprechen Sie selbst, das heißt, üben Sie, zustimmende Bemerkungen zu machen. Sie sind in einem Reisebüro und wollen einen Flug nach Rom und Athen buchen. Die Angestellte erklärt Ihnen die Flugdetails, die alle Ihre Zustimmung finden. Drücken Sie ihre Zustimmung folgendermaßen aus:

good · gut
fine · schön
That's all right · (Das ist) in Ordnung
That sounds fine · Das klingt gut
That suits me · Das passt mir (gut)

Andreas wird Ihnen vorsagen, welche Wendung Sie benutzen sollen.

4 (2/7)

Can we get a group ticket?

Jack will mit ein paar Leuten nach Cambridge fahren und erkundigt sich am Bahnhof nach Abfahrtszeiten und Fahrpreisen.

(J = Jack, C = Clerk)

J: Oh, hello. I'd like to go to Cambridge for the day tomorrow. I wonder if you could tell me some good trains in the morning. At about 9.30.

C: Yes, there's a direct train every hour from Liverpool Street, 35 minutes past the hour, directly to Cambridge. That's if you're going from the middle of London.

J: Well, Finsbury Park's really more convenient for us.

C: If you're going from Finsbury Park, there's a train (that) leaves Kings Cross 4 minutes past each hour but it calls (at) Finsbury Park 9 minutes past each hour. If you change at Royston, that'll take you to Cambridge.

J: How long does the journey take?

C: The whole journey'll take about an hour and a quarter.

J: And can we get back easily at about 8.30?

C: 8.30 in the evening? Yes, there's a train back on both routes every hour.

J: Oh, fine. There's seven of us going. Can we get a group ticket or something like that?

C: There wouldn't be a group ticket for seven but there would be a group ticket for ten or preferably fifteen.

J: No, there's only seven. OK, right, thanks very much.

clerk	Angestellter
a direct train	ein durchgehender Zug
to call	(von Zügen usw.) halten
to change (trains, buses, etc.)	umsteigen
to get back	zurückkommen
route	Route, Strecke
group ticket	Fahrkarte für Gruppenreisende

I wonder if you could tell me . . . Könnten Sie mir bitte sagen . . . (wörtlich: Ich frage mich, ob Sie mir sagen könnten . . .) Die übliche höfliche Art, eine Frage zu stellen.

Liverpool Street (station) Ein großer Bahnhof im Londoner East End, von wo aus Züge in Richtung Osten und Nordosten fahren; außerdem fährt dort der **Boat Train** über Harwich-Hoek van Holland ab.

► **Finsbury Park is really more convenient for us** Finsbury Park würde uns eigentlich besser passen/läge mehr in unserer Richtung. **Convenient** (passend, bequem, günstig): **Five o'clock? That wouldn't be convenient for me** Fünf Uhr? Das würde mir schlecht passen; **a convenient place** ein passender, geeigneter Ort. – **Finsbury Park** ist ein Stadtteil in Nordlondon, ebenso ein Bahnhof in dieser Gegend.

Kings Cross ein weiterer großer Londoner Bahnhof. Dort fahren Züge in nördlicher Richtung ab.

Royston Stadt auf der Strecke nach Cambridge.

Four minutes past each hour Vier Minuten nach jeder (vollen) Stunde.

► **How long does the journey take?** Wie lange dauert die Reise? Ähnlich: **It will take some time** Es wird etwas dauern.

Übung 10

Sehen Sie sich die Karte an, auf der die im Dialog vorkommenden Orte verzeichnet sind, dann lesen Sie die darunter stehenden Sätze. Welcher Satz bezieht sich auf welchen Ort? Schreiben Sie die entsprechende Nummer hinter jeden Satz.

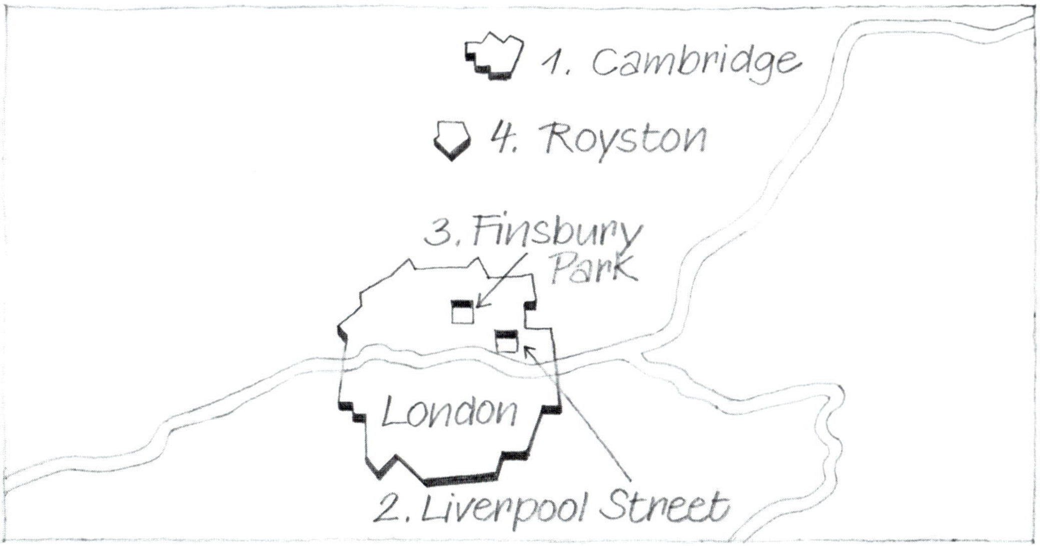

a. There are direct trains from here to Cambridge at thirty-five minutes past each hour. ___
b. You have to change here travelling from Finsbury Park to Cambridge. ___
c. Jack wants to leave from here to go to Cambridge. ___
d. Jack wants to spend a day here. ___

Übung 11

Wenn Sie Dialog 4 gut verstanden haben, werden Sie die unten stehenden *problem situations* lösen können.

a. Welchen Zug von Finsbury Park müssen Jack und seine Reisegruppe nehmen, wenn sie vor elf Uhr morgens in Cambridge sein wollen?

___

b. Welchen Zug müssten sie nehmen, wenn sie von Liverpool Street fahren wollten?

___

c. Wenn sie den 8.09-Uhr-Zug von Finsbury Park nehmen, wann werden sie dann ungefähr in Cambridge sein?

___

d. Wann müssen sie von Cambridge abfahren, damit sie um 20.30 in London sein können?

___

e. Wie viele Personen mehr müssten sie sein, um eine Fahrkarte für Gruppenreisende zu bekommen?

___

Übung 12 2/8

Speak up. Sie sind am Bahnhof und wollen sich über Züge von Oxford nach London informieren. Andreas gibt Ihnen wieder Tipps.

Wichtige Wörter und Ausdrücke

Hiring a car	**Ein Auto mieten**
I'd like to hire . . .	Ich möchte . . .
a car	ein Auto
an Escort/Fiesta/Metro	einen Escort/Fiesta/Metro . . . mieten
The price includes . . .	Im Preis inbegriffen sind . . .
unlimited mileage	unbegrenzte Kilometerzahl
V. A. T.	Mehrwertsteuer
insurance	Versicherung
Are there any special offers?	Gibt es Vergünstigungen?

When can I pick the car up?	Wann kann ich das Auto abholen?
I'll pay . . .	Ich zahle . . .
cash	bar
by cheque/credit card	mit Scheck/Kreditkarte
We'll need . . .	Wir brauchen . . .
a deposit	eine Anzahlung
your driving licence	Ihren Führerschein
Making enquiries at the railway station	**Auskünfte am Bahnhof einholen**
We want to . . .	Wir wollen . . .
go on a trip/day trip	einen Ausflug/Tagesausflug machen
get out and about	uns ein bisschen umsehen
What could/would you recommend?	Was könnten/würden Sie empfehlen?
There is . . .	Da gibt es . . .
an ordinary/special ticket	eine normale/besondere Karte
an Inter City Saver	Intercity-Sparer
an Awayday ticket	eine Tageskarte
a group ticket	eine Gruppenkarte
How long does the journey take?	Wie lange dauert die Reise?
When can we get back?	Wann können wir zurückfahren?
Is there a direct train?	Gibt es einen durchgehenden Zug?
Do we have to change?	Müssen wir umsteigen?
The train calls at Liverpool Street	Der Zug hält am Liverpool Street-Bahnhof
This station/train is (not) convenient	Dieser Bahnhof/Zug ist (nicht) günstig
Booking a flight	**Einen Flug buchen**
I'd like to . . .	Ich möchte . . .
book a flight to Munich	einen Flug nach München buchen
make a reservation for/to . . .	einen Platz für/nach . . . reservieren
The (morning) flight out is at . . .	Der Hinflug (morgens) ist um . . .
The (evening) flight back is at . . .	Der Rückflug (abends) ist um . . .
The flight leaves/arrives at . . .	Der Flug geht ab/kommt an um . . .
arrival	Ankunft
departure	Abflug
scheduled airlines	Linienflüge
(flight) schedule	Flugplan
The fare drops/goes up 50 per cent	Der Preis sinkt/steigt um 50 Prozent

Verben mit Präposition

In Dialog 4 fragt Jack den Auskunftsbeamten: *Can we get back easily at 8.30?*

Get back ist ein Verb *(get)* mit Präposition *(back)*. Im Englischen gibt es viele solcher Verben. Die meisten davon haben ein „alternatives" Verb mit gleicher Bedeutung, z. B. *to get back – to return*. Beides heißt „zurückkommen". Weitere Beispiele:

Verb mit Präposition	*Alternative*	*deutsche Bedeutung*
to go away	to leave	weggehen, verlassen
to get in/on	to board	einsteigen
to get off	to alight	aussteigen
to bring about	to cause	verursachen
to put off	to postpone	verschieben
to make off	to escape	davonlaufen, entkommen
to let down	to disappoint	im Stich lassen, enttäuschen

Die Verben mit Präposition sind umgangssprachlicher als die alternativen Verben. *To board* und *to alight* zum Beispiel werden in der offiziellen Sprache des Transportwesens gebraucht, während man im Umgangsenglisch einfach sagen würde: *Get on the train* und nicht *Board the train.*

Folgende Präpositionen werden häufig im Zusammenhang mit Verben verwendet:
about, across, after, along, before, behind, by, down, in, off, on, over, to, up.

Übung 1

Übersetzen Sie folgende Sätze ins Englische und benutzen Sie dabei Verben mit Präposition:
a. Verschieb' es nicht länger.
b. An welchem Bahnhof müssen wir aussteigen?
c. Die Diebe entkamen mit einer Menge Geld.
d. Ich fühle mich sehr im Stich gelassen.
e. Steig' nicht in diesen Bus ein!

Zahlen und Mengenangaben
In Dialog 1 sagt das Mädchen in der Autovermietung:
It's £ 2.75 a day for insurance, plus V. A. T. at 15 %.

Gesprochen und ausgeschrieben werden die Zahlen folgendermaßen:
Two pound seventy-five (nicht *pounds*!)
fifteen per cent

Der Plural wird bei Mengenangeben oft nicht gebraucht, vor allem dann, wenn noch mehr Zahlen folgen:
£ 6.40 = six pound forty
7 lb 3 oz = seven pound three ounces (Unzen)
5 ft 4 ins = five foot (nicht *feet*) *four inches**

Beachten Sie, dass Dezimalstellen durch einen Punkt und nicht durch ein Komma markiert werden.
£ 11.42 (eleven pound forty-two)
3.24 km (three point two-four kilometres)

* Obwohl offiziell heute in Großbritannien metrische Maße und Gewichte eingeführt worden sind, wird oft noch nach *feet* und *inches* gemessen und nach dem englischen Pfund gewogen. Zu Ihrer Information:
1 pound (ein engl. Pfund) = 453,6 Gramm
1 inch (Zoll) = 2,54 cm
1 foot (Fuß) = 30,48 cm
1 mile (Meile) = 1,60935 km

Bei Brüchen mit mehreren Bruchteilen werden diese immer in der Mehrzahl genannt:

1/7 = *one seventh* (ein Siebtel)
3/7 = *three sevenths* (drei Siebtel)
4/12 = *four twelfths* (vier Zwölftel)
5/16 = *five sixteenths* (fünf Sechzehntel)
usw.

Beachten Sie:
1/2 = a half, 1/3 = a third, 1/4 = a quarter
2/3 = two thirds, 3/4 = three quarters.
(zwei Drittel) (drei Viertel)

Übung 2

Schreiben Sie die folgenden Mengenangaben auf Englisch aus:

a. £ 6.99
b. 4 lb 7 oz
c. 3.56 km
d. 7/11
e. 1 1/3

1

Sehen Sie sich die vier Anzeigen britischer Autoverleih-Firmen an. An welche würden Sie sich wenden, wenn Sie . . .

a. mit einer Gruppe von Leuten einen Wochenendausflug machen möchten?
b. ein Luxus-Auto für eine besondere Gelegenheit bräuchten?
c. mit dem Auto von London nach Edinburgh fahren, aber zurück fliegen wollten?
d. mit Ihrer Kreditkarte bezahlen möchten?
e. im Falle einer Panne oder eines Unfalls einen Automobilclub anrufen möchten?
f. das Auto an die Haustür gebracht haben möchten?
g. bei einer längeren Leihzeit Rabatt haben möchten?

(Schreiben Sie jeweils den richtigen Buchstaben – A, B, C oder D – hinter die entsprechende Frage)

A

Wedding Carriage

CHAUFFEUR DRIVEN WEDDING CARS
EXECUTIVE CARS FOR ALL OCCASIONS

B

HIRE FOR LOWER!

* local offices nationwide
* full AA cover
* one-way rental
* competitive rates
* offices at all major airports

CALL US NOW!

C

SELF-DRIVE HIRE

For a full range of vans and mini buses – 12 and 8 seaters

Also coaches and tours!

D

Rent a car or van from us!

- free delivery!
- special weekly rates!
- long hire discount!
- unlimited mileage!
- all major credit cards accepted!
- fully comprehensive insurance!

YOU CAN'T BEAT OUR SERVICES!

wedding carriage · Hochzeitskutsche oder -auto
executive cars · Autos für Manager und Führungskräfte
self-drive hire · Autoverleih für Selbstfahrer
a full range · ein komplettes Angebot
van · kleiner Lastwagen, Lieferwagen
coach · Reisebus
full AA cover · voller Schutz des AA (= Automobile Association, *größter britischer Automobilclub, dem ADAC entsprechend)*
free delivery · kostenlose Lieferung (des Autos bis an die Haustür)
competitive rates · konkurrenzfähige Preise
long hire discount · Rabatt bei längerer Leihzeit
fully comprehensive insurance · Vollkaskoversicherung

2

Up, up and away. Lesen Sie diesen „Führer zu Londons Flughäfen" aus der Londoner *Times*, dann kreuzen Sie in dem Diagramm an, welcher Flughafen welche Leistungen und/oder Einrichtungen aufweist.

	Heathrow	Gatwick	Luton
a. Eine Untergrundbahn-Verbindung			
b. Spezielle Einrichtungen für Behinderte			
c. Besonders freundlicher Informationsdienst			
d. Schnellverbindung per Eisenbahn von einem der größten Londoner Bahnhöfe			
e. Ideal für den reisegewandten Geschäftsmann			
f. Ausgezeichnete Einrichtungen für Mutter und Baby			
g. Parkhaus und Flughafengebäude auf gleicher Ebene			

A USER'S GUIDE TO LONDON'S AIRPORTS

HEATHROW: Possibly more geared to the needs of experienced jet-setters like businessmen than to holiday families.

It is wise to arrive at the airport by London Underground as the tunnel access for cars gets clogged. If you are using Terminal 2, allow yourself plenty of time for checking in and then pass swiftly into the departures lounge.

Tightly-packed cafeterias serving a choice of filled croissants and buffet meals jostle in one crowded terminal area for space. Downstairs there are shoe-shine girls and slot-machine amusements.

GATWICK: After a new terminal opens in two years, passenger capacity will rise to 25 million a year by the early 1990s. Future travellers would be wise to follow the sensible example of more than a third of today's passengers and arrive on the Gatwick Express from Victoria Station – reaching the heart of the terminal within 30 minutes.

The nursing mothers' room is excellent. There is also a special assistance desk for the disabled and late-arrival passengers. One snag. Blind passengers have to rely on the information desk for flight calls. There are no loudspeaker announcements but computer-linked information screens.

LUTON: growing in popularity, with handy road access, a swift coach service from London and connecting buses to meet trains at Luton Station. The airport staff are particularly proud of their facilities for the disabled. Special lifting devices ease the transit from ground to plane, car parking is near and, as it is all on one level, you can propel a wheelchair easily. But you must warn the airport or your tour operator before arrival if you require special help.

The information desk girls seemed particularly helpful and make you feel you would like to use Luton again.

user · Benutzer
geared to the needs · auf die Bedürfnisse zugeschnitten
wise · klug
tunnel access · Tunnelzufahrt
clogged · verstopft
terminal · Abfertigungsgebäude
departures lounge · Abflughalle
tightly-packed · voll (mit Leuten)
jostle for space · um Platz kämpfen
shoe-shine girls · Schuhputzerinnen
slot-machine amusements · Spielautomaten
passenger capacity · Passagiervolumen
sensible · vernünftig, praktisch
nursing mothers · stillende Mütter
snag · Schwierigkeit, „Haken“
computer-linked information screens · an Computer angeschlossene Informationstafeln
handy · bequem, praktisch
swift · rasch, geschwind
coach service · Busdienst
connecting buses · Anschlussbusse
lifting devices · Hebeeinrichtungen
from ground to plane · vom Boden zum Flugzeug
to propel a wheelchair · einen Rollstuhl fahren

Unter der Überschrift *Travelwise* sendet *Southern Sound* seine lokalen Verkehrsmeldungen. Circa jede Stunde können sich die Einwohner von Brighton und Umgebung über Verkehrsbehinderungen und Bauarbeiten informieren. Hören Sie gut zu, dann machen Sie die beiden unten stehenden Übungen.

they are running smoothly · sie laufen fahrplanmäßig
It's not a happy picture on the roads, though · Auf den Straßen sieht's aber leider schlecht aus
long queues · lange Schlangen
fork · Gabelung, Abzweigung
resurfacing work · Neuasphaltierung
lane · Spur
allow extra time · planen Sie extra Zeit ein
to be delayed · aufgehalten werden
stretch · Strecke
hold-up · *hier:* Wartezeit
A 23, A 27, A 259 · Straßennummern
sets of roadworks · (Straßen)bauarbeiten
Pyecombe, Fishbourne, Littlehampton, Climping, Rustingdon · Ortschaften in Sussex
ferry · Fähre

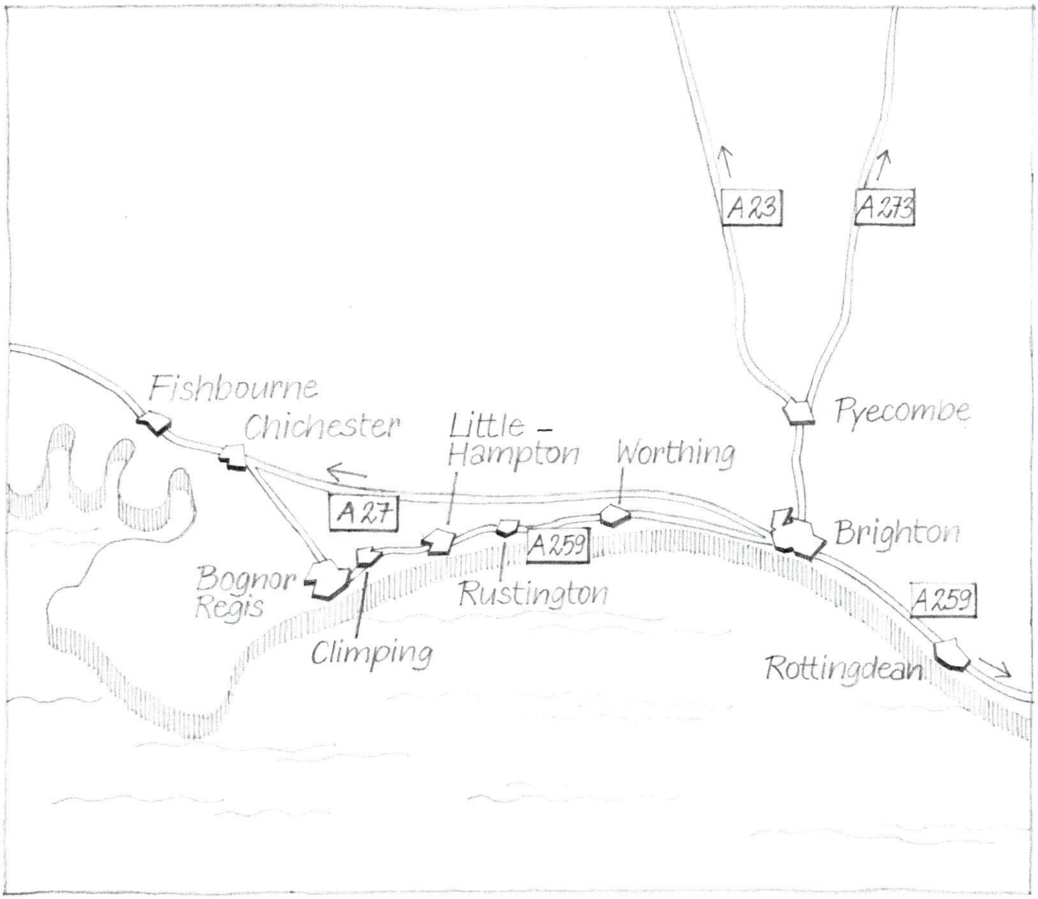

1 (2/9)

Sehen Sie sich jetzt die Karte an und markieren Sie darauf, wo laut *Travelwise* Verkehrsbehinderungen auftreten (insgesamt sechs).

2

Mrs. Parker, Mr. Quinn, Mr. Rogers und Miss Treat waren alle unterwegs, als die *Travelwise*-Meldung gesendet wurde. Wer von ihnen musste mit Verzögerungen rechnen? Kreuzen Sie die entsprechenden Kästchen an.

a. Mrs. Parker travels by bus from Brighton to Rottingdean. ☐
b. Mr. Quinn travels by train from Brighton to London. ☐
c. Mr. Rogers travels by car from Worthing to Bognor on the A 259. ☐
d. Miss Treat travels by ferry from Newhaven to Dieppe. ☐

1 (2/10)

Wie reisen Sie am liebsten? Per Schiff, per Bahn, per Auto, per Flugzeug? Beschreiben Sie Ihr Lieblingstransportmittel und erklären Sie, warum Sie es am liebsten benutzen. Dann hören Sie sich auf der CD an, wie Linda gern reist.

2 (2/11)

Wenn einer eine Reise tut, dann kann er was erzählen – selbst wenn es nur die Fahrt von zu Hause ins Büro ist. Schildern Sie eine Fahrt/Reise, die Ihnen in besonders angenehmer oder unangenehmer Erinnerung geblieben ist, und hören Sie sich dann Martin zum Vergleich an.

jet-lag · *(Anpassungsschwierigkeiten bei weiten Flugreisen, die durch die Zeitumstellung entstehen; im Englischen auch adjektivisch gebraucht)*
puncture · (Reifen-)Panne

5 Would you like a starter?

Sie lernen in dieser Unit:

- sich im Restaurant etwas zu essen zu bestellen
- zu sagen, was Sie mögen und nicht mögen
- welche Schwierigkeiten man als Ausländer beim Lebensmitteleinkauf haben kann

... und Sie können selbst ein traditionelles englisches Gericht nach Rezept zubereiten.

Wegweiser

Dialoge: Hören Sie zunächst dem Dialog 1 bei geschlossenem Buch zu; anschließend hören Sie ihn sich bei geöffnetem Buch an (wenn nötig, mehrmals). Studieren Sie ihn dabei sorgfältig Zeile für Zeile unter Zuhilfenahme des angegebenen Vokabulars und der Erklärungen. Bearbeiten Sie dann die zum Dialog gehörenden Übungen.

Anschließend verfahren Sie mit den Dialogen 2, 3 und 4 ebenso.

Prägen Sie sich die *Wichtigen Wörter und Ausdrücke* (S. 86) gut ein.

Arbeiten Sie die *Grammatik* einschließlich der *Übungen* (S. 87) durch.

Nun ist eine *Leseübung* (S. 88) an der Reihe.

Hören Sie sich die drei *Radioauszüge* an und bearbeiten Sie die entsprechenden *Übungen* (S. 90). (Hören Sie sich die Radioausschnitte an, sooft Sie wollen, versuchen Sie aber, nicht auf die Texte im Begleitheft zu sehen. Im Buch finden Sie Vokabeln und Erklärungen abgedruckt, die Ihnen das Verständnis erleichtern.)

Machen Sie die offenen Sprechübungen im Abschnitt *Sprechen Sie selbst* (S. 92). Hören Sie sich dann zum Vergleich die Beispielversionen auf der CD an.

Hören Sie sich alle Dialoge und Radiotexte noch einmal ohne Buch an.

1 (2/12)

It's very tasty!

Ein Gast bestellt sich etwas in einem Londoner Restaurant.

(W = waitress, C = customer)

W: Yes sir, what would you like?
C: Well, I haven't quite decided yet. The seafood gratin – what sort of fish have you got in that?
W: Well, there's crab, mussels, cod and prawn, and it's all served in a cheese sauce.
C: That sounds quite nice. The devilled chicken – what does devilled mean?
W: Well, devilled means hot and spicy, so it's made with cayenne pepper and paprika – it's very tasty.
C: Ah, I see. The lamb satay, that's on a skewer, is it?
W: That's right. And the meat's marinated in lemon juice and wine. And it's served with a peanut sauce.
C: Oh, well I think I'll settle for the lamb satay please.
W: Lovely. Can I bring you a starter as well, sir?
C: Oh, I haven't really looked at the starters. Could you recommend one?
W: We have some lovely starters. Deep fried mushrooms with garlic butter, baked Brie with the garlic bread, or traditional French onion soup. That's very nice.
C: Oh, I'll have the French onion soup please.
W: Lovely. Would you like a drink? Perhaps some wine or something?
C: Yes. I was thinking – do you have a Muscadet?
W: We have a lovely Muscadet. A bottle? A half?
C: Ah, just a half please.
W: A half bottle. Lovely. Thank you very much.
C: Thank you.

seafood	Fischgerichte
gratin *(französisch)*	mit Käse überbacken
crab	Krebs
mussels	Muscheln
cod	Kabeljau
prawn	Garnele
devilled chicken	Paprikahühnchen
hot	*hier:* scharf
spicy	stark gewürzt
tasty	wohlschmeckend
lamb satay	Lamm Satay (am Spieß auf malaysische Art)
on a skewer	am Spieß
peanut sauce	Erdnusssauce
garlic	Knoblauch
starter	Vorspeise
(main course	Hauptgericht)
(dessert	Dessert, Nachtisch)

► **What would you like?** Was möchten Sie gern? Oder man wird gefragt: **Are you ready to order?** Kann ich Ihre Bestellung aufnehmen?

► **I haven't quite decided yet** Ich habe mich noch nicht (ganz) entschlossen.

► **I'll settle for the lamb satay** Ich nehme das Lamm Satay/ich hab' mich für das Lamm Satay entschieden. **To settle for something** (sich in einer Richtung entscheiden) wird benutzt, wenn man sich nach einiger Bedenkzeit zu etwas entschließt: **Would you like red or white wine?**

– I think I settle for some red Möchten Sie roten Wein oder weißen? – Ich glaube, ich nehme mal den roten.

a Muscadet ein französischer herber Weißwein.

it's served with … es wird serviert mit …

Übung 1

Can I have the menu? Sehen Sie sich die Speisekarte des Restaurants an, in dem der Gast aus Dialog 1 sein Essen bestellt hat. Unterstreichen Sie die Vorspeise, das Hauptgericht und den Wein seiner Wahl. Wie immer finden Sie einige zusätzliche Vokabeln, die Sie sich nicht unbedingt merken müssen, unter der Abbildung.

Tuttons Bar & Restaurant

Menu	Price (£)
Starters	
Deep Fried Mushrooms cooked in garlic butter	2.70
Baked Brie with Almonds served with garlic bread	2.80
Avocado and Crab Cocktail	3.30
Traditional French Onion Soup	2.10

Menu	Price (£)
Main Courses	
Veal Chop Rosemary small chop grilled with rosemary	7.90
Lamb Satay marinated lamb on a skewer, served with a peanut sauce	7.60
Traditional Steak and Kidney Pie Marinated steak with kidney, mushroom and onion, topped with pastry	6.80
Devilled Chicken Small chicken served with devilled sauce and potatoes	7.30
Seafood au Gratin Seasonal fish and shellfish served in a cheese sauce	8.10

Wines	Price per bottle (£)
House wine (red)	7.50
House wine (white)	7.50
White	
Sauvignon	8.60
Vouvray	9.80
Muscadet	9.50
Gewürztraminer	10.90
Liebfraumilch	7.20
Red	
Côtes du Rhône	8.60
Beaujolais	9.80
Chianti	8.70

almonds *(pl)* · Mandeln
crab cocktail · Krabbencocktail
veal chop · Kalbskotelett
rosemary · Rosmarin
marinated · mariniert
topped · bedeckt
pastry · Teig
seasonal · je nach Jahreszeit

Übung 2

It's all very tasty. Ordnen Sie die Gerichte (links) den entsprechenden Beschreibungen zu (rechts), so wie Sie es im Dialog gehört haben. (Beispiel: a./IV.)

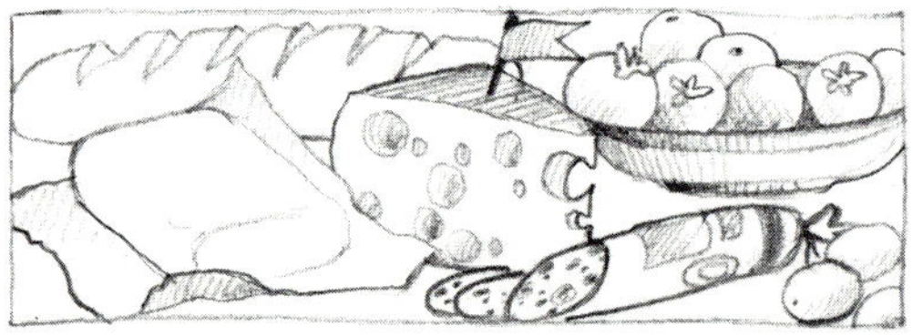

a. Seafood gratin ___
b. Devilled chicken ___
c. Lamb Satay ___
d. Deep fried mushrooms ___
e. Baked Brie ___

I. hot and spicy
II. served with garlic bread
III. cooked in garlic butter
IV. different kinds of fish in cheese sauce
V. served with peanut sauce

Übung 3 2/13

Jetzt sollen Sie sich etwas im Restaurant bestellen. Linda spielt die Kellnerin und fragt Sie, was Sie möchten. Antworten Sie ihr wie üblich, nachdem Andreas Ihnen die deutsche Version gesagt hat.

2 2/14

We don't serve junk food

Colin hat ein Restaurant im Herzen von London – in Covent Garden.

C: Well, our restaurant is in the middle of one of the busiest and most recent tourist areas of London, in Covent Garden; and we're in one of the prime sites also of London. Our customers are very cosmopolitan, come from all over the world and all over the country. And the sort of food that our customers and the public like here for lunch and for dinner are varied dishes of meat, steaks – steak and kidney pie is one of our specialities. And they really particularly like some of the mousses we provide and make on the premises. And our desserts are very popular too. Dishes they particularly like are the vegetarian dishes. We don't serve junk food. Most of the food is prepared on the premises and cooked on the premises. And we serve a various amount of wines, mostly from France, certain ones from Italy and Yugoslavia. A lot of spirits we sell, and we have a varied selection of liqueurs etcetera.

mousse	Mousse
on the premises	hier im Haus
spirits *(pl)*	*hier:* Branntweine und Schnäpse

One of the busiest and most recent tourist areas of London Eine der beliebtesten und jüngsten Touristenattraktionen (wörtlich: Touristengegenden) Londons. Colin bezieht sich mit **most recent** (jüngst, erst kürzlich eingerichtet) darauf, dass **Covent Garden** ursprünglich der wichtigste Obst- und Gemüseumschlagplatz Londons war. In den frühen siebziger Jahren wurden die alten Markthallen dann geschlossen und

z. T. in Landstraßen und -arkaden umgebaut. Heute ist **Covent Garden** eine schicke - und teure - Gegend mit vielen **wine bars, pubs** und Restaurants. Etliche Theater sowie das **Covent Garden Opera House** (die Londoner Oper) befinden sich ebenfalls in der Nähe. - Beachten Sie den Gebrauch von **busy** (eigentlich geschäftig, belebt): **It's a very busy restaurant** Das Restaurant hat viel Zulauf.

a prime site eine erstklassige Lage. Siehe auch **building site** (Baustelle). Verwechseln Sie **site** nicht mit **sight** (Sicht, Sehenswürdigkeit).

► **Steak and kidney pie is one of our specialities** Steak- und Nierenpastete ist eine unserer Spezialitäten. **Steak and kidney pie** ist ein traditionelles englisches Gericht - siehe Leseübung S. 88.

► **Dishes they particularly like are the vegetarian dishes** Gerichte, die sie besonders gern mögen, sind die vegetarischen. **Vegetarian** heißt Vegetarier/in.

► **We don't serve junk food** Wir setzen (unseren Gästen) keinen Mist vor. Mit **junk food** meint Colin hauptsächlich billige Hamburger, Hot Dogs, Pizzas usw. von schlechter Qualität. **Junk** (eigentlich Schund, Schmutz, Abfall) kann auch „Trödel" heißen: **junk shop** Trödelladen

a various amount of wines eine unterschiedliche Anzahl von Weinen.

a varied selection of liqueurs eine breite Auswahl an Likören.

Übung 4

Did you get it? Hören Sie sich Dialog 2 gut an und markieren Sie dann unten bei den Fragen das richtige Kästchen.

a. Where is the restaurant described in the dialogue located?
   1. ☐ in a busy tourist area
   2. ☐ in a quiet back street
   3. ☐ in a commercial district

b. Who are its customers?
   1. ☐ local businessmen and office staff
   2. ☐ visitors from the country
   3. ☐ all kinds of people

c. In the restaurant, what kind of food is served?
   1. ☐ vegetarian food only
   2. ☐ traditional British food
   3. ☐ many different kinds of dishes

d. Which of these dishes is said to be particularly liked?
   1. ☐ steak and kidney pie
   2. ☐ vegetarian food
   3. ☐ seafood gratin

e. And which one is described as "one of our specialities"?
   1. ☐ steak and kidney pie
   2. ☐ vegetarian food
   3. ☐ seafood gratin

Übung 5

Find the words! In dem Buchstabenquadrat sind 13 Wörter versteckt, die alle mit Essen zu tun haben. Finden Sie diese (links aufgeführten) Wörter und umranden Sie sie. (Die Wörter können vorwärts, rückwärts, von oben nach unten, von unten nach oben und diagonal gelesen werden.)

dessert	mousse
dish	pastry
fish	pie
food	sauces
kidney	steak
meat	tasty
menu	

V	D	O	O	F	F	U	P
M	E	G	D	I	S	H	Y
O	Y	R	T	S	A	P	T
U	E	E	T	H	U	T	S
S	N	A	R	A	C	I	A
S	D	E	S	S	E	R	T
E	I	A	M	N	S	M	I
P	K	A	E	T	S	S	M

Übung 6 (2/15)

Und was mögen Sie? Sie sind bei einer britischen Familie zu Gast, und man fragt Sie, was Sie besonders gern mögen. Sagen Sie, dass Sie das betreffende Gericht sehr gern *(very much),* besonders gern *(particularly),* wirklich gern *(really)* mögen. Andreas gibt Ihnen aber wieder Hinweise.

3 (2/16)

How much should things cost?

Cathy, eine Lehrerin aus Amerika, verbringt ein Jahr in London und spricht hier über ihre Probleme beim Lebensmitteleinkauf.

C: The biggest problem we had was probably with food shopping. It was a question not simply of what to buy and where to buy it but how much should things cost? We couldn't recognize what was a bargain and what was a good price or where we were paying much more for something than we should have. Some of the biggest difficulty we had came with buying meat, I think. We went to butchers and discovered that we couldn't recognize the cuts of meat, that they looked different, they had different names, and we didn't know what to buy and make the things that we were used to buying. Finally we ended up going to a butcher in a completely different neighbourhood. We went to St. John's Wood and found a butcher who knew American cuts and could cut things for us that way.

a bargain	ein guter Kauf
butcher	Metzger
neighbourhood	Wohngegend, Viertel (wörtlich: Nachbarschaft)

It was a question not simply of what to buy ... Es war nicht nur einfach die Frage, was man kaufen sollte ...

How much should things cost? Was sollte die Ware kosten? **Should** drückt oft, wie das deutsche **sollte,** Erwartung aus: **It shouldn't cost so much** Es sollte (eigentlich) nicht so viel kosten.

► **... we couldn't recognize the cuts of meat** ... wir konnten nicht erkennen, wie das Fleisch geschnitten wurde.

… the things that we were used to buying … das, was wir zu kaufen pflegten (d. h. das, was sie früher in den USA gekauft hatten).

We ended up going to a butcher in an completely different neighbourhood (Schließlich) sind wir bei einem Metzger in einer völlig anderen Gegend gelandet. **To end up doing something** drückt aus, dass man etwas anderes tut, als man ursprünglich vorhatte: **We wanted lamb, but we ended up buying beef** Wir wollten (eigentlich) Lamm, aber (schließlich) kauften wir Rindfleisch.

St. John's Wood gute Wohngegend in London, nördlich vom **Regent's Park**.

Übung 7

Unten sind ein paar Probleme aufgeführt, die man beim Lebensmitteleinkauf in einem fremden Land haben kann. Welche dieser Probleme sind von Cathy erwähnt worden? Kreuzen Sie die entsprechenden Sätze an.

a. Die Geschäfte sind meist weit vom Wohnort entfernt.
b. Man weiß nicht, ob der Preis der Waren angemessen ist.
c. Man kann die Sprache der Verkäufer nicht verstehen.
d. Das Fleisch ist von schlechter Qualität.
e. Man weiß nicht, wie das Fleisch geschnitten wird.
f. Man weiß nicht, ob es sich um einen günstigen Kauf handelt oder nicht.
g. Die Bedienung ist oft unfreundlich zu Ausländern.

Übung 8

Helen, Cathys Freundin, die mit ihr ein Jahr in England verbringt, hat einen Brief an ihre Mutter geschrieben. Helen ist Vegetarierin und schildert in dem Brief ihre Einkaufsschwierigkeiten. Lesen Sie den Brief, dann beantworten Sie die Fragen darunter entweder mit *yes* oder *no.*

Dear Mom,

The biggest problem in London is my vegetarianism - I have great difficulty finding the right kind of fruit and vegetables. There are all sorts of them here but not the ones I was used to buying at home. I especially miss the exotic fruits we had in California like mango, kiwi and fresh pineapple. Our local grocery store only has boring old apples, pears, and maybe grapes and bananas. But I'm told that there is a fantastic fruit and vegetable market in a nearby neighbourhood where you get the things you want for a good price...

a. Does Helen eat meat? ______
b. Does she find it easy to shop for her fruits and vegetables in London? ______
c. Does she like exotic fruits? ______
d. Is there a good choice at her local greengrocer's? ______
e. Will she have to travel far in order to get to the market? ______
f. Is she likely to find a bargain at the market? ______

Übung 9 (2/17)

In der Sprechübung sollen Sie die Probleme schildern, die Sie beim Einkauf in England haben. Andreas sagt Ihnen vor, was Sie auf Englisch sagen sollen, dann hören Sie Martins Version. Linda spielt Ihre hilfreiche englische Bekannte.

4 (2/18)

You can eat jolly well here!

Die englische Küche hat nicht gerade den besten Ruf – oder ist das Essen in den Restaurants besser geworden? Hier geben ein paar Touristen ihre Meinung ab.

First woman: The food in there is absolutely despicable, really bad, you know, very unhygienic and everything.
Cold, when it gets to you. It's not cooked very well. And the utensils and everything isn't very clean. It's not a clean place at all.

First man: You pay £ 9.50 for the meal and the service is atrocious. I was in there an hour and a half on Sunday and I couldn't get a waiter.

Second woman: They're rude. The staff are rude. Very rude.

Second man: I think in London, you can eat jolly well here. The food is good if you know where to go. It's finding out where to go. That's the secret of it, isn't it?

Third man: The service and the food are superb. And the staff are very helpful.

service	Bedienung
atrocious	grauenvoll
waiter	Kellner
(waitress	Kellnerin)
unhygienic	unhygienisch
well-cooked	gut zubereitet

► **absolutely despicable** über alle Maßen schlecht (wörtlich: absolut verächtlich). Ähnlich: **absolutely fantastic** absolut phantastisch; **Don't you agree? – Absolutely not!** Findest du nicht? - Auf keinen Fall!

The utensils and everything isn't very clean Die Utensilien und alles drumherum sind nicht sehr sauber. (Eigentlich müsste es heißen: ***aren't* very clean**).

► **The staff are rude** Die Bedienung ist (äußerst) unfreundlich. Beachten Sie, dass **staff** (Belegschaft, Personal, hier: Bedienung) im Plural gebraucht wird.

You can eat jolly well here Man kann hier ausgesprochen gut essen. **Jolly** wird oft zur Verstärkung gebraucht, obwohl es heute etwas überholt ist: **jolly difficult** verdammt schwierig, **jolly nice** einfach toll.

That's the secret of it, isn't it? Da liegt doch der Hase im Pfeffer, nicht wahr? (Wörtlich: Das ist das Geheimnis davon.)

Übung 10

Atrocious or jolly well? Auf der folgenden Seite haben wir einige der Adjektive aus Dialog 4 aufgeführt. Entscheiden Sie, welche von ihnen positiv und welche negativ sind, und schreiben Sie sie in die entsprechende Spalte.

positiv	negativ

despicable · superb · helpful · atrocious · rude · jolly well · unhygienic · really bad

Übung 11

Ein deutscher Gast geht nach langer Zeit wieder in ein Londoner Restaurant, in dem er früher oft gut gegessen hat. Aber das Lokal ist nicht wiederzuerkennen – Bedienung und Essen sind gleichermaßen schlecht. Also schreibt er einen Brief an den Geschäftsführer, um sich zu beschweren – zunächst einmal auf Deutsch. Übersetzen Sie den Brief ins Englische. Beginnen Sie mit *"Dear Sir"* …

Vor ein paar Monaten konnte man in Ihrem Restaurant noch ausgesprochen gut essen. Aber jetzt? Ich wollte gestern Abend etwas bestellen, aber ich konnte einfach keine Bedienung bekommen. Als die Kellnerin endlich kam, war sie sehr unfreundlich. Und das Essen war kalt und nicht gut zubereitet. Und das bei einem Preis von £12.50! Es ist ein Skandal!
Hochachtungsvoll

Übung 12 2/19

In der Sprechübung sollen Sie Ihre Meinung über zwei Restaurants abgeben – über das *White Horse Restaurant* und das *Soho Bistro.* Verfahren Sie wie üblich, indem Sie Andreas auf Englisch nachsprechen. Linda stellt Ihnen die Fragen.

At a restaurant	**Im Restaurant**
What would you like?	Was möchten Sie?
Are you ready to order?	Kann ich Ihre Bestellung aufnehmen?
Would you like a ...	Möchten Sie ...
drink? / bottle of wine?	etwas zu trinken? / eine Flasche Wein?
starter? / dessert?	eine Vorspeise? / ein Dessert?
I haven't quite decided yet	Ich hab' mich noch nicht entschlossen
I'll settle for .../I would like ...	Ich glaub', ich nehme .../ich möchte ...
Our speciality is ...	Unsere Spezialität(en) ist/sind ...
seafood / vegetarian food	Fischgerichte / vegetarische Gerichte
devilled chicken	Paprikahühnchen
steak and kidney pie	Steak- und Nierenpastete
This food/dish is ...	Dieses Essen/Gericht ist ...
very tasty	sehr wohlschmeckend
hot / spicy	scharf / gewürzt
cooked with garlic	mit Knoblauch zubereitet
waiter / waitress	Kellner / Kellnerin
menu	Speisekarte
Opinions about food in restaurants	**Äußerungen zum Restaurantessen**
The meals are expensive/cheap	Die Mahlzeiten sind teuer/billig
The service is absolutely atrocious/superb	Die Bedienung ist ausgesprochen grauenvoll/wirklich hervorragend
The staff are rude/helpful	Das Personal ist unfreundlich/hilfsbereit
The food is really bad/is well cooked	Das Essen ist wirklich schlecht/ist gut zubereitet
The place is unhygienic/clean	Das Lokal ist unhygienisch/sauber
Shopping for food	**Lebensmitteleinkauf**
I had problems/difficulties buying ...	Ich hatte Probleme/Schwierigkeiten beim Einkauf von ...
I couldn't recognize a bargain	Ich konnte nicht erkennen, ob es sich um einen guten Kauf handelte
The cuts of meat are different	Das Fleisch wird anders geschnitten
There is a good market in our area/neighbourhood	In unserer Gegend/unserem Viertel gibt es einen guten Markt

Some und any

In Dialog 1 sagt die Kellnerin zum Gast:
We have some lovely starters.
*Would you like **some** wine?*
Some wird in bejahenden Sätzen mit Wörtern im Plural und mit Mengenbegriffen gebraucht:
Could I have some potatoes? (Plural)
There is some food left. (Mengenangabe)

Any wird dagegen in verneinenden Sätzen gebraucht:
*I don't want **any** wine.*
*We haven't got **any** potatoes.*

In bejahenden Sätzen bedeutet *any* „jeder (beliebige)", „irgendeine/r/s", oder, im Plural, „irgendwelche":
Give me any magazines.
(Geben Sie mir irgendwelche Zeitschriften.)
Ring me any time.
(Rufen Sie mich jederzeit an.)
Any strong man could do the job.
(Jeder starke Mann könnte die Arbeit ausführen.)

Achten Sie auf den Gebrauch von *some* und *any* in Fragen. Wenn *some* benutzt wird, ist man sicher, dass man das Gefragte auch bekommt (bzw. abgeben kann):
Could I have some wine?
(Kann ich etwas Wein haben?)
Would you like some more coffee?
(Möchten Sie noch etwas Kaffee?)

Bei *any* ist man nicht sicher, ob das Gefragte da ist:
Is there any wine?
(Gibt es hier Wein?)
Do you have any coffee?
(Haben Sie Kaffee?)

Übung 1

Die wichtigste Regel ist, dass *not ... any* die Verneinung von *some* ist. Setzen Sie die Sätze unten in die Verneinung, indem Sie *not ... any* gebrauchen.

a. We have got some fresh fruit today.
b. We have got some Algerian wine.
c. There are some Chinese dishes on the menu.
d. There are flowers on the table.
e. There are special knives and forks for the fish dishes.

Eine zweite Form der Verneinung benutzt *no* anstelle von *not ... any*. Das Verb bleibt positiv.
We have got some fresh fruit.
*We have got **no** fresh fruit.*
There are some foreign newspapers in this shop.
*There are **no** foreign newspapers in this shop.*

Beide Formen, sowohl *not ... any* als auch *no*, werden im Deutschen meistens mit „kein/e" wiedergegeben. Die Form mit *no* ist im Englischen aber endgültiger als *not ... any:*
We haven't got any potatoes.
(Wir haben keine Kartoffeln da – aber morgen vielleicht wieder.)
We have no potatoes.
(Wir haben keine Kartoffeln – d.h. wir haben keine zu verkaufen.)

Übung 2

Vergewissern Sie sich, dass Sie Übung 1 richtig gemacht haben, dann setzen Sie die Sätze noch einmal mit *no* in die Verneinung.

Someone – something; anyone – anything; no-one – nothing

Diese Zusammensetzungen werden wie die Grundwörter *some* und *any* gebraucht:
There's someone at the door.
There isn't anyone at the door.
There is no-one at the door.
(Da ist jemand an der Tür.)
(Da ist niemand/keiner an der Tür.)

I've got something for you.
I haven't got anything for you.
I've got nothing for you.
(Ich habe etwas für dich.)
(Ich habe nichts für dich.)

Is there anything you would like?
(Möchten Sie irgendetwas?)

Would you like something to eat?
(Möchten Sie etwas zu essen?)

Beachten Sie, dass man *somebody, anybody* und *nobody* als Alternative zu *someone, anyone* und *no-one* sagen kann.

Im heutigen Umgangsenglisch ist es gebräuchlich, Pronomen im Plural (d. h. *they, them, their*) mit den Singularformen *someone, anyone* und *no-one* zu gebrauchen:
I hope no-one has forgotten their (nicht *his!*) *coat.*
(Ich hoffe, dass niemand seinen Mantel vergessen hat.)
If anyone has lost any money, they should report it at once.
(Wenn jemand Geld verloren hat, soll er sich sofort melden.)
If there is anyone at the door, ask them what they want.
(Wenn jemand an der Tür ist, frag' ihn, was er will.)

In dem Rezept können Sie lesen, wie *steak and kidney pie* zubereitet wird. Sehen Sie sich dann die Zeichnungen daneben an, die die einzelnen Zubereitungsschritte illustrieren, aber nicht in der richtigen Reihenfolge. Schreiben Sie die Buchstaben der einzelnen Schritte (*a., b.,* usw.) unter die entsprechenden Zeichnungen.

a. Cut steak and kidney pie into small pieces and toss in seasoned flour.

b. Melt fat in a frying pan and fry onion, add meat and kidney and fry till brown.

c. Add stock or water, season, cover and simmer for $1\frac{1}{2}$ – 2 hours until meat is tender.

d. Turn meat into oval pie dish and leave to cool.

e. Roll out pastry to an oval slightly larger than pie dish. Moisten edge of pie dish with water and cover with a strip of pastry.

f. Moisten strip and cover dish with pastry. Press edges together and trim pastry around the edges.

g. Make a slit in centre of pie and decorate with leaves made from leftover pastry. Brush pastry with beaten egg.

h. Put pie into pre-heated oven and brake for 30–35 minutes until golden brown.

serves 5–6 · für 5–6 Personen
stewing steak · Rindfleisch zum Schmoren
lard · Schmalz
dripping · Bratenfett
seasoned flour · gewürztes Mehl (= Mehl mit Salz und Pfeffer)
stock · Brühe
shortcrust · Mürbeteig

puff pastry · Blätterteig
to glaze · glasieren
to toss · wälzen
to melt · schmelzen
to simmer · sieden
to moisten · anfeuchten
to trim · zurechtschneiden
pre-heated oven · vorgeheizter Backofen

Sie hören diesmal drei Werbespots von drei verschiedenen Supermärkten in der Gegend von Brighton. Hören Sie gut zu, dann machen Sie die unten stehenden Übungen.

I rich and fruity · nahrhaft und fruchtig
in ages · seit langem
that smashing greengrocery · diese tolle Obst- und Gemüseabteilung
The Food Warehouse · Name eines großen Supermarktes
firm · fest
less frills · weniger Drum und Dran
lower bills · niedrigere Rechnungen

II a new opening · eine Neueröffnung
trader · Einzelhändler
retailing · Einzelhandelsgewerbe
catering · Restaurant- und Partydienste
it's a must · es ist ein Muss, d. h. da muss man unbedingt hingehen
the old Kemptown Railway Station · der alte Bahnhof von Kemptown
on the Freshfield industrial estate · auf dem Industriegelände von Freshfield

III gimmicks · *hier etwa:* Werbetricks
luminous posters · Plakate mit Leuchtschrift
shelf wobbler · *wörtlich:* „Regalwackler". (Diese gibt es ebensowenig wie die „Plakate mit Leuchtschrift"; sie sind erfunden, um die Unsinnigkeit von Werbetricks aufzuzeigen.)
promotions · *hier:* Werbeträger
no fancy displays · keine aufgetakelten Dekorationen
Princes, KP, Chambourcy · Lebensmittelherstellernamen
brands *(pl)* · Handelsmarken
Shopper's Paradise · Name eines Supermarktes

1 (2/20)

Nachdem Sie sich die Werbespots angehört haben, ordnen Sie sie den hier abgebildeten Zeitungsanzeigen zu. Schreiben Sie *Werbespot I, II* oder *III* (Reihenfolge auf der CD) unter die entsprechende Anzeige. Füllen Sie außerdem die fehlenden Wörter in die Anzeigen ein. (Hören Sie mehrmals zu, bis Sie alle fehlenden Wörter gefunden haben.)

SHOPPERS
______
Lowest ______ in town!
All your ______
Princes
KP
Chambourcy and many others!

a) ______

For Retailers and Caterers
LINFOOD
______ AND CARRY
OPENING ______ 9 a.m.
on the Freshfield ______

b) ______

LESS ______ MEANS LOWER ______
at the ______ WAREHOUSE
opposite Hove station
open ______ to Saturday
8 a.m. – 8 p.m.

c) ______

2

Nun entscheiden Sie, welcher Supermarkt die unten aufgeführten Leistungen bietet, und schreiben Sie wiederum die Nummer des entsprechenden Werbespots dazu.

a. toll niedrige Preise, keine Werbetricks _____
b. Verkauf in großen Mengen, z. B. um ein Restaurant zu versorgen _____
c. sonntags geöffnet _____
d. erstklassiges frisches Obst _____
e. günstige Lage (Bahnhofsnähe) in Hove _____

Sprechen Sie selbst

1 (2/21)

Ein englischer Bekannter besucht Sie in Ihrer Heimatstadt und fragt, wo er gut essen gehen kann. Empfehlen Sie ihm zwei Restaurants und begründen Sie Ihre Empfehlungen (gutes Essen, vorzügliche Bedienung, umfangreiches Getränkeangebot usw.) Martin schildert zwei Restaurants auf der CD.

2 (2/22)

Stellen Sie sich vor, Sie sind von Ihrem Mann/Ihrer Frau, Ihrem Freund/Ihrer Freundin oder von Ihrem Chef/Ihrer Chefin zum Essen eingeladen worden. Es soll eine besondere Gelegenheit sein, also können Sie sich ein wirklich tolles Essen aussuchen. Beschreiben Sie, was Sie sich bestellen würden; dann hören Sie sich Linda zum Vergleich an.

6 Yes, I'm a jogger!

Sie lernen in dieser Unit:

- in der Drogerie nach Medikamenten und anderen Artikeln zu fragen
- Krankheiten und Krankheitssymptome zu beschreiben
- über Unfälle und Unfallverhütung zu sprechen

... und Sie erfahren etwas über die Jogging- und Fitnesswelle in Großbritannien

Wegweiser

Dialoge: Hören Sie zunächst dem Dialog 1 bei geschlossenem Buch zu; anschließend hören Sie ihn sich bei geöffnetem Buch an (wenn nötig, mehrmals). Studieren Sie ihn dabei sorgfältig Zeile für Zeile unter Zuhilfenahme des angegebenen Vokabulars und der Erklärungen. Bearbeiten Sie dann die zum Dialog gehörenden Übungen.

Anschließend verfahren Sie mit den Dialogen 2, 3 und 4 ebenso.

Prägen Sie sich die *Wichtigen Wörter und Ausdrücke* (S. 103) gut ein.

Arbeiten Sie die *Grammatik* einschließlich der *Übungen* (S. 105) durch.

Nun sind die *Leseübungen* (S. 106) an der Reihe.

Hören Sie sich die beiden *Radioauszüge* an und bearbeiten Sie die entsprechenden *Übungen* (S. 107). (Hören Sie sich die Radioausschnitte an, sooft Sie wollen, versuchen Sie aber, nicht auf die Texte im Begleitheft zu sehen. Im Buch finden Sie Vokabeln und Erklärungen abgedruckt, die Ihnen das Verständnis erleichtern.)

Machen Sie die offenen Sprechübungen im Abschnitt *Sprechen Sie selbst* (S. 108). Hören Sie sich dann zum Vergleich die Beispielversionen auf der CD an.

Hören Sie sich alle Dialoge und Radiotexte noch einmal ohne Buch an.

1 (2/23)

For adults or for children?

Jack ist in der Drogerie und kauft Medikamente usw. für den Urlaub ein.

(C = chemist, J = Jack)

C: Good morning, Sir. Can I help you, please?
J: Yes, I want some disposable nappies.
C: How old is the child?
J: Six months.
C: Yes, I've got these large ones. They'd be all right for the child. Anything else please?
J: Yes, I'd like some suntan lotion.
C: Is it for adults or for children?
J: It's for the children.
C: Since children have sensitive skin, I think I'll suggest this one, which will reflect most of the sunlight away.
J: OK, thanks. And some anti-diarrhoea medicine.
C: Is it for adults? Or (for) children as well?
J: Well, we're going on holiday, so we . . . anybody might need it.
C: Yes, I've got some liquid or tablet. I think since you are travelling I would suggest tablet form.
J: OK, that sounds fine.
C: Er . . . you're going camping, so I think I would suggest some insect repellent.
J: Oh yeah?
C: We've got some cream or spray.
J: I think I prefer the spray.
C: OK, Sir, here you are.

disposable nappies	Wegwerfwindeln
suntan lotion	Sonnenschutzmittel
adults *(pl)*	Erwachsene
anti-diarrhoea medicine	Mittel gegen Durchfall
insect repellent	Insektenschutzmittel
cream	Creme
spray	Spray

► **since children have sensitive skin . . .** da Kinder empfindliche Haut haben . . . Beachten Sie die Konstruktion mit **since** (da, weil) auch weiter unten im Dialog: **since you are travelling . . .** da Sie auf Reisen sind . . . Verwechseln Sie **sensitive** (empfindlich) nicht mit **sensible** (vernünftig): **a sensible decision** ein vernünftiger Entschluss. – Falls Sie etwas Mühe haben, den Drogisten (► **chemist**) zu verstehen: Er ist Inder und spricht daher mit Akzent.

I think I'll suggest . . . Ich schlage vor . . . (wörtlich: ich glaube, ich werde vorschlagen . . .).

. . . which will reflect most of the sunlight away . . . das das meiste Sonnenlicht wegreflektieren (d. h. abhalten) wird. **To reflect** (reflektieren): **The mirror reflects an image** Der Spiegel gibt ein Abbild wieder/ reflektiert ein Abbild.

Anybody might need it Jeder könnte es brauchen. **Might** (von **may** dürfen, können) drückt eine Möglichkeit aus: **It might rain** Es könnte regnen. **We might go after all** Wir werden (wahrscheinlich doch) fahren.

I would suggest tablet form müsste eigentlich richtig heißen: **I would suggest anti-diarrhoea medicine in tablet form** Ich würde (ein Durchfallmittel in) Tablettenform vorschlagen.

► Außer **liquid** (Flüssigkeit) und **tablets** (Tabletten) merken Sie sich noch **pills** (Pillen), **capsules** (Kapseln) und **lozenges** (Pastillen) in diesem Zusammenhang.

Übung 1

Pills and other things. Schreiben Sie die richtigen Artikelbezeichnungen (unten) unter die Zeichnungen. Kreuzen Sie außerdem die Sachen an, die Jack in der Drogerie gekauft hat.

a. ____________________

b. ____________________

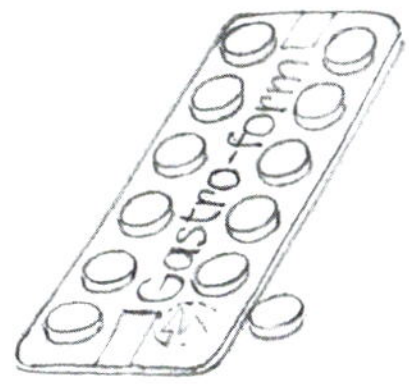

c. ____________________

d. ____________
____

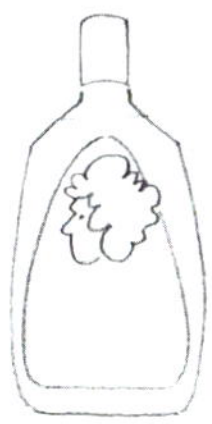

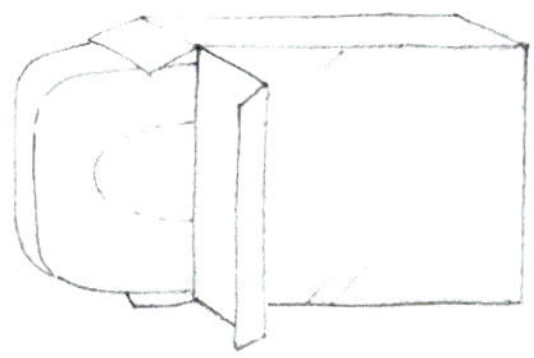

e. ____________
____

f. ____________________

g. ____________________

h. ____________________

a packet of anti-diarrhoea tablets
a can of insect repellent spray
a bar of soap
a bottle of suntan lotion
a bottle of shampoo
a tube of insect repellent cream
a packet of disposable nappies
a bottle of anti-diarrhoea medicine

Übung 2

Naughty baby! Das unartige *(naughty)* Baby hat seinen Brei auf die Einkaufsliste gekleckert. Schreiben Sie die Wörter neu (es sind alles Artikel, die man in der Drogerie kaufen kann). Kreuzen Sie außerdem die Wörter an, die Sie in Dialog 1 gehört haben, auch wenn sie in anderen Kombinationen erscheinen.

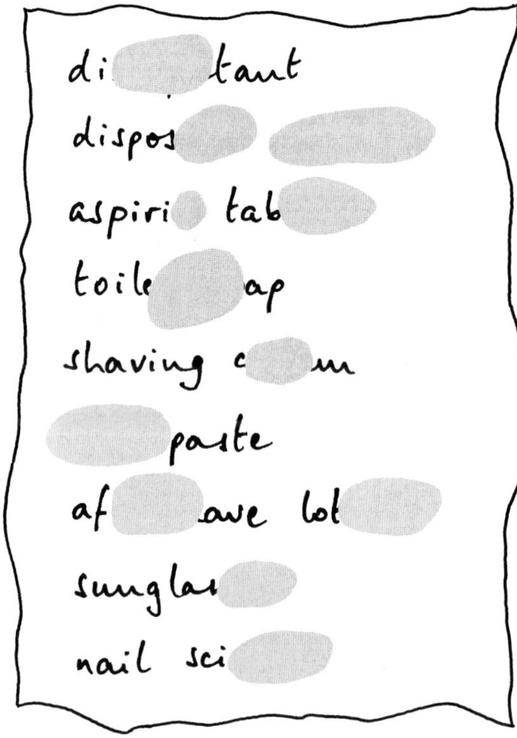

Übung 3 (2/24)

In der Sprechübung sollen Sie in der Drogerie nach verschiedenen Sachen fragen. Andreas gibt Ihnen Hinweise auf Deutsch, dann gibt Martin Ihnen die richtige Version, und Linda spielt die Drogistin.

2 (2/25)

Family illness

Ginny – Hausfrau und Mutter – schildert eine Familienepidemie.

G: It was a really bad time, it was last February. I was the first one to go down. I had some awful unknown blood virus which was a bit like glandular fever. And I couldn't work and I couldn't do anything for – oh, for at least two months. And during this time my husband also went down with bronchitis and he was out of action and had to take anti-biotics and generally couldn't help anybody. And to cap it all, both the boys went down first of all with German measles and then, later on, much worse illnesses. They both got whooping cough. The youngest one had it particularly badly and was sick the whole time, was throwing up and coughing and lost a good deal of weight. And in fact the whole family was so – was in such a bad state that we had to ask my mother-in-law to come in and hold the fort for us because nobody was capable of doing anything for anybody.

awful	schrecklich
glandular fever	Drüsenfieber
anti-biotics	Antibiotika
German measles	Röteln
illness	Krankheit
to throw up	erbrechen
to be sick	krank sein, *auch:* sich übergeben
to cough	husten
whooping cough	Keuchhusten

► **I had some ... unknown blood virus** Ich hatte irgendeinen unbekannten Blutvirus. Umgangssprachlich sagt man für Virus auch oft **bug: There's a bug going round** Ein Virus grassiert.

I was the first to go down Ich war die erste, die schlappmachte. **To go down (with an illness)** erkranken, siehe auch weiter unten im Dialog: **My husband went down with bronchitis** Mein Mann erkrankte an Bronchitis. **The boys went down ... with German measles** Die Jungen erkrankten an Röteln.

► **to cap it all** (coll.) um allem die Krone aufzusetzen.

► **He was out of action** (coll.) Er war außer Gefecht gesetzt.

► **(He) lost a good deal of weight** Er verlor eine Menge Gewicht/nahm ziemlich ab; **to lose weight** abnehmen, **to put on weight** zunehmen.

► **The whole family was in such a bad state ...** Die ganze Familie war in einem solchen schlechten Zustand ...

to hold the fort die Festung halten, d. h. hier: den Haushalt weiter zu führen.

Nobody was capable of doing anything Keiner war in der Lage, irgendetwas zu tun. **Capable** fähig, in der Lage; **capability** Fähigkeit. Beachten Sie den Unterschied zwischen **capable** und **able: He wasn't capable of doing anything** Er konnte nichts tun (d. h. es war ihm nicht möglich, etwas zu tun). **He wasn't able to do anything** Er konnte überhaupt nichts (d. h. er war völlig unfähig).

Übung 4

Spielen Sie Dialog 2 noch einmal ab. Halten Sie die CD jedesmal an, wenn Sie an einen der Sätze von a. bis e. kommen, und entscheiden Sie, welche der jeweils drei englischen Bedeutungen darunter dem Dialogsatz am nächsten kommt.

a. I was the first one to go down
   1. ☐ I went downstairs at once
   2. ☐ I fell ill before the rest of the family
   3. ☐ I was more ill than the rest of the family

b. He was out of action
   1. ☐ He could not do anything
   2. ☐ He worked away from home
   3. ☐ He tried to help me a lot

c. He was throwing up
   1. ☐ He was always crying because he was ill
   2. ☐ He was badly behaved because he was ill
   3. ☐ He was sick a lot

d. . . . in such a bad state
   1. ☐ . . . so unpopular
   2. ☐ . . . in the wrong place
   3. ☐ . . . so helpless and ill

e. . . . a bit like
1. ☐ . . . the same as
2. ☐ . . . similar to
3. ☐ . . . part of

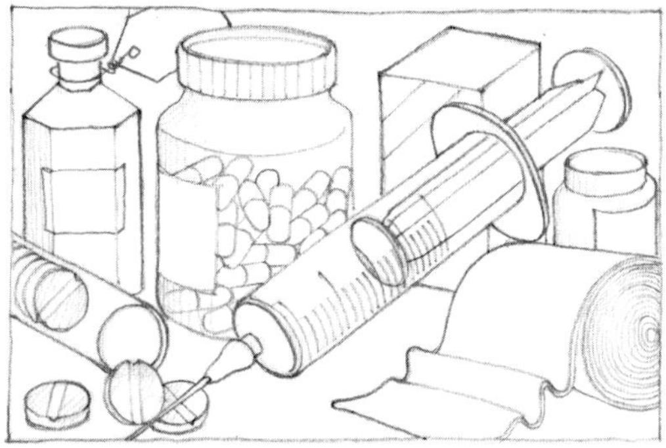

Übung 5

Who was ill with what? Wer hat was gehabt? Hören Sie sich Dialog 2 gut an, dann markieren Sie die entsprechende Spalte in der Tabelle unten (wie im Beispiel *a*).

	Who was ill with . . .	Ginny	her husband	her children	her mother-in-law	nobody
a.	an unknown virus	×				
b.	glandular fever					
c.	bronchitis					
d.	German measles					
e.	asthma					
f.	whooping cough					
g.	a cold					

Übung 6 2/26

Jetzt sind Sie dran. Ihnen geht es nicht gut. Beschreiben Sie Ihrem Arzt Ihre Symptome. Sprechen Sie wie üblich Andreas nach.

3 2/27

An accident

Penny und Kay befanden sich auf dem Nachhauseweg in ihrem Londoner Stadtviertel, als sie einen Autounfall sahen.

(P = Penny, K = Kay)

P: I stepped out onto a zebra crossing, thinking that the road was clear. The car on the right had stopped. And suddenly I felt myself jerked backwards.

K: Yes, I pulled her back because I suddenly realized there was a car coming round the corner very fast and about to hit the car which had already stopped.

P: And of course that's what happened. It stove the car in and pushed it 20 feet across the zebra crossing.

K: We then looked round to see the car which had hit the car at the crossing speedily go down a one-way street the wrong way.

P: So we managed to take the number down and someone instantly went off and dialled 999 to phone the police. And we hoped they would arrive very quickly.

accident	Unfall
zebra crossing	Zebrastreifen
speedily (*Adverb zu* speedy)	schnell
to take down	aufschreiben
instantly	sofort

I stepped out . . . thinking that the road was clear Ich trat vorwärts . . . weil ich dachte, die Straße wäre frei. **Clear** (wörtlich: klar) frei von Hindernissen. Ähnlich: **The river isn't clear of ice yet** Der Fluss ist noch nicht eisfrei. Im übertragenen Sinne: **The coast is clear – you can come out** Die Luft ist rein – du kannst 'rauskommen.

I felt myself jerked backwards Ich fühlte mich zurückgezerrt. **To jerk** heißt reißen, zerren, **the jerk** ist der Ruck: **The car stopped with a jerk** Das Auto hielt mit einem Ruck.

► **. . . and (the car was) about to hit the car . . .** und (das Auto war) im Begriff, auf das Auto zu prallen . . . **To be about to do something** im Begriff sein, etwas zu tun: **I was about to tell you that** Das wollte ich dir gerade erzählen.

It stove the car in Es drückte das Auto ein. **Stove** kommt von **to stave in** (eindrücken): **The bumper of my car got staved in by the collision** Die Stoßstange meines Autos wurde durch den Zusammenstoß eingedrückt/eingedellt.

20 feet 20 Fuß (ca. sechs Meter)

We looked round to see the car . . . go down ► **a one-way street** Wir drehten uns um, (nur) um das Auto eine Einbahnstraße hinunterfahren zu sehen.

the (registration) number die Autonummer ist hier gemeint.

► **. . . and dialled 999** und wählte 999. **To dial** (wählen): **you've dialled the wrong number** Sie haben die falsche Nummer gewählt. – 999 ist die Notrufnummer für Polizei, Ambulanz und Feuerwehr – man wählt im Notfall immer 999 und wird dann mit der gewünschten Stelle verbunden.

Übung 7

Hier können Sie eine Zusammenfassung von Dialog 3 lesen, aber die Sätze *a. bis k.* sind nicht in der richtigen Reihenfolge. Ordnen Sie sie, indem Sie sie nummerieren (Beispiel: a. = 1, i. = 2 usw.)

a. Penny and Kay were at a zebra crossing.
b. It was obvious that it was travelling too fast.
c. The witnesses saw the accident car escape.
d. The back of it was completely staved in.
e. Penny stepped out onto the road, thinking it was safe.
f. Kay realized that there was another car coming round the corner.
g. The first car was pushed about 20 ft. along the road.
h. Suddenly she was jerked back – by Kay.
i. One car had already stopped at the crossing.
j. But they had the registration number and dialled 999.
k. It drove off down a one-way street in the wrong direction.

the witnesses · die Zeugen

Übung 8

Where did it happen? Hören Sie sich Dialog 3 gut an, dann betrachten Sie die Unfallskizze unten. Die Buchstaben A, B, C usw. beziehen sich auf die verschiedenen Ereignisse des Unfalls. Beantworten Sie die Fragen, indem Sie den jeweiligen Ort des Geschehens dahinter schreiben, wie im Beispiel a. = C.

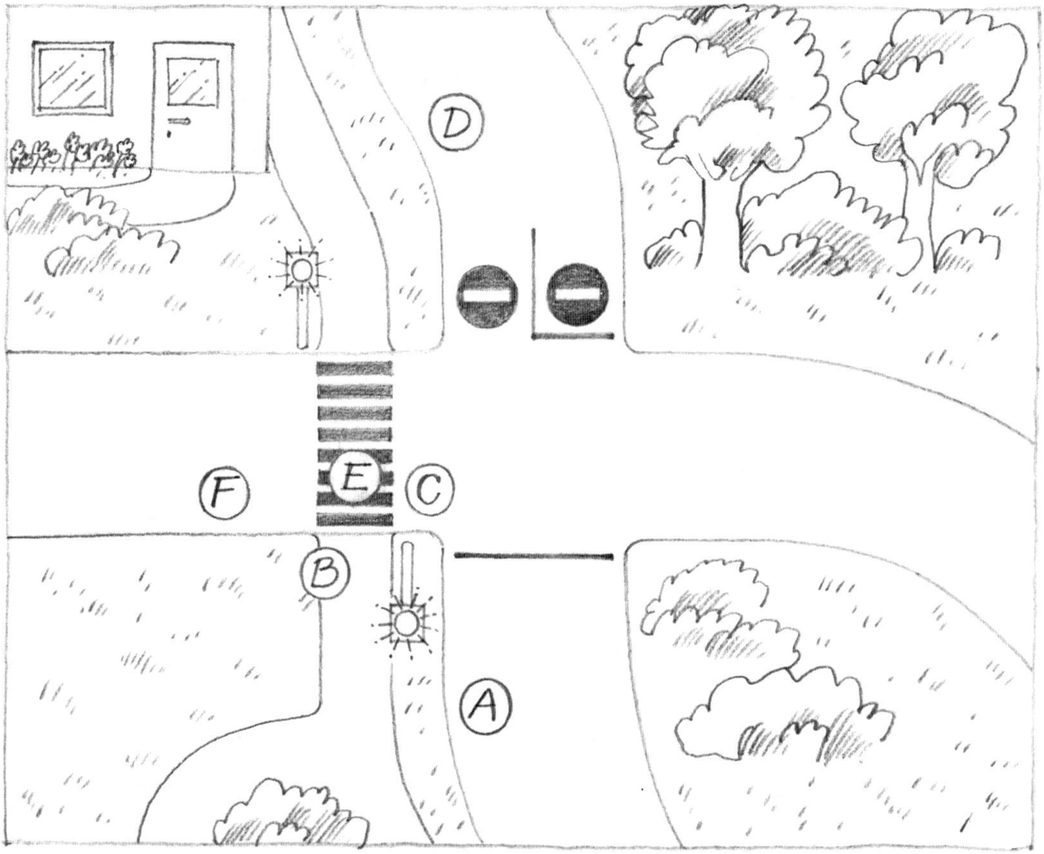

a. Where was the car that got damaged in the accident? C
b. Where was Penny when Kay pulled her back? ___
c. Where was the car that caused the accident? ___
d. Where was the damaged car after it got hit? ___
e. Where was Kay? ___
f. Where did the hit-and-run driver take his car after the accident? ___

damaged · beschädigt
the hit-and-run driver · der Unfallflüchtige

Übung 9 2/28

In der Sprechübung beschuldigt Sie jemand, einen Verkehrsunfall verursacht zu haben, aber Sie sind unschuldig. Widersprechen Sie Martins Beschuldigungen, indem Sie jedesmal *No, I didn't/wasn't* oder *Yes, I did/was* sagen. Auf die Hilfe von Andreas können Sie diesmal verzichten.

4 2/29

Jogging keeps you fit

Auch Großbritannien ist von der Jogging-Welle erfasst. Steve läuft jeden Tag in London und erzählt hier, warum.

S: Yes, I started five, six years ago. Originally I started to go running because I was worried about my health. I used to get attacks of asthma which I think was caused by the bad living conditions which I was in. And at first it was agony. But after a while I discovered that I really started to enjoy it. There's no feeling like the feeling you get when you've actually finished a four or five mile run. I started to get very interested in the physiological changes it caused in me – the slowing down of the heartbeat and the better respiration and so on. So it was a very enjoyable thing. And I love doing it. It's a hobby, and apart from everything else it helps you to see different sights and to get to know your environment much better. So yes, I'm a jogger.

to keep fit	(sich) fit halten
to jog	laufen, „joggen“
pleasant	angenehm
originally	ursprünglich
respiration	Atmung
health	Gesundheit
(healthy	gesund)
physiological changes	physiologische Veränderungen

► **I used to get attacks of asthma** Ich bekam (früher) immer Asthmaanfälle. Ähnlich: **heart attack** Herzanfall, **a sudden attack of pain** ein plötzlicher Schmerz.

... was caused by the bad living conditions I was in ... wurde von den schlechten Wohnverhältnissen verursacht, in denen ich mich befand. **To cause** (verursachen), **the cause** (die Ursache): **the cause of the illness is not known** die Ursache der Krankheit ist nicht bekannt.

► **At first it was agony** Zuerst war es schlimm/eine Qual. **Agony** (wörtlich: starker Schmerz, Leiden): **I'm in agony** Ich habe starke Schmerzen; **an agonizing decision** ein qualvoller Entschluss.

► **the slowing down of the heartbeat** das Verlangsamen des Herzschlages. Ähnlich: **Slow down!** Fahr/geh/lauf langsamer!

apart from everything else ... von allem anderen mal abgesehen ...

It helps you ... to get to know your environment much better Es hilft einem, seine Umgebung viel besser kennen zu lernen. **To get to know something or someone** etwas/jemanden kennen lernen: **You'll like her once you get to know her** Du wirst sie (schon) mögen, wenn du sie erst mal kennen lernst.

Übung 10

Joy or agony? Unten finden Sie verschiedene Gründe fürs Laufen. Welche von ihnen hat Steve in Dialog 4 angeführt? Kreuzen Sie die entsprechenden Sätze an.

a. Laufen ist ein gutes Training für andere Sportarten.
b. Es ist gut für die Gesundheit.
c. Man bekommt ein besonderes Freiheitsgefühl.
d. Es ist interessant, die körperlichen Veränderungen zu beobachten, die durch Laufen herbeigeführt werden.
e. Es ist ein schönes Hobby.
f. Man lernt beim Laufen Leute kennen.
g. Man lernt seine lokale Umgebung besser kennen.

Übung 11

Spielen Sie Dialog 4 noch einmal ab und halten Sie die CD jedesmal an, wenn die Sätze *a* bis *d* gesprochen werden. Die kursiv gedruckten Satzteile könnten durch jeweils eine der drei gegebenen alternativen Wendungen ersetzt werden. Kreuzen Sie jeweils das richtige Kästchen an.

a. *Originally* I started to go running . . . means:
   1. ☐ in my own way
   2. ☐ in the first place
   3. ☐ extraordinarily

b. *There's no feeling like the feeling* you get when you've finished . . .
   1. ☐ it's the best feeling in the world
   2. ☐ it's the worst feeling in the world
   3. ☐ you can't feel anything

c. . . . *and apart from everything else* it helps you . . . to see different sights
   1. ☐ you see parts of different sights
   2. ☐ as well as everything else
   3. ☐ most of all

d. *physiological changes* are . . .
   1. ☐ changes in your body
   2. ☐ changes in your mind
   3. ☐ changes in your daily routine

Übung 12 (2/30)

In der Sprechübung stellen Sie diesmal Fragen. Andreas sagt sie Ihnen auf Deutsch vor. Sie fragen jemand, warum er joggen geht.
Benutzen Sie u. a. folgende Wendungen:
What do you like about . . .?
Was gefällt Ihnen bei/an . . .?
Was it enjoyable?
Hat es Spaß gemacht?

At the chemist's	**In der Drogerie**
I'd like some . . .	Ich möchte (etwas/einige . . .)
soap	Seife
disposable nappies	Wegwerfwindeln
aspirin tablets	Aspirintabletten
suntan lotion	ein Sonnenschutzmittel
sunglasses	eine Sonnenbrille
anti-diarrhoea medicine	ein Mittel gegen Durchfall
shaving cream	Rasierseife
insect repellent	Insektenschutzmittel
I would suggest (some) . . .	Ich würde . . .
pills/tablets	Pillen/Tabletten } vorschlagen
liquid	eine Flüssigkeit } vorschlagen
capsules	Kapseln } vorschlagen
lozenges	Pastillen } vorschlagen
Health and illness	**Gesundheit und Krankheit**
health	Gesundheit
I'm well/healthy	Mir geht es gut/ich bin gesund
illness	Krankheit
I'm unwell/sick/ill	Mir geht es schlecht/ich bin krank
physiological changes	physiologische Veränderungen
sensitive skin	empfindliche Haut
respiration	Atmung
heartbeat	Herzschlag
I get attacks of . . .	Ich kriege . . .
pain	Schmerzen
asthma	Asthmaanfälle
whooping cough	Keuchhustenanfälle
I keep fit through . . .	Ich halte mich fit durch . . .
jogging/running	Joggen/Laufen
First it was agony	Zuerst war es eine Qual
I went down with . . .	Ich erkrankte an . . .
an unknown virus	einem unbekannten Virus
bronchitis	Bronchitis
German measles	Röteln
I was sick/threw up	Ich erbrach mich

I was . . .	Ich war . . .
out of action	außer Gefecht
in a bad state	schlecht beieinander
To cap it all . . .	Hinzu kam . . .
I lost/put on a great deal of weight	dass ich viel ab-/zunahm
An accident	**Ein Unfall**
speed	Geschwindigkeit
to go speedily	schnell fahren
to slow down	die Geschwindigkeit verlangsamen
to hit (a car)	auf ein Auto prallen
zebra crossing	Zebrastreifen
We called the police	Wir riefen die Polizei
We took down the (registration) number	Wir schrieben die (Auto-)Nummer auf
We dialled 999	Wir riefen 999 an
one-way street	Einbahnstraße

Einige Aspekte von will und shall

In Dialog 1 sagt der Drogist zu Jack:
I think I'll (= I will) suggest this one, which will reflect the sunlight.
Im ersten Teil des Satzes wird *will* benutzt, um eine unmittelbar bevorstehende Absicht auszudrücken (ich *will* mal dieses vorschlagen . . .). Im zweiten Teil des Satzes bezeichnet *will* ein (mit Sicherheit eintretendes) zukünftiges Ereignis (. . . das das Sonnenlicht reflektieren *wird*).

Einige weitere Beispiele mit *will* als Ausdruck der Absicht:
I'll settle for the lamb satay.
I'll have the French onion soup.
I'll pay by credit card.
We'll go home now.

Als Ausdruck der Zukunft:
Sunrise tomorrow will be at 5.43 a. m.
(Der Sonnenaufgang wird morgen um 5.43 stattfinden.)
The plane will take off in one hour.
(Das Flugzeug wird in einer Stunde starten.)
The doctor will see you on Monday.
(Der Arzt wird Sie Montag sehen.)
The bad weather will end soon.
(Das schlechte Wetter wird bald enden.)

Übung 1

Drücken Sie Ihre unmittelbare Absicht aus, indem Sie *will* in den unten stehenden Situationen benutzen. Benutzen Sie das Verb in Klammern als Hauptverb, um auszudrücken, was Sie tun werden:
Beispiel: *A ball rolls down the hill (get): I'll get it.*

a. The telephone rings (answer): ____________ .
b. The waiter puts the bill in front of you and your companion (pay): ____________ .
c. Your doctor says you're smoking too much (stop): ____________ .
d. Something goes wrong with your washing machine (fix): ____________ .

Shall

Den grammatischen Regeln nach wird *shall* zur Bildung des Futurs für die erste Person Singular und Plural benutzt, aber in der Umgangssprache hat sich *will* mehr und mehr durchgesetzt. Sie finden also beide Formen:

Next year I shall/will be 40 years old.
(Nächstes Jahr werde ich 40 Jahre alt sein.)
We shall/will be glad when all this is over.
(Wir werden froh sein, wenn all das vorüber ist.)

Benutzen Sie im Zweifelsfalle immer *will.* (Meistens wird ohnehin nur die Abkürzung *I'll/we'll* gebraucht.)

Shall drückt häufig das deutsche „sollen" aus:
Where shall I put this?
(Wo soll ich das hintun?)
What shall we do with him?
(Was sollen wir mit ihm anfangen?)
You shall be quiet!
(Du sollst ruhig sein!)
You shall have it by tonight.
(Sie sollen/werden es bis heute Abend haben.)
Shall wird auch in Frageanhängseln benutzt, wenn das entsprechende Hilfsverb kein solches bilden kann.
So muss es zum Beispiel heißen:
Let's go dancing, ***shall*** *we?,*
da *let* nicht als Anhängsel wiederholt werden kann. Mehr Beispiele:
Let's go home, shall we?
Let's eat out tonight, shall we?
Let's stop quarrelling, shall we?

Übung 2

Übersetzen Sie ins Englische:

a. Soll ich dir noch ein Glas Wein holen?
b. Du sollst ein neues Fahrrad bekommen!
c. Du sollst nicht immer reden, wenn ich rede!
d. Was sollen wir nun tun?
e. Sollen wir ins Kino oder ins Theater gehen?

1

Die britische Fernsehgesellschaft *Thames Television* hat für ihr Gesundheitsprogramm *HELP!* einen Ernährungsratgeber herausgebracht. Studieren Sie ihn, dann schreiben Sie in die richtige Spalte, wovon man mehr essen sollte *(eat more)* und wovon weniger *(eat less).*

Eating to Your Heart's Content

Eat More	Eat Less
Lean meats (poultry, fish)	Fatty meats (lamb, bacon, mince, sausages) Pies, cold sausages, salami
Pasta, beans, rice Fresh vegetables (potatoes, carrots, peas, beans, etc)	Eggs (4-5 a week is OK)
Bread, especially brown or wholemeal	Fatty biscuits and pastries
Low fat cheese (Edam, cottage, Camembert)	Fatty cheese (cheddar, stilton)
Fresh fruit, yogurts, fresh fruit juice	Sugar and sugary foods Sweet puddings, fizzy drinks and squashes
Skimmed or semi-skimmed pasteurised milks	Full fat milk Fat spreads on bread
Grilled foods	Fried foods
Herbs and spices for flavouring	Salt and salty foods (savoury snacks, tinned soups, etc)
Dried fruit and raw peanuts	Sweets
Polyunsaturated margarine and polyunsaturated vegetable oils (corn, soya, sunflower) for salads and frying	Hard animal fat (lard, dripping, butter) or vegetable margarines and shortenings

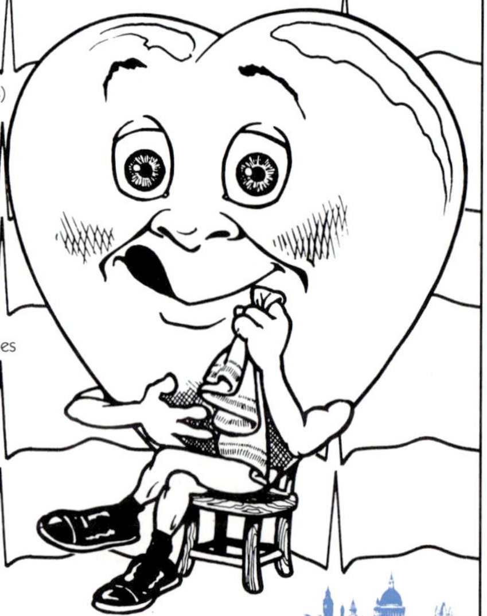

Produced by Thames Television's HELP! programme in association with The Coronary Prevention Group, Central Middlesex Hospital, London NW10 7NS.

THAMES
LONDON'S WEEKDAY ITV

lean · mager
poultry · Geflügel
pasta · Teigwaren, Nudeln
wholemeal bread · Weizenkeimbrot
cottage cheese · Hüttenkäse
skimmed milk · Magermilch
polyunsaturated · mehrfach ungesättigt
mince · Hackfleisch
pastries · (süße) Pasteten
fizzy · sprudelnd
squashes · Fruchtgetränke zum Verdünnen
fat spreads on bread · fette Brotaufstriche
savoury snacks · herzhafte Snacks
shortenings · Backfette

Eat more		Eat less
	mince carrots cottage cheese skimmed milk pastries squashes tinned soup dried fruit corn oil sunflower oil lard	

2

Healthy eating. In dem Viereck sind zehn gesunde Nahrungsmittel versteckt, die alle in Übung 1 vorkamen. (Sie können vorwärts, rückwärts, von oben nach unten, von unten nach oben oder diagonal gelesen werden). Umranden Sie die Wörter, wenn Sie sie gefunden haben.

F	I	R	S	V	B	E
I	R	I	C	E	D	S
S	T	R	U	G	O	Y
H	I	S	A	E	P	R
A	U	T	D	T	Z	T
S	R	U	N	A	F	L
N	F	N	A	B	R	U
A	R	A	T	L	G	O
E	W	E	K	E	P	P
B	Z	P	A	S	T	A

1 (2/31)

Immer mehr Haushalte in Großbritannien werden mit Zentralheizung ausgerüstet, aber es gibt noch zahlreiche Familien, die sich diese Installation nicht leisten können. Daher heizen sie häufig noch mit tragbaren oder an der Wand befestigten Gas- oder Elektroheizöfen, die jedoch leicht Feuer oder andere Unfälle verursachen können. Andrew Winter von *Southern Sound* gibt Tipps, wie man Unfälle durch Heizöfen und andere Haushaltsgeräte vermeidet. Hören Sie gut zu, dann ordnen Sie die entsprechende Gefahrenquelle *(danger)* der richtigen Vorkehrung *(prevention)* zu. (Beispiel: a./E.)

fridge (*kurz für* refrigerator) · Kühlschrank
freezer · Gefriertruhe
doorcatch · Türschnapper
hinges *(pl)* · Angeln
appliances in the home · Haushaltsgeräte
portable gas heater · tragbarer Gasheizofen
guard · (Feuer)schutz
solid fuel · fester Brennstoff (wie Kohle etc.)
flexible tubing · Schnüre und Leitungen
connectors *(pl)* · Anschlüsse
gasboard approved · vom Gaswerk abgenommen
to smoulder · glimmen, schwelen
upholstered furniture · Polstermöbel
manufacturer · Hersteller
(electric or gas) fires · (Elektro- oder Gas-)Heizstrahler
unplugged · aus der Steckdose gezogen
maintenance · Wartung

Dangers

a. Children can be trapped inside old fridges.
b. Heaters of all types can cause fires.
c. There is a danger from gas if heaters are not in good condition.

d. Heaters need air.
e. Electric blankets can be dangerous if used incorrectly.
f. Television sets can be a danger at night.

Preventions

A. Keep your room well ventilated.
B. Always use a guard.
C. Make sure the appliance is unplugged before going to bed.
D. Check flexible tubings and make sure the heater is gasboard approved.
E. Remove hinges.
F. Follow the manufacturer's instructions for use and maintenance.

2 2/32

Fitnesswelle und kein Ende. Auch in Großbritannien öffnen (und schließen!) jede Woche zahlreiche Fitness-, Body-Building- und Aerobic-Studios ihre Tore. Hier wirbt das *Shape Health Studio* in Brighton und Hove mit Radiospot und Handzettel. Hören Sie sich zunächst den Werbespot an, dann haben Sie genügend Informationen, um im Handzettel unten die fehlenden Wörter einzusetzen.

to shape up · sich in Form bringen
super saver voucher · Super-Spar-Gutschein
membership · Mitgliedschaft
on production · bei Vorlage
offer finishes May 7th · Angebot gilt nur bis 7. Mai

Liste der fehlenden Wörter:

discount	offer	saver
health	studios	voucher
King Alfred Centre	super	voucher

Shape up at Shape ______ ______

Hurry! ______ closes May 7th

Yes! With the ______ Saver ______!

50 %

______

Incredible discount price!

Your own personal ______!
50 % discount membership!
Shape Health Studios, Devonshire Place, Brighton, or ______, Hove

Sprechen Sie selbst

1 2/33

Hoffentlich waren Sie selbst noch nie an einem ernsthaften Unfall beteiligt, aber Sie waren vielleicht schon einmal Zeuge. Beschreiben Sie einen (wenn auch nur geringfügigen) Verkehrsunfall, dann hören Sie sich Martin zum Vergleich an.

2 2/34

Wie halten Sie sich in Form? Sind Sie auch von der Fitness-Welle erfasst worden? Sind Sie Mitglied in einem Sportverein, einem Fitness-Studio, joggen, schwimmen oder reiten Sie? Beschreiben Sie Ihr Fitness-Programm, so wie es Linda auf der CD tut.

7 Bring a bottle!

Sie lernen in dieser Unit:

- etwas über die Öffnungszeiten der englischen *pubs*
- wie man in England eine Party gibt
- ein Party-Rezept zu verstehen

... und *Southern Sound* gibt Tipps, welchen Wein man zu welchem Gericht serviert.

Wegweiser

Dialoge: Hören Sie zunächst dem Dialog 1 bei geschlossenem Buch zu; anschließend hören Sie ihn sich bei geöffnetem Buch an (wenn nötig, mehrmals). Studieren Sie ihn dabei sorgfältig Zeile für Zeile unter Zuhilfenahme des angegebenen Vokabulars und der Erklärungen. Bearbeiten Sie dann die zum Dialog gehörenden Übungen.

Anschließend verfahren Sie mit den Dialogen 2 und 3 ebenso.

Prägen Sie sich die *Wichtigen Wörter und Ausdrücke* (S. 115) gut ein.

Arbeiten Sie die *Grammatik* einschließlich der *Übungen* (S. 116) durch.

Nun sind die *Leseübungen* (S. 118) an der Reihe.

Hören Sie sich die beiden *Radioauszüge* an und bearbeiten Sie die entsprechenden *Übungen* (S. 120). (Hören Sie sich die Radioausschnitte an, sooft Sie wollen, versuchen Sie aber, nicht auf die Texte im Begleitheft zu sehen. Im Buch finden Sie Vokabeln und Erklärungen abgedruckt, die Ihnen das Verständnis erleichtern.)

Machen Sie die offenen Sprechübungen im Abschnitt *Sprechen Sie selbst* (S. 122). Hören Sie sich dann zum Vergleich die Beispielversionen auf der CD an.

Hören Sie sich alle Dialoge und Radiotexte noch einmal ohne Buch an.

1 (3/1)

We're open at half past five

Die englischen Gastwirtschaften *(pubs),* für die wir auch im Deutschen häufig den englischen Originalbegriff verwenden, sind wegen ihrer Atmosphäre und Gemütlichkeit berühmt. Aber sie sind nicht durchgehend geöffnet, was häufig dazu führt, dass ahnungslose ausländische Touristen vor verschlossenen Pub-Türen stehen. Jack fragt Chris, den Wirt eines Pub, nach den Öffnungszeiten.

(J = Jack, C = Chris)

J: You're a publican, Chris, and I know that the opening times of English pubs often confuse foreign visitors. Perhaps you could explain them to us.

C: Well, the opening time is from 11 in the morning till 3 p.m. in the afternoon, then we close; and we open up at half past five in the evening till 11 o'clock, 11 p.m. in the evening.

J: Is that every day?

C: Every day of the week, bar Sunday which is half past ten, which is ten thirty.

J: And is it possible for you to stay open after 11 o'clock at night?

C: Well, we can apply for extensions at certain parties and functions, dinners and dances. If anybody requires drinks or meals after 11 o'clock in the evening they again have to go to discotheques or dance halls (which) operate until 2 o'clock in the morning.

J: I see in the public bar here that there are no children. Can children never come into your pub?

C: Children are not allowed in the pub under the age of 16.

publican	Gastwirt
pub (*kurz für:* public house)	Gastwirtschaft, Kneipe
a function	eine Veranstaltung

► **The opening times . . . often confuse foreign visitors** Die Öffnungszeiten . . . verwirren oft ausländische Besucher. Das Gegenteil von **opening time** ist **closing time** (Schließungszeit).

► **from 11 in the morning till 3 p.m. in the afternoon** von elf (Uhr) morgens bis drei (Uhr) nachmittags; **p.m.** ist die Abkürzung von **post meridiem** (lateinisch: nach Mittag), also hat Chris eigentlich zweimal „nachmittags" gesagt: **3 p.m. in the afternoon.** Das Gegenteil von **p.m.** ist **a.m. (ante meridiem)** vormittags.

bar Sunday außer Sonntag. **Bar** oder **barring** ist ein etwas altmodisches Wort, normalerweise sagt man **except** für „außer", „bis auf".

► **We can apply for extensions** Wir können um Verlängerungen (d.h. der Öffnungszeiten) nachsuchen.

... which operate till 2 o'clock in the morning ... die bis zwei Uhr morgens offen haben (wörtlich: operieren). Ähnlich: **This train does not operate on Sundays** Dieser Zug verkehrt sonntags nicht.

► **the public bar** die öffentliche Bar, der Schankraum. Pubs haben normalerweise zwei Barräume: die **public bar** und die **saloon bar** (Salonbar). Die **saloon bar** ist oft gemütlicher eingerichtet und lädt mehr zum Sitzen ein; meist sind die Preise für **drinks** etwas höher. Die **public bar** ist ein einfacher Ausschank; oft befinden sich dort ein Billard-Tisch oder ein **darts board** (Scheibe zum Pfeilwurf-Spiel).

Übung 1

Pub times. Wählen Sie die jeweils richtige Ergänzung zu den Sätzen a. bis e., indem Sie das entsprechende Kästchen ankreuzen.

a. A publican is someone who …
   1. ☐ drinks in a pub
   2. ☐ makes sure a pub closes on time
   3. ☐ owns a pub

b. On a weekday before 4 o'clock in the afternoon pubs are open from …
   1. ☐ 11.30 to 3.00
   2. ☐ 11.00 to 3.00
   3. ☐ 11.00 to 2.30

c. On Sunday nights pubs close at …
   1. ☐ 11.00 p.m.
   2. ☐ 1.00 a.m.
   3. ☐ 10.30 p.m.

d. Where could you eat or drink after pub closing time?
   1. ☐ in a café
   2. ☐ in a discotheque
   3. ☐ in a bar at a theatre

e. For which occasion(s) would Chris's pub stay open longer?
   1. ☐ for a wedding reception
   2. ☐ for a nearby football match
   3. ☐ for a children's birthday party

Übung 2 3/2

Zu Dialog 1 gibt es diesmal 2 Sprechübungen. Stellen Sie sich zunächst vor, dass Sie in England sind und mit einer englischen Bekannten irgendwo einen Drink einnehmen möchten. Andreas sagt Ihnen wie üblich vor, sprechen Sie ihm nach, dann hören Sie sich die richtige Version von Martin an. Linda spielt Ihre englische Bekannte.

Übung 3 3/3

In der zweiten Sprechübung beantworten Sie Fragen Ihrer englischen Bekannten über die Öffnungszeiten von *pubs* in Ihrem Heimatland.

2 3/4

Hold a bottle party!

Wenn man eine Party geben will, muss man viele Vorbereitungen treffen. In einer Sendung von *Southern Sound* zu diesem Thema gibt Andrew Winter einige Tipps:

A: The food should always by easy to eat because people are going to be standing around holding glasses. And a buffet is normally the best way of serving the food. Coming on to drink it is important of course to provide drink, not only alcoholic drink but soft drinks too. Many people who will be driving will not want to drink, so provide soft drinks. And if you're holding a bottle party – that's one way of getting round the expense of putting on your own party.
If you're going to have music the choice is up to you of course, but nothing too loud or strident. It's got to be something that appeals to everybody.

But of course there's no point in throwing a party if you're not going to enjoy yourself. After all, it is your party. If you spend too long planning it or worrying, the whole thing becomes an ordeal and you're not going to enjoy it.

soft drinks	nicht-alkoholische Getränke, wie Limonade, Mineralwasser usw.
to provide	sorgen (für)
strident	*hier:* laut, rhythmisch, aufdringlich

► **A buffet is normally the best way of serving the food** Ein (kaltes) Buffet ist normalerweise die beste Art, das Essen zu servieren.

► **... if you're holding a bottle party ...** ... wenn Sie eine „Flaschenparty" geben ... Zu einer **bottle party** bringen die Gäste eine Flasche mit, normalerweise Wein. Da Alkohol in England wegen der hohen Besteuerung ziemlich teuer ist, gehört es zum guten Ton, z. B. statt Blumen eine Flasche Wein zu einer Einladung mitzubringen – auch wenn es sich nicht ausdrücklich um eine **bottle party** handelt. – Statt **holding a party** (oben) kann man auch **giving a party** sagen, oder umgangssprachlicher, wie weiter unten im Dialog: **There's no point in throwing a party** es hat keinen Zweck, eine Fete steigen zu lassen ...

► **The choice of music is up to you** Die Musik(auswahl) liegt bei Ihnen. **It's up to you/me/him** usw. ist eine häufig gebrauchte umgangssprachliche Wendung: **When are you going on holiday? – I don't know, that's up to my boss** Wann fahren Sie auf Urlaub? – Ich weiß nicht, darüber entscheidet/das liegt bei mein(em) Chef.

► **The whole thing becomes an ordeal** Die ganze Sache wird eine Qual.

Übung 4

Hören Sie sich Dialog 2 mehrere Male gut an, dann beantworten Sie diese Fragen auf Deutsch.

a. Warum empfiehlt Andrew Winter, bei einer Party ein Buffet zu servieren?

____

____

b. Warum sollte man dafür sorgen, dass es auch nicht-alkoholische Getränke gibt?

____

____

c. Wie kommt die *bottle party* zu ihrem Namen?

____

____

d. Was ist der Vorteil einer *bottle party?*

____

____

e. Wie sollte die Musik *nicht* sein?

____

____

Übung 5

Try the puzzle! Füllen Sie die Kästchen aus. Das Wort in der mittleren Säule sagt Ihnen, was Sie möglichst nicht tun sollten, wenn Sie auf einer Party gewesen sind.

a. Something you do a lot at parties

b. What an unsuccesful party might be

c. Party music shouldn't be like that

d. You should also ________ soft drinks

e. The ________ of music is up to you

f. Don't do too much of it before a party

g. People hold it in their hands at parties

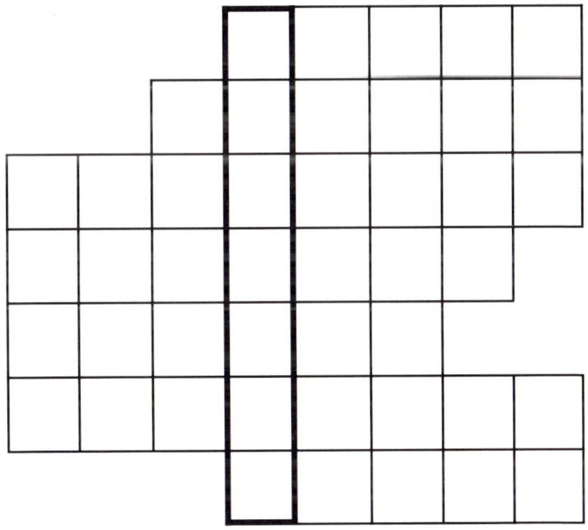

Übung 6 (3/5)

Jetzt sind Sie dran. Sie rufen einen Bekannten an und laden ihn zu einer Party ein. Verfahren Sie wie üblich, indem Sie sich die Hinweise von Andreas anhören.

3 (3/6)

You just heat it up!

Jack unterhält sich mit Anna vom *International House* über ein Party-Getränk für 400 Leute!

(J = Jack, A = Anna)

J: Anna, how on earth do you make mulled wine for 400 people?

A: Ah, I can tell you that one because I had to do it yesterday. You need 70 odd litres of wine, red wine, cheap red wine. And to every six litres you add two litres of water. And then you need about half a pound of sugar, for that. And you throw in a lot of cinnamon, quite a few cloves – or you can stick those in an orange, so they don't float around on the top. Some cardamom seeds. And then you just heat it up. Oh, it's nice if you put an apple or two in as well. And that's it.

quite a few	eine ganze Menge

▶ **mulled wine** Glühwein, von **to mull** (Wein) aufglühen und würzen.

You need 70 odd litres of wine Man braucht etwa 70 Liter Wein. **Odd** hat hier die Bedeutung von „etwa, ungefähr", wird aber wie ein Adjektiv gebraucht und vor das Substantiv gestellt. Ähnlich: **The book consists of 200 odd pages** Das Buch besteht aus/hat circa 200 Seiten. (Je nach Zusammenhang könnte man auch umgangssprachlich übersetzen: 200 und ein paar Zerquetschte.)

And you throw in a lot of cinnamon Und man gibt jede Menge Zimt hinein. **To**

throw in (hineinwerfen, hineinschmeißen) ist umgangssprachlicher als z. B. **to add** (hinzufügen).

Cloves and cardamom seeds (Gewürz)-nelken und Kardamom-Kerne.

... so they don't float around on the top so dass sie nicht obendrauf herumschwimmen. **To float** schwimmen, treiben: **I'm floating in the water** Ich lasse mich im Wasser treiben.

▶ **That's it!** Das ist alles! Damit hat sich's!

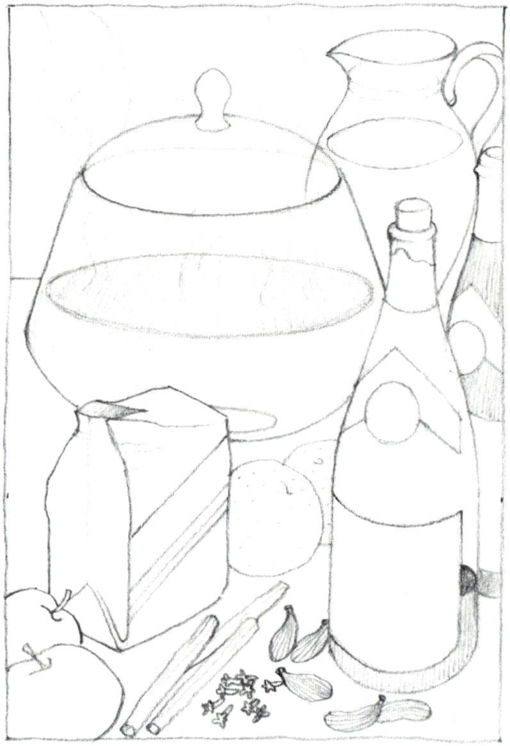

Übung 7

Alle in diesem Buchstabenviereck versteckten Wörter (links) sind Zutaten zu dem Glühwein-Rezept aus Dialog 3. (Sie können von oben nach unten, von unten nach oben, vor und zurück und diagonal gelesen werden).

S	D	E	E	S	N	M	U
D	N	U	O	P	O	W	T
C	A	R	D	A	M	O	M
L	P	S	U	G	A	R	E
L	P	O	T	E	N	A	R
D	L	W	I	N	N	N	T
H	E	A	T	E	I	G	I
S	E	V	O	L	C	E	L

apple	heat	seeds
cardamom	litre	sugar
cinnamon	orange	top
cloves	pound	two

Die verbleibenden Buchstaben ergeben in der richtigen Reihenfolge ein Getränk, das man gern an kalten Winterabenden zu sich nimmt:

____

Übung 8

Vervollständigen Sie diese Sätze aus Dialog 3, indem Sie die richtige Mengenbezeichnung (z. B. *litres, pound(s)*) usw. einsetzen.

a. You need 70 odd ____________ of wine.
b. Throw in ____________ of cinnamon and quite ____________ cloves.
c. And then you need about ____________ of sugar.
d. You can put ____________ apple or ______ in as well.

Übung 9 (3/7)

Haben Sie das Rezept für *mulled wine* gut verstanden? Dann beantworten Sie Lindas Fragen in der Sprechübung. Andreas gibt Ihnen wieder Tipps auf Deutsch.

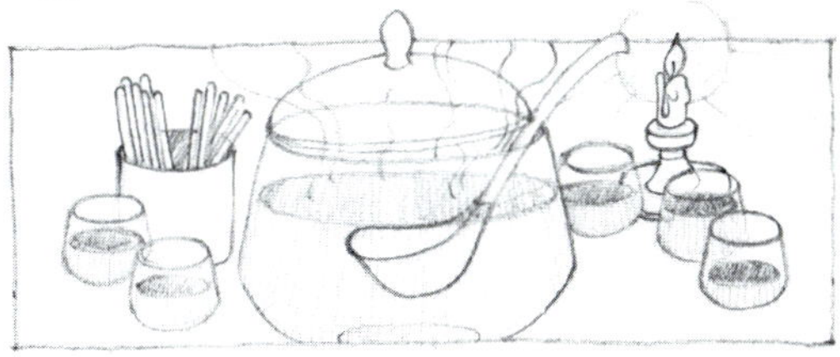

Wichtige Wörter und Ausdrücke

At the pub	**In der Kneipe**
The opening times are …	Die Öffnungszeiten sind …
from 11 a. m. to 3. p. m.	von 11 morgens bis 3 Uhr nachmittags
(except Sundays)	(außer sonntags)
from 5.30 p. m. to 11 p. m.	von 5.30 nachmittags bis 11 Uhr abends
publican	Gastwirt
public bar	Schankraum
saloon bar	Salon(bar)
a function	eine Veranstaltung
to apply for extensions	um eine Verlängerung nachsuchen
Before a party	**Vor einer Party**
You should/can provide …	Man sollte/kann für …
food	Essen
a buffet	ein Buffet
(alcoholic) drinks	alkoholische Getränke
soft drinks	nicht-alkoholische Getränke
mulled wine	Glühwein
music	Musik … sorgen
We're holding/giving a party	Wir geben eine Party
We're throwing a bottle party	Bei uns steigt eine „bottle party“
The whole thing becomes an ordeal	Die ganze Sache wird zur Qual
That's it!	Das ist alles!/Damit hat sich's!

Das Konditional

Rufen Sie sich folgende Sätze aus Dialog 2 und 3 ins Gedächtnis:

Andrew: *If you spend too long planning a party, it becomes an ordeal.*

Anna: *The punch is nice, if you put an apple in it.*

Beide Sätze drücken aus, dass etwas geschieht, wenn eine bestimmte Bedingung (Kondition) erfüllt wird. Daher heißen diese Sätze Konditionalsätze *(conditional sentences).* Im Englischen werden sie durch die Konjunktion *if* (wenn, falls) eingeleitet:

If the food is cooked without salt, it does not taste very nice. Wenn man das Essen ohne Salz kocht, schmeckt es nicht sehr gut.

If there is a lot of clouds at night, you cannot see the moon. Wenn es nachts sehr wolkig ist, kann man den Mond nicht sehen.

The temperature drops if there is a clear sky at night. Die Temperatur fällt, wenn der Himmel nachts klar ist.

Dieses Konditional beschreibt einfache, unbestreibare Ereignisse, die mit Sicherheit eintreten werden. Beachten Sie, dass der *if*-Satz (Nebensatz) immer im Präsens steht; der Hauptsatz steht entweder im Präsens (oben) oder im Futur:

If the sun shines, we'll have a barbecue. Wenn die Sonne scheint, werden wir eine Grillparty machen.

If it rains, we'll eat inside. Wenn es regnet, werden wir drinnen essen.

We're not going to have a party, if you behave like this. Wir werden keine Party geben, wenn du dich so benimmst.

Wenn man ausdrücken will, dass etwas geschehen *würde,* wenn eine bestimmte Bedingung erfüllt *wäre,* setzt man den *if*-Satz in die Vergangenheit und benutzt *would/could* im Hauptsatz:

If food was cooked without salt, it wouldn't taste very nice. Wenn man das Essen ohne Salz kochte, würde es nicht sehr gut schmecken.

If I dropped this cup, it would break. Wenn ich diese Tasse fallen ließe, würde sie zerbrechen.

If she didn't work so hard, she couldn't afford a holiday. Wenn sie nicht so hart arbeitete, könnte sie sich keine Ferien leisten.

Technisch gesprochen stehen die *If*-Sätze im Konjunktiv, dessen Form aber mit der der Vergangenheit identisch ist – bis auf *to be,* dessen Konjunktiv normalerweise *were* ist (in der 1. und 3. Person Singular steht gelegentlich im *if*-Satz auch *was*).

If it ***were (was)*** *cold, we would have to stay in the house.* Wenn es kalt wäre, müssten wir im Haus bleiben.

The temperature would drop, if there ***were (was)*** *a clear sky at night.* Die Temperatur würde fallen, wenn nachts ein klarer Himmel wäre.

If I ***were (was)*** *rich, I wouldn't have to work.* Wenn ich reich wäre, müsste ich nicht arbeiten.

Übung 1

Bilden Sie *if*-Sätze nach folgendem Muster:
get up early – catch the 6 o'clock train. (we):
If we got up early, we would catch the 6 o'clock train.

a. never have a holiday – feel very tired. *(I)*
b. stop working – be bored? *(you)*
c. learn to communicate – the world be more peaceful. *(we)*
d. not eat so much – be so fat. *(he)*
e. be rich – can travel a lot. *(we)*

Übung 2

Hier finden Sie die „Einzelteile" von Konditionalsätzen in den verschiedenen Zeiten, die Sie bereits gelernt haben. Bilden Sie nun die vollständigen Konditionalsätze, indem Sie die links stehenden *if*-Sätze mit der jeweils richtigen zweiten Satzhälfte verbinden.

a. If it rains,
b. If we hurried up,
c. If it is very hot,
d. If we had a lot of money,
e. If we went home now,

I. we would get there earlier.
II. we'll go swimming in the lake.
III. would we be happier?
IV. we could watch the late-night film on TV.
V. we'll get wet.

Feel like entertaining? Ein Mikrowellen-Herd ist ideal, wenn man Gäste zum Essen einladen will, aber wenig Zeit hat. Lesen Sie das *dinner party*-Menü und die dazugehörigen letzten Vorbereitungen *(countdown)*, dann machen Sie die beiden Übungen.

Countdown

45 minutes before serving

Prepare fruit and microwave compote. Microwave the brown rice. While the rice is cooking, prepare the salad, without dressing, and refrigerate until ready to serve. Prepare the broccoli and fish ready for cooking.

20 minutes before serving

Add the water and cook broccoli at 100% (High) for 8 minutes. Leave to stand while microwaving fish, keeping it covered to hold the heat.

While fish stands, prepare the sauce for the broccoli and slice lemon for garnish.

5 minutes before serving

Reheat the rice at 100% (High) for 1-3 minutes. Complete the broccoli by adding the melted butter and lemon juice, then cut and twist the lemon slices to provide an elegant garnish.

To serve

Remove the rice and fish to a serving plate and garnish with the parsley. Toss salad with dressing just before serving or pass the dressing separately in a sauce bowl or jug.

Transfer the fruit compote to a pretty serving bowl and serve with whipped cream if you wish.

orange-endive salad · Orangen- und Endiviensalat
to garnish · garnieren
wine-poached haddock · Schellfisch in Wein gedünstet
to season · würzen
saffron brown rice · Naturreis in Safran gekocht
chicken stock · Hühnerbrühe
lemon broccoli · Brokkoli mit Zitronenscheiben garniert
fruit compote · Obstkompott
tender · zart
to microwave · im Mikrowellen-Herd erhitzen
leave to stand · beiseite stellen
parsley · Petersilie
to toss (the salad) · den Salat (in der Soße) wenden
to pass · passieren
jug · Kännchen, Krug
whipped cream · Schlagsahne

1

Lesen Sie sich den *countdown* gut durch, dann schreiben Sie hinter jeden der unten stehenden Schritte, wann er gemacht werden muss – 45, 20 oder 5 Minuten vor dem Servieren.

a. Prepare the fruit compote. ____
b. Prepare and refrigerate the salad. ____
c. Cut and twist the lemon slices. ____
d. Slice the lemon for the garnish. ____
e. Cook the broccoli for 8 minutes. ____
f. Prepare the sauce for the broccoli. ____
g. Prepare the fish. ____
h. Cook the rice. ____
i. Reheat the rice. ____
j. Add melted butter and lemon juice to the broccoli. ____
k. Prepare the broccoli. ____
l. Cook the fish. ____

2

Bringen Sie die in Übung 1 aufgeführten Schritte von a. bis l. in die richtige Reihenfolge, d. h. schreiben Sie den entsprechenden Buchstaben unter 1., 2., 3. usw. (Beispiel: 3. = b.).

1.	2.	3.	4.	5.	6.
		b			
7.	**8.**	**9.**	**10.**	**11.**	**12.**

Radioübungen

1 (3/8)

Let's go to the pub. In der ersten Radioübung hören Sie einen Werbespot über drei *pubs – The Railway Tavern, The Britannia* und *The Hiker's Rest.* Alle drei *pubs* schenken Bier der Brauereikette Charrington aus. Hören Sie gut zu, dann ordnen Sie die unten aufgeführten Vorzüge a. bis g. den entsprechenden *pubs* zu. Schreiben Sie entweder *B* (Britannia), *HR* (Hiker's Rest) oder *RT* (Railway Tavern) hinter den entsprechenden Satz.

nicely done up · nett eingerichtet
pool and bar billiards · Billard-Arten, die in englischen Pubs gespielt werden
Lancing · Ort in der Nähe von Brighton
similar · ähnlich

a. Hot and cold food ____________
b. Attractive decorations ____________
c. Darts ____________
d. Roomy, comfortable bars ____________
e. Good food ____________
f. A warm welcome ____________
g. Pool and bar billiards ____________

Welchen Wein serviert man zu Fisch- oder Wildgerichten? Wie kalt soll Champagner sein? Diese und andere Fragen beantwortet Andrew Winter von *Southern Sound,* den Sie schon in Dialog 2 kennen gelernt haben, in unserem zweiten Radioausschnitt. Hören Sie mehrmals zu, dann machen Sie die Übungen 2 bis 4.

There are many books in existence … · Es gibt viele Bücher …
rosé wine · Weißherbst
still · *hier:* nicht schäumend
sparkling · sprudelnd, schäumend
accompaniment · Begleitung
red meat · *wörtlich:* rotes Fleisch, d. h. Rindfleisch, Schweinefleisch usw.
game · Wild
white meat · *wörtlich:* weißes Fleisch, d. h. Geflügel, Kalb usw.
full-bodied · voll, schwer (vom Wein)
Burgundy · Burgunder (Wein)
Madeira · Madeira (Wein)
Bordeaux · Bordeaux (Wein)
according to their type · je nach (Wein-)Sorte
frozen · gefroren
The same applies to … · Dasselbe trifft auf … zu

2 (3/9)

Sweet or dry? Andrew Winter hat Ihnen im Radioprogramm Tipps gegeben, welcher Wein zu welchen Speisen passt. Markieren Sie in der Tabelle, was man womit servieren sollte, um den Anforderungen der „höheren Esskultur" zu genügen.

		cheese	fish	game	pudding	red meat	soup	white meat
a.	a light red wine							
b.	a heavy red wine							
c.	champagne							
d.	port/sweet wine							
e.	sherry							
f.	a white wine							

3

Benutzen Sie die Tabelle von Übung 3 als Basis zur Satzbildung. Sehen Sie sich folgende Beispiele für die Tabellenpunkte a., b. und c. an:

a. You should drink a light red wine with red meat or white meat.

b. A heavy red wine is recommended with strongly seasoned red meat and game.

c. Most people consider that champagne is a suitable drink to accompany puddings.

Schreiben Sie nun selbst drei ähnliche Sätze für d., e. und f.:

d. ______________________________

____

e. ______________________________

____

f. ______________________________

____

4

Schreiben Sie nun dazu, bei welcher Temperatur die einzelnen Weine serviert werden sollten, wie im Beispiel a.

a. Madeira room temperature

b. Champagne ______________________________

c. White wine ______________________________

d. Port ______________________________

e. Rosé wine ______________________________

f. Red wine ______________________________

Sprechen Sie selbst

1 (3/10)

Sie sind in einem Luxusrestaurant und feiern Ihren Geburtstag. Bestellen Sie sich Vorspeise, Hauptspeise, Käse und Dessert und bestellen Sie zu jedem Gang einen passenden Wein, so wie es Martin auf der CD tut.

2 (3/11)

Nicht jede Party ist ein voller Erfolg. Beschreiben Sie eine Party, die Ihnen überhaupt keinen Spaß gemacht hat. (Es kann Ihre eigene oder eine andere sein.) Linda gibt Ihnen anschließend ein Modell auf der CD.

8 I like documentary programmes

Sie lernen in dieser Unit:

- was einige Engländer am liebsten im Fernsehen sehen/im Radio hören
- etwas über die britische Presse
- selbst darüber zu sprechen, was Sie gerne hören/sehen/lesen

... und Sie erhalten Gelegenheit, der Presseschau im Rundfunk zuzuhören.

Wegweiser

Dialoge: Hören Sie zunächst dem Dialog 1 bei geschlossenem Buch zu; anschließend hören Sie ihn sich bei geöffnetem Buch an (wenn nötig, mehrmals). Studieren Sie ihn dabei sorgfältig Zeile für Zeile unter Zuhilfenahme des angegebenen Vokabulars und der Erklärungen. Bearbeiten Sie dann die zum Dialog gehörenden Übungen.

Anschließend verfahren Sie mit den Dialogen 2, 3 und 4 ebenso.

Prägen Sie sich die *Wichtigen Wörter und Ausdrücke* (S. 131) gut ein.

Arbeiten Sie die *Grammatik* einschließlich der *Übungen* (S. 132) durch.

Nun sind die *Leseübungen* (S. 133) an der Reihe.

Hören Sie sich die beiden *Radioauszüge* an und bearbeiten Sie die entsprechenden *Übungen* (S. 136). (Hören Sie sich die Radioausschnitte an, sooft Sie wollen, versuchen Sie aber, nicht auf die Texte im Begleitheft zu sehen. Im Buch finden Sie Vokabeln und Erklärungen abgedruckt, die Ihnen das Verständnis erleichtern.)

Machen Sie die offenen Sprechübungen im Abschnitt *Sprechen Sie selbst* (S. 138). Hören Sie sich dann zum Vergleich die Beispielversionen auf der CD an.

Hören Sie sich alle Dialoge und Radiotexte noch einmal ohne Buch an.

1 (3/12)

Favourite programmes

Andrew verbringt viel Zeit mit Fernsehen. Hier beschreibt er seine Lieblingssendungen.

A: I like children's cartoons because I like the visual entertainment, the creative side of that. I like documentary programmes. I enjoy the wildlife programmes particularly; I really liked David Attenborough's series on "Life on Earth". I like programmes that have a kind of theoretical message behind the visual material. I like good photography and a nice flow of dialogue but a strong theoretical content behind so you feel as though you've learned something after watching the programme. And I also like sport, especially football. I like the football on Saturday evenings. That makes you feel as though you've taken part in the national sporting programme at the end of the day.

visual	visuell
creative	kreativ
message	Botschaft (*hier mehr:* Gehalt)
content	Inhalt
photography	*hier:* Kameraarbeit, Aufnahmen

► **I like children's cartoons/documentary programmes/wildlife programmes particularly** Mir gefallen vor allem Zeichentrickfilme für Kinder/Dokumentarberichte/Natursendungen. Merken Sie sich in diesem Zusammenhang auch die Namen für andere Sendungen wie z. B. **the news** (die Nachrichten/Tagesschau), **a comedy series** (Unterhaltungsserie), **a sports programme** (Sportsendung/programm), **a current affairs programme** (eine aktuelle Sendung/Berichterstattung), **a crime series** (eine Kriminalserie), **a chatshow/talk show** (eine Talkshow), **a TV film/feature film** (ein Fernsehfilm/Spielfilm), **a soap opera** („Seifenoper", d. h. Serien wie „Dallas" usw.)

I really liked David Attenborough's series "Life on Earth" Mir hat David Attenboroughs Serie "Life on Earth" wirklich gut gefallen. David Attenborough ist ein bekannter britischer Naturwissenschaftler und Fernsehmoderator, der für die **BBC (British Broadcasting Corporation)** viele Natur- und Tiersendungen produziert hat. **Life on Earth** (Das Leben auf der Erde) war eine seiner erfolgreichsten Serien.

a nice flow of dialogue einen flüssigen Dialog (d. h. hier: Erzählweise, Berichterstattung, Kommentar). **A flow** heißt wörtlich „ein Fluss" (wie z. B. in Redefluss).

... so you feel as though you've learned something ... so dass man das Gefühl hat, etwas gelernt zu haben (*wörtlich:* als ob ...). Siehe auch unten: **That makes you feel as though you've taken part in the national sporting programme** Dann fühlt man sich, als ob man an nationalen Sportereignissen teilgenommen hat.

► **after watching the programme** nachdem man die Sendung gesehen hat. **To watch television** fernsehen, **to watch a film/a**

show sich einen Film/eine Show ansehen.

at the end of the day am Ende des Tages, d. h. abends. Der Ausdruck wird auch im übertragenen Sinne gebraucht: **And what have you got at the end of the day?** Und was hat man schließlich/letzten Endes davon/ in der Hand?

Übung 1

Nachdem Sie sich Dialog 1 gut angehört haben, entscheiden Sie, ob die Aussagen unten richtig oder falsch ("True" or "False") sind.

a. Andrew likes cartoons because he thinks they're creative. T F
b. He also enjoys them because he doesn't have to think while watching them. T F
c. He likes documentary programmes, particularly on wildlife. T F
d. He likes programmes with good photography, but they must also have a theoretical content. T F
e. It's important to him to feel that he's learnt something after watching TV. T F
f. He also watches sports programmes, but he doesn't particularly enjoy them. T F

Übung 2

Sort it out! Einige Sätze aus Dialog 1 sind hier durcheinander geraten. Bringen Sie die Wörter in die richtige Reihenfolge – aber ohne auf den Text zu schauen!

a. wildlife I particularly enjoy the programmes.
b. David Life I liked Attenborough's Earth series really on on.
c. football also sport especially like I.
d. good the nice flow photography of like a dialogue I and.

Übung 3 3/13

Und Ihre Lieblingssendung? Danach fragt Sie Linda auf der CD. Antworten Sie ihr, nachdem Sie vorher Andreas' Hinweise gehört haben.

2 3/14

Listening to the radio

Andrews Frau Ellie zieht das Radio dem Fernsehapparat vor. Welche Sendungen gefallen ihr?

E: Well, in the early morning when I'm driving up the motorway to work I listen to news programmes. Around coming home time at about five I quite often listen to Radio 3 which plays very nice relaxing classical music. I heard a schools quiz today on my way to work called "Top of the Form" in which schoolchildren compete for … prizes, I suppose, answering general knowledge questions and the like. I also like very much the plays, the dramatizations, that are on Radio 4 at the weekends, usually quite well-known plays by people like Bernard Shaw. I like to listen to that while I'm doing something - while I'm cooking or sewing or painting or something of that kind.

news programmes	Nachrichtensendungen
relaxing	entspannend
to compete	wetteifern
prize	Preis (den man gewinnen kann)
dramatization	*wörtlich:* Dramatisierung *(eines Romans usw.), hier:* Stück, Hörspiel

Top of the form der/die Klassenbeste. Der Ausdruck bezeichnet hier ein Radioquiz, in dem Schüler miteinander wetteifern.

... general knowledge questions and the like ... Fragen zum Allgemeinwissen und so. **And the like** (und so; so ähnlich) ist umgangssprachlich für **of that kind** (dergleichen), siehe weiter unten: **While I'm cooking or sewing or painting or something of that kind** Während ich koche oder nähe oder male oder etwas dergleichen/etwas ähnliches tue.

around coming home time at about five ... um die Heimkehrzeit herum gegen fünf... Sowohl **around** als auch **about** drücken die ungefähre Zeit aus, wann etwas stattfindet: **around/about lunchtime/eleven o'clock** so um die Mittagszeit/um elf Uhr herum.

► **I quite often listen to Radio 3** Ich höre ziemlich oft Radio 3. *Radio 3* bezieht sich auf ein Programm der britischen staatlichen Rundfunkgesellschaft BBC, das hauptsächlich klassische Musik ausstrahlt. Außerdem gibt es noch *Radio 1* (Popmusik und Unterhaltung), *Radio 2* („leichte" Programme für die ganze Familie), *Radio 4* („ernste" Sendungen, Hörspiele, Diskussionen, Aktuelles). Außer der BBC gibt es zahlreiche unabhängige, kleinere Sender, die oft auf lokaler Ebene operieren (wie z. B. *Southern Sound,* auf dessen Sendungen unsere Radioübungen basieren.)

Übung 4

My favourite programme. Unten finden Sie drei von Ellies Lieblingsprogrammen aufgeführt. Darunter stehen sechs Begriffe, von denen je zwei im Zusammenhang mit einem Programm erwähnt wurden. Schreiben Sie die entsprechenden Buchstaben (a., b. usw.) in die Kästchen.

classical music		
a schools quiz		
plays		

a. well-known
b. ... compete für prizes
c. nice
d. dramatizations
e. general knowledge questions
f. relaxing

Übung 5

Was hört Ellie wo und wann? Füllen Sie die Tabelle aus. Wenn Ihnen zu einer Sparte die Information fehlt, schreiben Sie - wie im Beispiel - *don't know* hin.

	Type of programme	Radio station	Time of day/week	How often
a.	news programmes			5 days a week
b.	classical music			
c.	schools quiz			don't know
d.	plays / dramatizations			

Übung 6 3/15

In der Sprechübung stellt Ihnen Linda Fragen zum Thema Radiohören. In Ihren Antworten sollen Sie die Ausdrücke *usually* (normalerweise), *sometimes* (manchmal), *quite often* (ziemlich häufig), *never* (nie) und *occasionally* (gelegentlich) benutzen. Andreas gibt Ihnen wieder Tipps.

3 3/16

Quality papers and others

Maureen ist Irin, lebt aber in London. Sie spricht hier über die Zeitungen, die es in Großbritannien gibt.

M: 15 million newspapers are sold daily in this country and 18 million on Sundays. Of course readership is much higher than the circulation numbers indicate, so three out of four people in this country read one of the ten national daily newspapers. These daily newspapers can be divided into two distinct groups. First group, the quality papers, which are serious and are aimed at people who want to be fully informed about current political, national or international affairs. They form 2.2 million of the circulation numbers. And these newspapers, there are four of them: *The Times,* the *Financial Times, The Guardian* and the *Daily Telegraph.* The other group are less serious. These are called the popular newspapers. There are five of them: the *Daily Mail,* the *Daily Mirror,* the *Daily Star, Daily Express,* and the *Sun;* and the *Sun* has the highest circulation of four million.

readership	Leserschaft
two distinct groups	zwei deutlich verschiedene Gruppen
to be aimed at	sich richten an, gezielt sein auf

... than the circulation numbers indicate ... als die Auflagenziffern andeuten; **circulation** Auflage (einer Zeitung, eines Buches usw.), **to indicate** anzeigen, andeuten, **indication** (Anzeichen): **There's no indication of change** Es zeichnet sich keine Änderung ab. Ebenfalls in diesem Zusammenhang: **indicator** Blinker (beim Auto).

► **the national daily newspapers** die überregionalen (wörtlich: nationalen) Tageszeitungen. Außerdem gibt es wöchentlich erscheinende Sonntagszeitungen **(weekly Sunday papers)** und regionale und lokale Zeitungen **(regional and local papers).** Es gibt mehrere wöchentliche oder vierzehntägig erscheinende Nachrichtenblätter (in schwarz-weiß) wie **The Spectator** oder **The New Statesman.**

► **the quality papers** die seriösen Blätter; **the popular papers** die Massenblätter.

... who want to be fully informed about current political, national or international affairs ... die über aktuelle politische, nationale oder internationale Fragen voll informiert sein möchten. ► **Current affairs** Tagesfragen, Aktuelles.

The other group are less serious Die andere Gruppe ist weniger seriös. Beachten Sie den Gebrauch des Plurals: **the group *are!***

Übung 7

Make your choice. Spielen Sie den Dialog noch einmal durch und halten Sie die CD an, wenn Sie an einen der unten genannten Ausdrücke kommen. Entscheiden Sie dann, welche Bedeutung er hat, und kreuzen Sie das entsprechende Kästchen an.

a. readership
   1. ☐ the ability to read
   2. ☐ the number of people who read the paper
   3. ☐ the ability to read and understand to a high level

b. circulation
   1. ☐ the number of people who buy the papers
   2. ☐ the area in which the papers are sold
   3. ☐ the number of people who read the papers but do not buy them necessarily

c. quality papers
   1. ☐ papers which are printed on good paper
   2. ☐ papers bought by rich people
   3. ☐ papers which discuss serious matters

d. current political affairs
   1. ☐ political issues which are always important
   2. ☐ political issues which are important now
   3. ☐ political issues which people argue about

e. "popular newspapers" bedeutet hier im Text:
   1. ☐ papers which everyone likes
   2. ☐ papers which everyone reads
   3. ☐ less serious papers

to a high level · bis zu einem hohem Standard
to print · drucken
political issues · politische Fragen

Übung 8

Check your memory! Können Sie sich an die Namen der neun überregionalen Tageszeitungen erinnern, die in Dialog 3 erwähnt wurden? Schreiben Sie sie auf. (Hören Sie sich den Dialog noch einmal an, falls nötig.)

a. ______________________________
b. ______________________________
c. ______________________________
d. ______________________________
e. ______________________________
f. ______________________________
g. ______________________________
h. ______________________________
i. ______________________________

Übung 9 (3/17)

Diese Sprechübung ist „offener“ als die meisten anderen. Linda wird auf der CD Aussagen über die britische Presse machen, die alle falsch sind. Widersprechen Sie ihr und korrigieren Sie sie. So sagt sie zum Beispiel: “20 million people buy newspapers in the U.K. every day.” Sie sagen dann: “No, they don’t. 15 million people do.” Fangen Sie immer mit “No, they don’t” oder mit einer anderen entsprechenden Verneinungsform an. Nachdem Sie gesprochen haben, gibt Ihnen Martin die richtige Version, die aber mit Ihrer nicht unbedingt hundertprozentig übereinstimmen muss. Vergewissern Sie sich zuvor, dass Sie den Inhalt von Dialog 3 gut kennen.

4 (3/18)

The Sun and the Mirror sell most

Naseem, eine junge Pakistanerin, arbeitet in einem Zeitungsgeschäft. Sie unterhält sich mit Jacks Freund Gerald über ihre Arbeit.

(G = Gerald, N = Naseem)

G: When are the newspapers delivered in the morning?
N: Quarter past six, normally.
G: And what time do you have to open the shop then?
N: Quarter to seven.
G: And do most of your customers come in then?
N: Normally they do.
G: Is there any difference in the sorts of newspapers that you sell early in the morning and the sort you might sell later in the day?
N: No, not that much. But the *Sun* and the *Mirror* sell most.
G: But do you sell those in the same sorts of numbers throughout the day?
N: Well, in this area it’s very difficult to judge, you know. Some papers, I mean like *Guardian, Star, Sun, Mirror,* sometimes sell out; other times they’re left over.
G: What other newspapers do you sell here?
N: Well, we sell all the English newspapers plus we sell all the others, you know, like the *Asian Times, West Indian Times, Caribbean Times, Irish Post.*
G: Do you sell many of these?
N: Well, we’ve got some on orders. And others – we just sell them as customers come in.

When are the newspapers delivered? Wann werden die Zeitungen ausgeliefert? Ähnlich: **delivery** Lieferung.

► **… the sorts of newspapers that you sell early in the morning** die Arten von Zeitungen, die Sie frühmorgens verkaufen. Man kann beides sagen: **sorts** (Arten) or **sort** (Art), siehe zweiter Teil des Satzes. Ein anderes Wort für **sort** ist **kind: all kinds of newspapers.**

The Sun and the Mirror sell most Die *Sun* und der *Mirror* verkaufen sich am besten (wörtlich: am meisten), siehe auch weiter unten im Dialog: **Some papers sometimes sell out** Manche Zeitungen sind manchmal ausverkauft.

In this area it's difficult to judge Das lässt sich in dieser Gegend schwer sagen (wörtlich: beurteilen).

Asian Times, West Indian Times, Caribbean Times, Irish Post Namen von Zeitungen, die in Naseems Stadtviertel verkauft werden, in dem viele Inder, Westinder und Iren wohnen.

We've got some on orders muss richtig heißen: **We've got some on order** Wir haben etliche auf Bestellung. **To order** bestellen, **the order** die Bestellung.

throughout the day den ganzen Tag hindurch. Ähnlich: **throughout the country** über das ganze Land hinweg.

Übung 10

Streichen Sie die kursiv gedruckten Satzteile durch und ersetzen Sie sie mit im Dialog verwendeten Ausdrücken, die eine ähnliche Bedeutung haben.

a. When are the newspapers *brought to your shop* in the morning?
b. They come in at a quarter past six, *usually.*
c. Do most of the *people who buy the newspapers* come in then?
d. Do you sell those newspapers in the same sort of numbers *regularly all* day?
e. Well, in this area it's difficult *to say how many papers will be sold.*
f. Well, we've got some *papers we keep for people who said they'd buy them regularly.*

Übung 11

Lesen Sie diese Zusammenfassung von Dialog 4. Sie enthält vier falsche Informationen. Unterstreichen Sie sie.

Normally the newspapers are delivered very early in the morning just after the shop opens. Most of the customers come in early as well. The best selling papers are the *Guardian* and the *Star.* Sometimes the shop sells all its newspapers but at other times some are left over. It is always predictable which papers will be sold and which ones won't. The shop only sells the national English newspapers.

Übung 12 3/19

Jetzt sind Sie dran. Sie sind in einem Zeitungsgeschäft und stellen dem Angestellten Fragen, welche Zeitungen er verkauft usw. Andreas sagt Ihnen die Fragen auf Deutsch vor.

Television and radio	Fernsehen und Radio
I like watching ...	Ich sehe gern ...
television	fern
cartoons	Zeichentrickfilme
wildlife programmes	Natursendungen
current affairs programmes	aktuelle Sendungen
sports programmes	Sportsendungen
documentary programmes	Dokumentarfilme
shows/feature films	Shows/Spielfilme
a comedy series	eine Unterhaltungsserie
I normally/quite often listen to ...	Ich höre normalerweise/ziemlich oft
the radio	Radio
plays	Hörspiele/Stücke
classical music	klassische Musik
pop music	Popmusik/Schlager
the news	Nachrichten
The press	**Die Presse**
There are ...	Es gibt ...
all sorts of papers	alle Arten von Zeitungen
national daily newspapers	überregionale Tageszeitungen
regional and local papers	regionale und lokale Zeitungen
quality papers	seriöse Blätter
popular papers	Massenblätter
magazines	Magazine
We don't sell foreign newspapers	Wir verkaufen keine ausländischen Zeitungen

Präsens und Perfekt

In Dialog 1 spricht Andrew über Fernsehsendungen, die ihm besonders gefallen:
I *like* the good photography ... so you feel as though *you've learned* something.
Beachten Sie die verschiedenen Zeitformen: das Präsens *I like* (ich mag) und das Perfekt *you've* oder *you have learned* (man hat ... gelernt).
Das Präsens beschreibt Dinge, die jetzt passieren, oder macht Aussagen, die allgemein und immer wahr sind (d. h. Andrew gefallen *immer* gute Aufnahmen).
Das Perfekt bezeichnet eine vergangene Handlung, die aber zur Gegenwart in Beziehung steht oder noch andauert:
You feel as though you've learned something. Man fühlt sich, als ob man (in der Vergangenheit) etwas gelernt hat, von dem man aber in der Gegenwart noch profitiert.

Andere Beispiele:
This festival is very old. People *have celebrated* it for the last 1000 years (d. h. man hat das Festival seit 1000 Jahren gefeiert und feiert es noch heute).
The leaning tower is in Pisa. It *has attracted* tourists since it was built (d. h. man hat den Turm besichtigt, seit er gebaut wurde, und besichtigt ihn noch heute).
Have you *been* on holiday yet? – No, I *haven't been* away at all this year.
Das letzte Beispiel würde man ins Deutsche so übersetzen: *Waren* Sie schon auf Urlaub? – Nein, ich *war* in diesem Jahr überhaupt noch nicht weg.
Im Englischen muss aber hier das Perfekt stehen, da *"this year"* noch nicht abgeschlossen ist und somit der ganze Satz in Beziehung zur Gegenwart steht.

Übung 1

Setzen Sie entweder das Präsens oder das Perfekt in die Lücken ein.

a. The Colosseum (to stand) __________ in Rome. It (to suffer) __________ a great deal from pollution lately.
b. I (to be) __________ not really interested in wildlife. But I (to watch) __________ every part of "Life on Earth".
c. We (to live) __________ in Edinburgh now. We (to be) __________ here since 1985.
d. Many people (to visit) __________ Covent Garden every day. It (to become) __________ a real tourist attraction.

pollution · (Umwelt-, Luft-)Verschmutzung

Sammelbegriffe im Plural und Singular

In Dialog 3 spricht Maureen über die britische Presse und sagt in Bezug auf die weniger seriösen Blätter:
The other group (of papers) *are* less serious. Sie benutzt hier den Sammelbegriff *group* im Plural, weil sie an die einzelnen Mitglieder der Gruppe denkt und sie wenig später aufführt *(The Daily Mail, The Daily Mirror* etc.).

Sollte jedoch der Aspekt der Gesamtheit betont werden, wird der Singular gebraucht:
The entire group *is* responsible for the disaster.

Im Deutschen wird in beiden Fällen der Singular gebraucht:
Die andere Gruppe ist weniger seriös.
Die ganze Gruppe ist für die Katastrophe verantwortlich.

Weitere Beispiele von Sammelbegriffen im Plural und im Singular:
The family *were* sitting down to dinner.

(Die Familie - d. h. die einzelnen Mitglieder - setzte sich zum Essen nieder.)
Aber:
The Thornton family *is* very poor.
(Die - ganze - Familie Thornton ist sehr arm.)

The police *are* running after the bank robber.
(Die Polizei - d. h. die einzelnen Polizisten - rennt dem Bankräuber nach.)
Aber:
The police *is* there to help us.
(Die Polizei ist da, um uns zu helfen.)

Right now the government *are* discussing the latest crisis.
(Im Moment diskutiert die Regierung - d. h. die einzelnen Mitglieder - die jüngste Krise.)
Aber:
The government *is* elected every five years.
(Die Regierung wird alle fünf Jahre gewählt.)

Wenn der Unterschied nicht so deutlich ist wie in den oben genannten Beispielen, ist es im Zweifelsfall besser, den Singular zu benutzen. (Viele Engländer halten den Gebrauch des Plurals bei Sammelbegriffen ohnehin für schlechtes Englisch.)

Übung 2

Setzen Sie bei den unten stehenden Wendungen mit Sammelbegriffen entweder den Singular oder den Plural ein (im Präsens).

a. The cattle ______ grazing on the hills.
b. The Kennedy Clan ______ a famous American family.
c. The public ______ requested to keep off the grass.
d. The entire public ______ asked to cooperate with the police.
e. The staff in this firm ______ very friendly.

1

Good viewing. Unten finden Sie das Programm des britischen Fernsehkanals BBC 2, in der Tabelle darunter sind Personen aufgeführt, die sich für bestimmte Bereiche interessieren. Welche Sendungen würden sie sich ansehen? Tragen Sie die entsprechenden Sendetitel in die Tabelle ein, wie im Beispiel a.

BBC2

1.55 SUNDAY GRANDSTAND introduced by Steve Rider. **Motor Racing** Grand Prix of Europe from Brands Hatch. **Horse Riding** Prix de l'Arc de Triomphe. **Athletics** World Cup from Australia
5.25 CONTEMPORARY MOZART
6.00 NEWS REVIEW with subtitles
6.30 THE MONEY PROGRAMME with Brian Widlake and Valerie Singleton
7.15 THE NATURAL WORLD On The Verge Of Life. The Life in question is the amazing variety of plants and animals that flourish along the verge of Britain's motorways
8.05 HARTY GOES TO VENICE and takes in St Mark's Square, the Doge's Palace, Harry's Bar and Mary Martin
8.35 THEATRE NIGHT: THUNDER Charles Dance stars as the disillusioned writer who seeks isolation as the keeper of Thunder Rock lighthouse
10.15 GRAND PRIX
10.55 ZANDY'S BRIDE Saga of American frontier life
12.30 MUSIC AT NIGHT

a. Frank, a sports enthusiast	b. Helen, interested in finances + current affairs	c. Jack, film and theatre lover
Sunday Grandstand Grand Prix		

d. Charles, interested in wildlife and nature	e. Marion, likes music, art and history

Sunday Grandstand · Name einer Sportsendung (grandstand = Haupttribüne)
motor racing · Autorennen
Brands Hatch · Name einer Autorennstrecke
horse riding · Pferdesport, *hier:* Pferderennen
Prix de l'Arc de Triomphe · (französisch) Preis des Arc de Triomphe
athletics · Leichtathletik
contemporary · zeitgenössisch
news review · Nachrichtenanalayse
subtitles · Untertitel
verge · Rand, Böschung
to flourish · gedeihen
Harty goes to Venice · Harty geht nach Venedig (= Russell Harty, britischer Fernsehmoderator)
and takes in St. Mark's Square … *(coll.)* · und nimmt den Markusplatz mit …
the Doge's Palace · der Dogenpalast
thunder · Donner
disillusioned · desillusioniert
to seek · suchen
keeper · Wärter, Wächter
lighthouse · Leuchtturm
Grand Prix · Name einer Sportsendung (für Autorennen)
bride · Braut
frontier life · Grenzerleben *(gemeint ist hier: Leben an der symbolischen Grenze zur Wildnis im amerikanischen Wilden Westen)*

2

Meet the press. Lesen Sie die drei Ausschnitte aus den britischen Zeitungen TIMES, SUNDAY TIMES und STANDARD, dann beantworten Sie die Fragen auf der nächsten Seite.

Is fashion photography art, or is it merely a stylish conceit which reflects the obsessions of the photographer? Jonathan Meades considers David Bailey's choice of photographs for the forthcoming exhibition at the Victoria & Albert Museum

The delicate art of flogging frocks

(SUNDAY TIMES)

Woman saved in pier drama

THREE members of the security staff on Brighton's Palace Pier dived into the sea to save a woman from drowning.

The alarm was raised by a boy who spotted the woman in difficulties. She was detained overnight in hospital.

(STANDARD)

Thousands may be unfit to drive

By Our Science Correspondent

Up to half a million motorists in Britain have a medical condition that may make them a risk to themselves or other road users, according to a guidebook for doctors published yesterday.

(TIMES)

a. Warum ist es für ca. eine halbe Million Briten gefährlich, Auto zu fahren?
b. Ist es nur für sie selbst gefährlich?
c. Was hat der Verfasser des TIMES-Artikels als Quelle benutzt?
d. Wer hat die Frau gerettet, die von einem Pier in Brighton ins Wasser fiel?
e. Wer hat die Rettungsmannschaft informiert?
f. Was ist mit der Frau anschließend passiert?
g. Um was für eine Ausstellung handelt es sich in dem SUNDAY TIMES-Artikel?
h. Welcher bekannte Fotograf hat die Bilder für die Ausstellung zusammengestellt?

unfit to drive · fahruntüchtig
a medical condition · ein Gesundheitsproblem
a risk · ein Risiko
guidebook · Ratgeber
security staff · Sicherheitspersonal, Wärter
Palace Pier · bekannter, ins Meer hinausgebauter Vergnügungspier in Brighton
to dive · *hier:* springen
to raise · (Lärm, Alarm usw.) erheben
to spot · entdecken
to be detained in hospital · im Krankenhaus behalten werden
fashion · Mode
merely · nur
a stylish conceit · *etwa:* Verliebtheit in den eigenen Stil
obsession · Obsession, Besessenheit
to consider · betrachten, durchleuchten
forthcoming · kommend
delicate art · zarte Kunst
to flog *(coll)* · verscherbeln
frocks *(pl)* · Kleider

1 (3/20)

What the papers say. Die ersten beiden Radioübungen basieren auf einer Presseschau, die *Southern Sound* jeden Morgen ausstrahlt. Hören Sie sich den ersten Teil sorgfältig an, dann entscheiden Sie, welche Bedeutung die unter a. bis e. aufgeführten kursiv gedruckten Wendungen haben. Kreuzen Sie jeweils das richtige Kästchen an.

they lead with a story · sie bringen als Aufmacher eine Geschichte
MI 5 · für geheime Nachrichten zuständige britische Regierungsabteilung (MI = Military Intelligence)
spy · Spion
to jail someone · jemanden ins Gefängnis sperren
the Old Bailey · wichtigstes Kriminalgericht in London
to claim · Anspruch erheben auf, *hier etwa:* sich mit etwas brüsten
front page · Titelseite (einer Zeitung)
leader article (*häufig auch:* leading article) · Leitartikel
exhaustive · erschöpfend
coach · Betreuer, Trainer
a story carried in most of the papers … · eine Geschichte, die von den meisten Blättern aufgegriffen wurde …
drug dealing · Drogenhandel

a. They all *lead with* a story …
   1. ☐ the most important story is …
   2. ☐ the leading article is …

b. The Sun claims an *exclusive* front-page interview …
   1. ☐ an exciting interview
   2. ☐ it's the only newspaper which has this interview

c. … with its now *exhaustive* story …
   1. ☐ a very complete and thorough story
   2. ☐ a story that's exhausting to read

d. … a look at her *coach* and trainer
   1. ☐ boy friend
   2. ☐ sports teacher

e. … have been linked with Puerto-Rican *drug-dealing*
   1. ☐ taking drugs
   2. ☐ selling drugs

2 (3/21)

Hören Sie sich nun den zweiten Teil der Presseschau an, dann beantworten Sie die unten stehenden Fragen.

on to a … · weiter geht's mit einer …
light · leicht, *hier:* heiter
a set of false teeth · ein künstliches Gebiss
absentmindedly · geistesabwesend
to dump · wegwerfen
litter bin · Mülltonne
insight · Einblick
facelift · Schönheitsoperation (im Gesicht)
hooped ear-rings · (Haut)ringe um die Ohren
permanently · permanent, ständig
raised eyebrows · hochgezogene Augenbrauen

a. Ist der zweite Teil der Presseschau der Ansicht des Kommentators nach lustiger als der erste?
b. Wie hat der Mann aus der *Sun*-Geschichte sein Gebiss verloren?
c. Wer sucht jetzt danach?
d. In welcher Zeitung steht ein Artikel über das Liften?
e. Worauf sollte man achten, wenn man herausfinden will, ob jemand eine Schönheitsoperation an sich hat vornehmen lassen?

3 (3/22)

Die britische Telefongesellschaft *British Telecom* sendet hier durch *Southern Sound* eine Bekanntmachung für Telefonbenutzer in Brighton. Hören Sie gut zu, dann füllen Sie anhand der Radioinformationen die fehlenden Wörter in die schriftliche Telecom-Anzeige ein.

enquiry 5 o'clock
accounts sales phone
temporarily 18th

British Telecom
Telecom Brighton ________ line ________ closed from ________, Wednesday ____ April.
All enquiries to Telecom ________ shop in Hanningtons. Payment of Telephone ________ not affected.

to regret · bedauern
sales enquiry line · „Verkaufsleitung“ (d. h. man kann am Telefon Information über die Kosten von Telefonapparaten usw. von *Britisch Telecom* bekommen)
temporarily · zeitweilig
on hand · zur Verfügung
Hanningtons · Kaufhaus in Brighton
to affect · beeinträchtigen
telephone account · Telefonrechnung

Sprechen Sie selbst

1 (3/23)

Lesen Sie regelmäßig eine Zeitung oder eine Zeitschrift? Oder nur gelegentlich? Beschreiben Sie Ihre Lieblingszeitung oder -zeitschrift. Sagen Sie dabei, ob es sich um eine Tages- oder Wochenzeitung, um ein Frauen- oder Nachrichtenmagazin usw. handelt. Beschreiben Sie die interessantesten Artikel und Illustrationen. Auf der CD gibt Ihnen Linda wiederum ein Beispiel, indem sie eine britische Zeitung beschreibt.

2 (3/24)

In der zweiten offenen Sprechübung haben Sie Gelegenheit, über Radio oder Fernsehen zu sprechen.
Sagen Sie, welches dieser beiden Medien Sie vorziehen und warum, und berichten Sie, wie viel Stunden pro Tag Sie Radio hören und/oder fernsehen. Martin spricht dann eine Version auf CD.

9 It was a sell-out!

Sie lernen in dieser Unit:

- über gelungene und weniger gelungene Abende zu sprechen
- Informationen über Veranstaltungen zu verstehen und einzuholen
- was eine typisch britische „Institution“ zu bieten hat

... und Sie erfahren etwas über das Nachtleben von New York – und das von Brighton.

Wegweiser

Dialoge: Hören Sie zunächst dem Dialog 1 bei geschlossenem Buch zu; anschließend hören Sie ihn sich bei geöffnetem Buch an (wenn nötig, mehrmals). Studieren Sie ihn dabei sorgfältig Zeile für Zeile unter Zuhilfenahme des angegebenen Vokabulars und der Erklärungen. Bearbeiten Sie dann die zum Dialog gehörenden Übungen.

Anschließend verfahren Sie mit den Dialogen 2, 3 und 4 ebenso.

Prägen Sie sich die *Wichtigen Wörter und Ausdrücke* (S. 149) gut ein.

Arbeiten Sie die *Grammatik* einschließlich der *Übungen* (S. 150) durch.

Nun sind die *Leseübungen* (S. 151) an der Reihe.

Hören Sie sich die beiden *Radioauszüge* an und bearbeiten Sie die entsprechenden *Übungen* (S. 153). (Hören Sie sich die Radioausschnitte an, sooft Sie wollen, versuchen Sie aber, nicht auf die Texte im Begleitheft zu sehen. Im Buch finden Sie Vokabeln und Erklärungen abgedruckt, die Ihnen das Verständnis erleichtern.)

Machen Sie die offenen Sprechübungen im Abschnitt *Sprechen Sie selbst* (S. 154). Hören Sie sich dann zum Vergleich die Beispielversionen auf der CD an.

Hören Sie sich alle Dialoge und Radiotexte noch einmal ohne Buch an.

1 (3/25)

We saw the "Flying Pickets"

Andrew und Ellie berichten über einen Abend im *Albany Empire*-Theater, bei dem sie sich sehr gut amüsiert haben. Das *Albany Empire* ist ein Musiktheater *(music hall)* im Londoner Vorort Deptford, wo musikalische Sketche und Kabaretts aufgeführt werden.

(E = Ellie, A = Andrew)

E: I think the best night out we've had recently was when we went to the *Albany Empire* in Deptford.

A: Where we saw that group ... the "Flying Pickets" ... (who were) singing and had no instruments, and make sounds that make all the instrument noises.

E: Yes, that's right. And actually are currently number one in the Top Ten which is amazing.

A: It's a lovely place, though, isn't it, with all the tables and the waitresses serving out meals, and the bar round the edge where you can go and drink, and a balcony where we were.

E: Yes, I mean a full evening's entertainment and you get food and drink, and then you have a show, and it's a community place.

A: Yes, there were a lot of people from the local housing estate performing songs.

E: That's right, yes. That amazing crowd of women who did a song from the Hitparade or something like that.

A: And old rock'n'roll numbers.

E: Yes.

A: And the thing that was nice about it was the way ... the performers addressed themselves to the audience all the time, so that they were always coming out and doing things to the audience.

recently	kürzlich
currently	momentan
a group	eine (Pop-, Musik-)Gruppe
a community place	Bürgerzentrum, *hier:* Volkstheater

the "Flying Pickets" wörtlich: die „Fliegenden Streikposten". Die Gruppe nannte sich so nach den mobilen Streikposten, die von einer bestreikten Fabrik oder Zeche zur anderen reisen und die Tore besetzen.

who ... make sounds that make all the instrument noises die ... Töne von sich geben, die wie Musikinstrumente klingen. Ellie benutzt hier kurz das Präsens **(make),** da die **Flying Pickets** ja bei jedem Konzert diese Töne von sich geben und nicht nur bei diesem einen.

the Top Ten wörtlich: die oberen Zehn, d. h. die erfolgreichsten zehn Hits in der Hitparade.

► **a full evening's entertainment** ein volles Abendprogramm (wörtlich: ein voller Abend Unterhaltung). Merken Sie sich in diesem Zusammenhang auch **to entertain** unterhalten (auch: Gäste haben: **We're entertaining tonight** Wir haben heute Abend Gäste), **entertaining** unterhaltsam, amüsant.

a housing estate eine Siedlung. **Housing estates** bestehen aus Häusern vom gleichen Typus und gehören normalerweise der Stadt oder der Gemeinde. **Housing estates** sind etwa unserem sozialen Wohnungsbau vergleichbar.

► **people ... performing songs** Leute, die Lieder vortrugen. **To perform** aufführen, vortragen, spielen. Beachten Sie auch weiter unten im letzten Absatz **performers** Akteure. Das Wort für „Vorstellung“ oder „Aufführung“ heißt **performance: The performance starts at eight** Die Vorstellung beginnt um acht.

The thing that was nice about it was ... Was mir besonders gut gefiel, war ... (wörtlich: Die Sache, die so nett daran war, war ...). Ähnlich auch die Formulierung: **The thing I didn't like about his speech was the way he kept repeating himself** Was mir an seiner Rede nicht gefiel, waren die ständigen Wiederholungen.

... the way they addressed themselves to the ► audience ... die Art, wie sie das Publikum ansprachen. **To address oneself to someone** (sich an jemanden wenden, jemanden ansprechen) ist formeller als **to speak to someone.**

Übung 1

Hören Sie sich Dialog 1 gut an und arbeiten Sie Vokabeln und Erklärungen durch. Dann kreuzen Sie die richtigen Antworten an.

a. *a group* bedeutet hier
   1. ☐ eine Gruppe von Leuten
   2. ☐ eine Musikgruppe
   3. ☐ eine Familie

b. *currently* hat die Bedeutung von
   1. ☐ normalerweise
   2. ☐ im Augenblick
   3. ☐ bald

c. *community place* ist hier
   1. ☐ eine Art Volkstheater
   2. ☐ ein Zentrum für Besucher
   3. ☐ ein politischer Versammlungsort

d. *housing estate* bedeutet
   1. ☐ Wohnblock
   2. ☐ Rathaus
   3. ☐ eine Art Siedlung

e. *numbers* heißt hier
   1. ☐ Tanznummern
   2. ☐ Zahlen
   3. ☐ Songs/Lieder

Übung 2

True or False? Von den Sätzen unten sind – im Zusammenhang mit Dialog 1 – drei richtig und drei falsch. Lesen Sie sie gut durch und schreiben Sie dann den entsprechenden Buchstaben (a., b. etc.) in die *True-* oder in die *False*-Spalte.

a. The “Flying Pickets” played musical instruments.
b. The group hasn't got a current hit.
c. Andrew and Ellie sat on a balcony.
d. All the performers were professional singers and actors.
e. Food was served by waitresses during the show.
f. Ellie thinks the show was good value.

True			
False			

Übung 3 (3/26)

Jetzt haben Sie das Wort. Sie haben sich eine Musikshow angesehen und sich gut amüsiert. Erzählen Sie Martin davon. Andreas gibt Ihnen wie üblich Hinweise auf Deutsch. (Denken Sie dabei jedoch an die Zeitwahl im Englischen: Wenn Sie über einen abgeschlossenen Vorgang in der Vergangenheit berichten, müssen Sie das Imperfekt - und nicht, wie im Deutschen, das Perfekt - benutzen!)

2 (3/27)

Where can we go?

Diese Frage stellen sich viele Londonbesucher. Hier gibt Anton, den Sie schon aus *Unit 2* kennen, einige Hinweise.

A: I'm asked so many questions by students about what they can do in the evenings; and usually the questions run along these lines, I suppose, you know - "Where can I go to see a theatre performance which isn't so expensive?" "Where can I go to a pub to listen to music?" "Where's a cheap place to eat?" "Can you recommend a good disco?" That kind of thing. And I mean, basically, there are plenty of things that you can do for very little money or almost nothing. I mean for example if you take a student card along to a theatre half an hour before the theatre performance, you can get a reduction with the card, usually a very good, very expensive ticket for 50 per cent of the price if not more. And the pubs in London provide an enormous variety of music and most of them don't charge at all, or if there is a charge, it's only £1 or £1.50. And there's an enormous variety of discotheques now.

basically	grundsätzlich
student card	Studentenausweis
reduction	Ermäßigung
to provide	liefern; für etwas sorgen

I'm asked so many questions by students ... Mir werden von (den) Studenten so viele Fragen gestellt ... **I'm asked by** ist eine Passiv-Konstruktion. Denken Sie daran, dass die im Passiv verwendete Präposition fast immer **by** (von) ist: **The question was answered by a student** Die Frage wurde von einem Studenten beantwortet. Ein Grammatikkapitel über das Passiv finden Sie in *Unit 10.*

The questions usually run along these lines Die Fragen verlaufen gewöhnlich so (wörtlich: entlang diesen Schienen, d. h. Eisenbahnschienen. Die Redewendung benutzt also das Bild eines Zuges, der auf Schienen läuft). Anton hätte auch sagen können: **The questions are usually as follows** Die Fragen verlaufen gewöhnlich wie folgt.

► **Where can I go to a pub to listen to music?** Wo gibt es hier eine Kneipe mit Musik? In vielen Londoner Pubs wird abends Musik gemacht, hauptsächlich Jazz, Rock oder Folk. Aber selbst diese Musikkneipen müssen sich an die offiziellen Öffnungszeiten für Pubs halten. Nur Clubs oder Diskotheken haben längere Öffnungszeiten. Abends fängt das Musikprogramm im Pub meistens nicht vor 21 Uhr an. In vielen Pubs gibt es auch mittags Musik „live" (*Lunchtime Jazz* etc.)

► **There is an enormous variety of music** Das Angebot an (unterschiedlicher) Musik ist enorm.

► **Most of them don't charge** Die meisten verlangen keinen Eintritt. **If there is a charge ...** Wenn Eintritt verlangt wird ... Beachten Sie den Unterschied zwischen **to charge** (Eintrittsgeld verlangen) und **the charge** (Eintritt, Eintrittsgeld), siehe auch in allgemeinerer Bedeutung: **How much should I charge for this?** Wie viel soll ich dafür verlangen? **What's the charge?** Wie hoch ist die Gebühr?

Übung 4

Im vorangegangenen Dialog hat Anton mehrere Fragen erwähnt, die ihm von seinen Studenten häufig gestellt werden.
Unten sehen Sie vier Bilder, mit denen diese Fragen illustriert werden. Suchen Sie die Fragen im Text und schreiben Sie die jeweils richtige unter das entsprechende Bild.

a. ______________________________

b. ______________________________

c. ______________________________

d. ______________________________

Übung 5

In den Sätzen unten sind etliche Wörter und Ausdrücke kursiv gedruckt. Diese haben eine ähnliche Bedeutung wie einige der Wendungen, die oben im Dialog auftauchen. Suchen Sie diese Wendungen im Text und unterstreichen Sie sie.

a. There are *many* things you can do for *a very small amount* of money or nothing at all.
b. With a student card you can get a good ticket for *half* the price …
c. … but you must get to the theatre *thirty minutes* before the performance starts.
d. The pubs in London provide *a lot of different kinds* of music.
e. Most of the music pubs *are free,* or they only take a small charge.

Übung 6 (3/28)

Ehe Sie die Sprechübung beginnen, sehen Sie sich die folgenden Fragen aus dem Dialog noch einmal an:
Where can I go to see a theatre performance?
Where can I go … to listen to music?

In diesen Fragen werden zwei Vorstellungen verbunden.
Z. B. in Frage eins:
I want to see a theatre performance.
Where can I go?
Daraus wird:
Where can I go to see a theatre performance?

In der Sprechübung sollen Sie jeweils zwei Sätze auf ähnliche Weise verbinden. Andreas wird Ihnen diese zwei getrennten Sätze sagen, dann folgt eine Sprechpause für Sie, und danach hören Sie von Martin oder Linda die richtige Kombination.

3 (3/29)

It gives you a bit of a buzz!

Wer keine Lust zum Ausgehen hat, kann sich bis spät abends im *Off-Licence* eine Flasche Wein kaufen und es sich zu Hause gemütlich machen. Ein *Off-Licence* verkauft alkoholische Getränke. Hier unterhält sich Jack mit dem Geschäftsführer eines *Off-Licence.* Er heißt Charinjit und ist ein Sikh aus Indien, daher spricht er mit Akzent.

(J = Jack, C = Charinjit)

J: Yours is a small, independent off-licence, Charinjit, and I see you have a most impressive array of drinks, especially the rum.

C: Yes; it's due to the West Indian population in the area and we cater for them. Rums such as from Barbados, Mongo, Cockspur, and from Trinidad, Old Oak, Cavalier from Antigua, El Dorado from Guyana, and the people of, you know, based there, they prefer their own rum and bottled in the, in the country of origin.

J: And there's also a wide range of Irish whiskies.

C: That's due to our population again here and the Irish community are very pleased that I keep a large selection of their whiskey here. It goes very well.

J: You also have an incredible range of exotic drinks and this one caught my eye.

C: Yes, this is very unusual, actually. It's a Mexican Tequila and it's got a worm in it.

J: A worm?

C: Yes. And, the trend is at the moment, in America, Australia, as far as I know, is that whoever has the last drink has to eat the worm.

J: Eat it?

C: Yes; and they say it gives you a bit of a buzz.

independent	unabhängig, *hier:* nicht zu einer Verkaufskette gehörend
bottled	abgefüllt
country of origin	Herstellungsland
incredible	unglaublich, erstaunlich
worm	Wurm
Mongo	Markennamen von Rumsorten
El Dorado	
Old Oak	
Cavalier	
Cockspur	

► **an off-licence** eine Wein- und Spirituosenhandlung. Der Ausdruck **off-licence** stammt aus dem Satz **"licenced (**auch **licensed) to sell wines and spirits off the premises"** – mit Lizenz zum Alkoholverkauf außer Haus. Die meisten Lebensmittelgeschäfte und Supermärkte in Großbritannien haben heute ebenfalls eine **"licence"** und dementsprechend eine Wein- und Spirituosenabteilung, in der man zu normalen Geschäftszeiten Alkohol kaufen kann.

It's due to the West Indian population Das ist auf die westindische Bevölkerung zurückzuführen. Ähnlich: **Due to bad weather we couldn't go out** Wegen des schlechten Wetters konnten wir nicht weggehen. – Charinjit selbst kommt aus Indien, aber er spricht hier von den Westindern, d. h. von Bewohnern der westindischen Inseln wie Jamaika, Barbados, Trinidad, Antigua, Guyana usw. Viele westindische Einwanderer leben in Großbritannien, vor allem in London.

We cater for them Wir versorgen sie. **To cater** heißt zum einen „Lebensmittel liefern" und hat zum anderen eine allgemeinere Bedeutung: **The hospital caters for the entire area** Das Krankenhaus versorgt den gesamten Bereich.

an impressive array ein imponierendes Aufgebot (an Getränken). **Array** ist hier ironisch gemeint. Ähnliche Ausdrücke finden Sie weiter unten im Dialog: **a wide range/an incredible range** ein großes/unglaublich vielseitiges Sortiment, **a large selection** eine große Auswahl.

it goes very well es geht (d. h. es verkauft sich) sehr gut.

the Irish community die irische Bevölkerung (in London) (wörtlich: die irische Gemeinde). Beachten Sie die unterschiedliche Schreibweise von irischem **Whiskey** und schottischem **Whisky**.

This one caught my eye Dieser fiel mir ins Auge. Ähnlich: **eye-catching** hervorstechend, ins Auge fallend.

► **whoever has the last drink ...** Derjenige, der den letzten Schluck nimmt ... (wörtlich: wer immer ...) Die Nachsilbe **-ever** kann auch an andere Interrogativpronomen angeschlossen werden: **whenever** (wann immer), **wherever** (wo immer), **however** (jedoch), **whatever** (was immer): **Whatever will be** Was auch immer geschieht.

it gives you a bit of a buzz es macht einen ein bißchen high. **A buzz** ist hier umgangssprachlich gebraucht. Eigentlich heißt **a buzz** ein Summen (von Bienen etc.). Es gibt auch ein Verb **to buzz** (summen).

OFF-LICENCE

Übung 7

In dieser Tabelle sind die in Dialog 3 erwähnten Getränke sowie die Länder aufgeführt, aus denen sie kommen. Kreuzen Sie die richtige Spalte an.

		Antigua	Barbados	Guyana	Ireland	Trinidad
a.	Cavalier rum					
b.	Cockspur rum					
c.	El Dorado rum					
d.	Whiskey					
e.	Mongo rum					
f.	Old Oak rum					

Übung 8

Charinjit hat in Dialog 3 die im Folgenden unter a. bis e. aufgeführten Ausdrücke benutzt. Darunter finden Sie jeweils zwei mögliche Bedeutungen. Kreuzen Sie die richtige an.

a. We cater for them
   1. ☐ We give them food
   2. ☐ We supply them with drinks

b. It goes very well
   1. ☐ We sell a lot of it
   2. ☐ It's pleasant to drink

c. an incredible range
   1. ☐ a small amount
   2. ☐ an enormous choice

d. As far as I know
   1. ☐ As I understand
   2. ☐ everywhere

e. The trend is ...
   1. ☐ One does it more and more
   2. ☐ The bad thing about it is ...

Übung 9 3/30

Sprechen Sie selbst! Sie sind in einem *Off-licence* und fragen den Inhaber, woher die verschiedenen Getränke kommen. Andreas wird Ihnen wieder Hilfestellung auf Deutsch leisten.

4 3/31

A bad night out

Nicht jeder Theaterbesuch ist ein Genuss. Hier beschreibt Gerry einen etwas misslungenen Abend im Londoner Barbican-Theater:

G: The other day I had an unusual experience. I went with a group of friends one Sunday evening to the Barbican Theatre to a special performance given by a French actor. And it was a sell-out, the theatre was full. And after he'd been on the stage for a while, it dawned on the audience, which was predominantly English, that he was only going to speak French. So a number stood up and protested, and asked him to speak in English, and his reaction was to walk off stage. He was eventually persuaded by the management to go back on stage, where he continued the performance in French, and again the audience was restive, and certain elements were belligerent, and they stood up and demanded that he speak in the language they understood – English. The actor then stood up and left the theatre; and the audience was sitting there without any performance whatever. At the time it wasn't very funny but in retrospect, one can laugh at it now.

the other day	neulich
predominantly	hauptsächlich
a number of people	eine Reihe von Leuten
restive	unruhig
to demand	fordern
in retrospect	im Nachhinein

I had an unusual experience Mir ist etwas Ungewöhnliches passiert (wörtlich: Ich hatte eine ungewöhnliche Erfahrung).

► **It was a sell-out** Es war ausverkauft (wörtlich: ein Ausverkauf). Wenn es keine Karten mehr gibt, erscheint das „Ausverkauft"-Zeichen an der Kasse: **sold out.**

the Barbican Theatre ein Theater im so genannten **Barbican Centre** in der Londoner City. In diesem Komplex gibt es außerdem ein Kino, Konzerthallen und eine Kunstgalerie.

It dawned on the audience Es dämmerte dem Publikum. Es gibt außerdem das Substantiv **dawn** (Dämmerung): **Dawn came suddenly** Die Dämmerung kam plötzlich.

► **His reaction was to walk off stage** Seine Reaktion bestand darin, die Bühne zu verlassen. Beachten Sie auch **to walk on** in diesem Zusammenhang: **She walked on stage** Sie betrat die Bühne.

Certain elements were belligerent Gewisse Elemente (im Publikum) wurden aggressiv. **Belligerent** heißt eigentlich mehr „streitsüchtig, kriegerisch".

He was eventually persuaded ... to go back Er wurde schließlich dazu überredet, zurückzukommen. **Eventually** (schließlich, letzten Endes), **to persuade** (überreden), **persuasion** (Überredung).

Übung 10

What's what? Kombinieren Sie den richtigen englischen Ausdruck mit der entsprechenden deutschen Definition.

a. Dort werden Schauspiele aufgeführt.
b. Jemand, der auf der Bühne an einer Aufführung teilnimmt.
c. Die Vorführung eines Stückes vor einem Publikum.
d. Ein Abend, an dem es keine Theaterkarten mehr gibt.
e. Leute, die sich eine Vorstellung ansehen.

Übung 11

Füllen Sie die folgenden Wörter in die Lücken ein: audience, French, restive, performance, elements, walked, experience

The other night Gerry had a rather unusual __________ . He went to the Barbican Theatre, but the actor who came on stage spoke in __________! The __________ didn't like that at all and became __________ . Certain __________ even became belligerent. Eventually the actor __________ off the stage and left the people without any __________ whatsoever.

Übung 12 (3/32)

Stellen Sie sich vor, Sie hätten Gerrys Erfahrungen im Barbican-Theater gemacht, und erzählen Sie Linda davon. Andreas spricht Ihnen wieder auf Deutsch vor, was Sie auf Englisch sagen sollen.

Getting information	Sich informieren
Where can I go ...	Wo kann ich ...
to listen to music?	Musik hören?
to have a cheap meal?	billig essen?
to see a play/a show?	ein Stück/eine Show sehen?
Where is the nearest ...	Wo ist das/die nächste ...
restaurant?	Restaurant?
theatre?	Theater?
pub?	Kneipe?
off-licence?	Wein und Spirituosenhandlung?
Is there a reduction?	Gibt es Ermäßigung?
How much do you charge/is the charge?	Wie viel kostet es?
There is an enormous variety of music/ plays/shows	Das Angebot an Musik/Theaterstücken/ Shows ist enorm

Reporting on a night out	Wie ist der Abend verlaufen?
We had an unusual experience	Uns ist etwas Ungewöhnliches passiert.
We saw this amazing group/play/show	Wir haben diese(s) phantastische Gruppe/ Stück/Show gesehen
We had a full evening's entertainment/ a very entertaining evening	Es gab ein volles Abendprogramm/ wir hatten einen sehr amüsanten Abend
It was a sell-out/It was sold out	Es war ausverkauft
The performance started at 8	Die Vorstellung fing um 8 an
The actors were performing well	Die Schauspieler spielten gut
The actor walked on/off the stage	Der Schauspieler betrat/verließ die Bühne
The audience liked it/didn't like it	Dem Publikum hat es gefallen/nicht gefallen

-ever words	Wörter in Verbindung mit -ever
whoever	wer (auch) immer
whatever	was (auch) immer
wherever	wo (auch) immer
however	wie (auch) immer
whenever	wann (auch) immer

Das past perfect (Plusquamperfekt)

In Dialog 4 hat Gerry von seinem misslungenen Theaterabend erzählt. Er hat dabei meistens die einfache Vergangenheit verwendet *(I went …, it was …, they demanded* usw.) oder die Verlaufsform der Vergangenheit *(The audience was sitting …)*
Er hat aber auch folgende Form gebraucht:
After the actor *had been* on stage for a while, it dawned on the audience that he was going to speak French.
(Nachdem der Schauspieler eine Weile auf der Bühne *gewesen war,* dämmerte es dem Publikum, dass er französisch sprechen würde).

Die kursiv gedruckten Verbformen nennt man *past perfect* (Plusquamperfekt):
had been – war gewesen

Bildung des past perfect

Bei regelmäßigen Verben nimmt man die einfache Vergangenheitsform von *have,* also *had,* und das Partizip Perfekt des Verbs, das mit der einfachen Vergangenheitsform identisch ist:
had + Verb + -ed. Zum Beispiel *to ask* (Fragen):

I had asked	ich hatte gefragt
you had asked	du hattest gefragt
he/she/it had asked	er/sie/es hatte gefragt
we had asked	wir hatten gefragt
you had asked	ihr hattet gefragt
they had asked	sie hatten gefragt

Die Form *had* wird also für alle Personen verwendet.
Bei unregelmäßigen Verben müssen Sie das Partizip Perfekt des gewünschten Verbs einfach auswendig lernen; in manchen Fällen ist sie mit der Imperfektform identisch. Hier einige häufig vorkommende Verbformen:

I had been	ich war gewesen
he had had	er hatte gehabt
she had gone	sie war gegangen
he had done	er hatte getan
we had seen	wir hatten gesehen
you had written	ihr hattet geschrieben
they had spoken	sie hatten gesprochen

Verwendung des past perfect

Das *past perfect* wird im Großen und Ganzen wie im Deutschen verwendet, d. h., wenn man etwas in der Vergangenheit erzählt, schiebt man das *past perfect* ein, um etwas noch früher Geschehenes zu schildern:
I *rushed* to the station, but I *missed* my train. *(past)*
I *hadn't heard* the alarm and I had *overslept. (past perfect)*
(Ich eilte zum Bahnhof, aber ich verpasste meinen Zug.
Ich hatte den Wecker nicht gehört und hatte verschlafen.)

Übung 1

Vervollständigen Sie die Verbentabelle, indem Sie die fehlenden *past perfect*-Formen aus dem Kasten auf der nächsten Seite heraussuchen und dazuschreiben.

present	*past*	*past perfect*
be	was	
catch	caught	
want	wanted	
speak	spoke	
know	knew	
let	let	
buy	bought	
travel	travelled	
go	went	

caught · been · spoken · let · gone

travelled · bought · wanted · known

Übung 2

Übersetzen Sie ins Englische:

a. Ich war satt *(full)*. Ich hatte gut gegessen.
b. Er ging nach Hause. Er hatte genug gearbeitet.
c. Sie war glücklich. Sie hatte endlich ein neues Auto bekommen.
d. Nachdem er sich den Arm gebrochen hatte, musste er ins Krankenhaus (gehen).

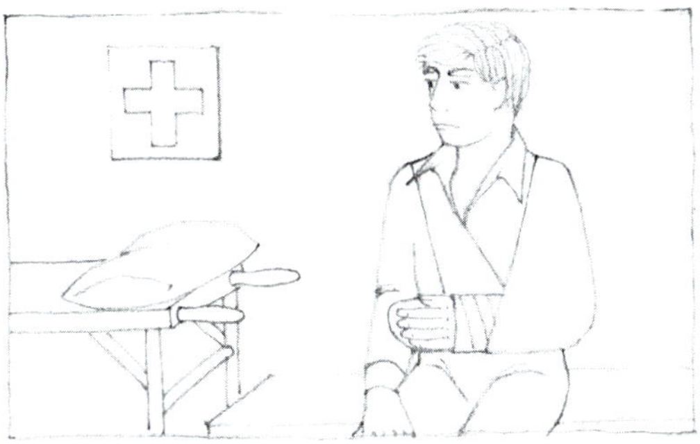

Übung 3

Setzen Sie in den Text unten entweder die einfache Vergangenheit *(past)* oder das *past perfect* der folgenden Verben ein:

to come, to see, to meet, to be, to say, to remember, can

There she ___________ towards me. I ______ sure I ___________________ her before, but I ___________ remember when and where. "How do you do" she ___________ Suddenly I ___________ : I ___________ her a year ago on holiday in Spain.

1

New York, New York ... Das Nachtleben von Manhattan* ist berühmt – man kann sich rund um die Uhr amüsieren. Informationen darüber, was wo los ist, können Sie sich z. B. aus dem Magazin *The New Yorker* einholen. Unten finden Sie einen Ausschnitt aus den im *New Yorker* abgedruckten Musikveranstaltungen in Manhattans Bars und Nachtclubs. Versuchen Sie, den Ausschnitt mit Hilfe der Vokabeln und Erklärungen so weit wie möglich zu verstehen, dann beantworten Sie die Fragen.

GOINGS ON ABOUT TOWN

ALGONQUIN HOTEL, 59 W. 44th St. (840–6800) – **STEVE ROSS**, who's been out of town – Sydney, Gstaad, Venice, London, and São Paulo – is back on West 44th Street. He sings and plays piano in the Oak Room Tuesdays through Saturdays at nine-fifteen and eleven-fifteen. Sundays, Buck Buchholz presides over the Rose Room piano from five-thirty to eleven. Dining.

BALLROOM, 253 W. 28th St. (244–3005) – **BLOSSOM DEARIE** is here, singing in her small, uncomplicated, diction-perfect voice. Early-evening concerts Wednesdays through Saturdays at six-thirty.

CBGB & OMFUG, 315 Bowery, at Bleecker St. (982–4052) – Rock and roll as a garage industry. Monday is show-case night. Music from long after nine-thirty.

EDDIE CONDON'S, 144 W. 54th St. (265–8277) – The surviving home for traditional smallband jazz on the block (the remains of Jimmy Ryan's sadly waste away nearby). Music nightly from eight-thirty. Dining.

LONE STAR CAFÉ, 61 Fifth Ave., at 13th St. (242–1664) – A spirited, noisy, crowded hangout for expatriate Texans and French tourists, where they celebrate Texas Independence Day but not Bastille Day. Music from about eight-thirty nightly. Dining.

---

* Beachten Sie, wie Adressen in Manhattan angegeben werden. Der Stadtteil ist von *Avenues* und *Streets* durchzogen. Die langen *Avenues* verlaufen von Nord nach Süd, die kurzen, zahlreicheren *Streets* von Ost nach West. *Avenues* und *Streets* sind fortlaufend nummeriert *(1st, 2nd., 3rd Avenue, 1st, 2nd, 3rd Street* usw.) und unterteilen Manhattan in Straßenkarrees oder *blocks*. Die berühmte *Fifth Avenue* teilt die *Streets* in *East* und *West*. Die Anschrift *9 W. 44th Street* des Algonquin Hotels z. B. bedeutet, dass sich das Hotel im Westteil der 44. Straße, Nr. 9, befindet.

Oak Room, Rose Room · (Bars im bekannten New Yorker Algonquin-Hotel)
to preside · präsidieren
diction-perfect · mit perfekter „Diktion" (Ausdrucksweise, Stil)
showcase night · Abend, an dem sich neue Gruppen vorstellen
jazz on the block · Jazz im Block, d. h. in einem New Yorker Straßenkarree (siehe Fußnote)
The remains of Jimmy Ryan's (block) · Die Ruinen von Jimmy Ryans Häuserblock (Jimmy Ryan: ein Jazzmusiker)
to waste away · *hier:* verfallen
spirited · anregend
hangout *(coll.)* · Aufenthaltsort, *hier (ironisch):* Zufluchtsstätte (oder Stammkneipe)
expatriate · ausgewandert

a. Where can you hear rock'n'roll?
b. Where is a female singer appearing as the star?
c. Where can you listen to a pianist who has just returned from an international tour?
d. Where can you hear a traditional small jazz-band?
e. Where might you meet some French tourists?

2

Back to London! Sehen Sie sich die Filmanzeigen aus der Londoner Stadtzeitschrift *Time Out* an. In einem großen Kino im West End, das auf „Klassiker" spezialisiert ist, werden 5 verschiedene Filme gespielt. Studieren Sie das Programm und die Vokabeln, dann beantworten Sie die englischen Fragen.

licensed bar · Bar mit Alkoholausschank
hero · Held
beyond imagination · jenseits aller (menschlichen) Vorstellung
morons *(coll)* · *hier:* Bekloppte
on an epic scale · mit epischer Breite
cute · süß, niedlich
mischievous · mutwillig, schelmisch; boshaft

a. Which theatres have late shows at the weekend?
b. In which theatres is it forbidden to smoke in certain areas?
c. Which theatres forbid smoking completely?
d. How much is a ticket for "Gremlins" at 8.15 on Monday?
e. How much is a ticket for "City Heat" at 4.30 on Thursday?

3/33

What's on in Brighton? Southern Sound informiert – hören Sie gut zu.
Der Sprecher erwähnt vier Veranstaltungen, nämlich drei Pop-Konzerte und eine Theateraufführung. Versuchen Sie, die Ansage mit Hilfe der Vokabeln und Erläuterungen so weit wie möglich zu verstehen. Natürlich ist es Ihnen unbenommen, sich die Radiosendung wieder mehrmals anzuhören!
Dann füllen Sie wieder einmal eine Tabelle aus. Zuerst müssen Sie herausfinden, wo die Veranstaltungen stattfinden (z. B. *Blancmange* tritt im *Dome* auf).
Dann schreiben Sie Datum, Uhrzeit und Eintrittspreise in die entsprechende Spalte (wie im Beispiel a.).

		the *Dome*	Crawley Leisure Centre	the *Nightingale*	Top Rank
a.	Blancmange	25th, all tickets £ 4, 7.30			
b.	The Fire Raiser				
c.	Katchagoogoo				
d.	Spear of Destiny				

Blancmange · *(Name einer Popgruppe)*
the *Dome* · Konzert- und Veranstaltungshalle in Brighton
on the drama front · an der Theaterfront
"The Fire Raiser" · „Der Brandstifter" *(Titel eines Stückes)*
"The Nightingale" · „Die Nachtigall" *(Name eines Theaters)*
UB40 · Standard-Nummer auf dem britischen Arbeitslosenausweis. Der Ausweis berechtigt zu Ermäßigungen
Good Friday · Karfreitag
Spear of Destiny · Name einer Popgruppe
Top Rank · Konzerthalle in Brighton
Shellaley Sisters · Name einer Gesangsgruppe
Crawley Leisure Centre · Freizeitzentrum in Crawley bei Brighton
Katchagoogoo · Name einer Popgruppe
HMV · Abkürzung für "His Master's Voice", eine internationale Plattengesellschaft
Virgin · Name einer Schallplatten- und Fluggesellschaft. (Sowohl *HMV* als auch *Virgin* haben eigene Läden, in denen es neben Schallplatten auch Konzertkarten zu kaufen gibt.)

1 (3/34)

Jetzt haben Sie das Wort. Beschreiben Sie einen gelungenen Kino- oder Theaterabend. Erzählen Sie, wo Sie hingegangen sind, was Sie gesehen haben und warum es Ihnen gut gefallen hat. Zum Vergleich können Sie sich dann Martins Bericht auf der CD anhören.

2 (3/35)

Und jetzt das Gegenteil: Beschreiben Sie einen Reinfall. Was haben Sie sich kürzlich angehört/angesehen, das Ihnen überhaupt nicht gefallen hat? Schildern Sie Ihren misslungenen Abend, wie es Linda auf der CD tut. (Denken Sie daran, dass es sich dabei nur um „Modelle" handelt – Ihr eigener Bericht kann ganz anders lauten.)

10 Nine to five

Sie lernen in dieser Unit:

- etwas über verschiedene Berufe und Arbeitsbedingungen
- etwas über Probleme des Berufswechsels
- Stellenanzeigen zu lesen und zu verstehen

… und Sie erhalten Gelegenheit, über Ihre eigene Arbeitssituation zu sprechen.

Wegweiser

Dialoge: Hören Sie zunächst dem Dialog 1 bei geschlossenem Buch zu; anschließend hören Sie ihn sich bei geöffnetem Buch an (wenn nötig, mehrmals). Studieren Sie ihn dabei sorgfältig Zeile für Zeile unter Zuhilfenahme des angegebenen Vokabulars und der Erklärungen. Bearbeiten Sie dann die zum Dialog gehörenden Übungen.

Anschließend verfahren Sie mit den Dialogen 2, 3 und 4 ebenso.

Prägen Sie sich die *Wichtigen Wörter und Ausdrücke* (S. 164) gut ein.

Arbeiten Sie die *Grammatik* einschließlich der *Übungen* (S. 165) durch.

Nun sind die *Leseübungen* (S. 167) an der Reihe.

Hören Sie sich die beiden *Radioauszüge* an und bearbeiten Sie die entsprechenden *Übungen* (S. 169). (Hören Sie sich die Radioausschnitte an, sooft Sie wollen, versuchen Sie aber, nicht auf die Texte im Begleitheft zu sehen. Im Buch finden Sie Vokabeln und Erklärungen abgedruckt, die Ihnen das Verständnis erleichtern.)

Machen Sie die offenen Sprechübungen im Abschnitt *Sprechen Sie selbst* (S. 170). Hören Sie sich dann zum Vergleich die Beispielversionen auf der CD an.

Hören Sie sich alle Dialoge und Radiotexte noch einmal ohne Buch an.

1 (4/1)

All sorts of perks

Joanne ist Studentin und verdient sich nebenbei Geld als Verkäuferin in einem großen Kaufhaus. Sie unterhält sich mit Jack über ihre Arbeit.

(Ja = Jack, Jo = Joanne)

Ja: While you're studying, Joanne, you've got a part-time job as well, haven't you?

Jo: Yes, and I'm quite happy to have it because the money comes in very useful. It's useful because I'm untaxed as a student so all the money I make is there in my pay packet.

Ja: It's not highly paid ...

Jo: Not highly paid, but when you're a student on a grant every little helps. And also there are perks that come with the job.

Ja: What sort of perks?

Jo: Well, cheap meals when I'm on duty. A uniform, which is a pleasure to me because I don't have to decide what I want to wear each day; and discounts on goods.

Ja: That must be very useful, especially now (that) Christmas is coming up.

Jo: Yes, I work in a food department at a department store; I don't get a discount on food but I do on goods. And so everyone in my family is going to get shirts and pyjamas for Christmas.

Ja: I see. And how do the rest of the staff treat you as a student?

Jo: Very, very well. They're very friendly people, there's a real company spirit. From supervisors and ordinary members of staff. There's no kind of discrimination.

Ja: And would you like to work there yourself full-time?

Jo: No, I wouldn't, because it's too much like hard work. The hours are long and the pay isn't too wonderful.

pay	Bezahlung
pay packet	*hier:* Lohntüte
grant	Stipendium
on duty	im Dienst
department store	Kaufhaus
supervisor	Abteilungsleiter
discrimination	Diskriminierung

► **You've got a part-time job, haven't you?** Sie haben/du hast eine Halbtagsstelle, nicht wahr? Ähnlich: **I have a full-time job/ I work full-time** Ich habe eine volle Stelle/ ich arbeite ganztags.

The money comes in useful Das Geld kommt mir gelegen. **To come in useful** ist umgangssprachlich für **to be useful** (nützlich sein).

... because I'm untaxed as a student ... weil ich als Studentin keine Steuern bezahlen muss (wörtlich: unversteuert bin). Ähnlich: **I'm highly taxed** Ich muss hohe Steuern zahlen.

every little helps jedes kleine Bisschen (= Geld) hilft.

► **And ... there are perks** Und ... es gibt Vergünstigungen. **Perks** ist die Abkürzung von **perquisites** (Nebeneinnahmen, Vergünstigungen, Bonusse). Joanne erwähnt hier drei Vergünstigungen:

► **cheap meals, a uniform, and discounts**

on goods billige Mahlzeiten, eine Uniform/Arbeitskleidung und Warenrabatt.

▶ **How do the rest of the staff treat you?** Wie behandelt Sie der Rest der Belegschaft? Beachten Sie wiederum den Gebrauch des Plurals bei einer Gruppenbezeichnung: **How *do* the staff treat you** (und nicht ***does***). **Staff** Belegschaft, Personal, auch Kollegium (an einer Schule).

▶ **There's a real company spirit** Es besteht ein richtiger Firmengeist. **Company** oder **firm** Gesellschaft, Firma.

The hours are long Die Arbeitszeit ist lang (wörtlich: Die Stunden sind lang).

Übung 1

Wenn Sie den Dialog 1 verstanden haben, ordnen Sie den Adjektiven (links) die entsprechenden Substantive (im Kasten) zu.

a. part-time ____________________

b. cheap ____________________

c. long ____________________

d. ordinary ____________________

e. hard ____________________

f. friendly ____________________

work · hours · job · people

meals · members of staff

Übung 2

Advantage or disadvantage? Lesen Sie Joannes Aussagen aus Dialog 1 und entscheiden Sie, ob sie jeweils über einen Vorteil oder einen Nachteil ihres Teilzeitjobs spricht. Schreiben Sie entweder A *(advantage)* oder D *(disadvantage)* in die Kästchen.

a. There are cheap meals and a uniform when I'm on duty. ☐
b. There is no kind of discrimination. ☐
c. The pay isn't wonderful. ☐
d. There are all sorts of perks with the job. ☐
e. The hours are too long and work is too hard. ☐
f. There's a real company spirit. ☐
g. I get a discount on goods. ☐

Übung 3 (4/2)

In der Sprechübung sollen Sie sich vorstellen, dass Sie ganztags in einem Kaufhaus arbeiten. Martin stellt Ihnen Fragen zu Ihrer Arbeit. Antworten Sie ihm, nachdem Ihnen Andreas wie üblich Tipps gegeben hat.

2 (4/3)

Lunches and other business

Kay arbeitet als Sachverständige bei einer Londoner Immobilienfirma. In ihrem Beruf gibt es viel Abwechslung.

K: I'm a surveyor and I work for a large property company based in London. I usually end up going into work each day about 9 o'clock. I then answer any immediate post which is urgent and make phonecalls as necessary. A lot of my day and week involves going to the properties themselves, which means travelling up to Wales, Shropshire, Middlesex, etcetera. I often have business lunches, which means doing business over lunch and then coming back and actually writing letters regarding the business that's been done, etcetera, and making phonecalls from phone messages. I often then end up writing letters and a lot of correspondence and finish my day around 6 o'clock in the evening.

surveyor	*hier:* Sachverständige für Gebäudeinspektion; (*eigentlich:* Landvermesser)
urgent	dringend

► **I work for a large property company** Ich arbeite für eine große Immobilienfirma. **Property** (wörtlich: Eigentum) spielt eine große Rolle in Großbritannien, da die meisten Leute nicht in Mietwohnungen wohnen, sondern sich Häuser oder Wohnungen kaufen. Achten Sie auf die vielen **For sale**-Schilder der **estate agents** (Häusermakler), wenn Sie einmal in London oder einer anderen Großstadt durch die Straßen gehen. Da es sich durchweg um Altbauten handelt, müssen diese vor dem Kauf inspiziert **(surveyed)** werden; das ist z. B. Kays Aufgabe.

based in London mit Stammsitz in London. Ähnlich: **Based in Birmingham/ Munich/New York** mit Stammsitz in Birmingham/München/New York.

I usually end up going into work each day about 9 o'clock Ich gehe gewöhnlich jeden Tag so um neun zur Arbeit. **To end up** (irgendwo enden/landen) kann in diesem Zusammenhang schlecht übersetzt werden. Es bedeutet etwa, dass Kay jeden Morgen schließlich, nach einigem Hin und Her, im Büro eintrudelt. Siehe auch weiter unten im Dialog: **I often then end up writing letters** Zum Schluss erledige ich meistens Briefe.

any immediate post jegliche dringende Post (wörtlich: unmittelbare Post).

► **I make phonecalls as necessary** Ich erledige die anfallenden Telefongespräche (wörtlich: mache Telefongespräche wie nötig). **Phonecalls** ist die Abkürzung von **telephone calls;** siehe auch weiter unten: **phone messages** telephonische Nachrichten.

A lot of my day and week involves going to ... Wales, Shropshire, Middlesex, etc. Ein guter Teil meines Arbeitstages und meiner Arbeitswoche bringt es mit sich, dass ich nach Wales, Shropshire, Middlesex usw. fahren muss. Ähnlich: ► **My work involves a lot of writing/travelling etc.** Meine Arbeit bringt viel Schreiben/Reisen usw. mit sich. – Wales ist der westliche Teil der britischen Hauptinsel, Shropshire und Middlesex sind **counties** (Grafschaften) in England.

► **I finish my day around 6 o'clock in the evening** Ich beende meinen (Arbeits-)Tag so um sechs Uhr abends.

Übung 4

Sehen Sie sich die vier Zeichnungen an, die Kays Arbeitstag illustrieren, und suchen Sie für jede eine passende Unterschrift aus dem Dialog heraus. (Sie können den Text leicht abändern.)

a. ______________________

b. ______________________

c. ______________________

d. ______________________

Übung 5

Working woman. Unten ist aufgeführt, was Kay in ihrem Beruf alles zu tun hat. Lesen Sie die Liste und bringen Sie die Punkte in die richtige Reihenfolge, d. h. wie sie im Dialog erwähnt werden. Schreiben Sie die entsprechenden Buchstaben (a., b. usw.) in die nummerierten Kästchen.

a. anfallende Telefongespräche erledigen
b. beim Mittagessen über Geschäftliches sprechen
c. Telefongespräche auf Grund von hinterlassenen Nachrichten führen
d. eine Menge geschäftliche Korrespondenz erledigen
e. dringende Post erledigen
f. Grundstücke und Häuser besichtigen

1.	
2.	
3.	
4.	
5.	
6.	

Übung 6 (4/4)

Verzichten Sie diesmal auf Andreas' Hinweise und antworten Sie Martin direkt. Sie brauchen sich nur in Kays Lage hineinzuversetzen. Vergewissern Sie sich, dass Sie Dialog 2 ganz verstanden haben und Kays Tagesablauf gut kennen, bevor Sie die Übung machen.

3 (4/5)

I have less freedom now

Mike unterrichtet an einem Erwachsenenkolleg, aber er hatte früher eine ganz andere Arbeit. Wie kommt er mit dem Berufswechsel zurecht?

M: I was a painter and decorator; I was self-employed. I found my own work, I was responsible for my own work, and also I travelled around, saw different people. Now that I'm a lecturer in a College of Further Education I find that I have less freedom over my own life and work, and obviously don't travel as much. Well, as a painter and decorator I met lots of different people, I went to their houses, I saw how they lived. I felt very independent. Now as a lecturer in a college I have the security which I never had as a painter and decorator and it's taking me time to adjust to this different style of life.

painter and decorator	Maler und Tapezierer
self-employed	selbständig (*d. h.* nicht angestellt)
lecturer	Lektor (*hier gebraucht im Sinne von:* Dozent, Lehrer)
obviously	offensichtlich

► **College of Further Education** Kolleg für Weiterbildung, d. h. ein Kolleg, das Erwachsenen und Jugendlichen ab 16 die Chance gibt, Kurse für berufliche oder allgemeine Weiterbildung zu besuchen

► **I was responsible for my own work** Ich war für meine eigene Arbeit verantwortlich. Ähnlich: **responsibility** (Verantwortung): **You must take full responsibility for your actions** Du trägst die volle Verantwortung für deine Handlungen.

I felt very independent Ich fühlte mich sehr unabhängig. Siehe auch ► **independence** (Unabhängigkeit).

► **I have the security ...** Ich habe die Sicherheit ... Beachten Sie den Unterschied zwischen **security** und **safety**, z. B. **job security** bedeutet „ein sicherer (d. h. garantierter) Arbeitsplatz", während **job safety** die physische Sicherheit, d. h. Gefahrlosigkeit der Arbeit bedeutet.

It's taking me time to adjust to this different style of life Ich brauche eine Weile, um mich auf diese andere Lebensweise einzustellen. Ähnlich: **It took him some time to get over his wife's death** Es dauerte eine Weile, bis er über den Tod seiner Frau hinwegkam. **Style of life** oder **lifestyle** Lebensweise, Lebensstil.

Übung 7

Change of jobs. Unten finden Sie eine Zusammenfassung von Dialog 3. Nachdem Sie sich den Dialog mehrmals angehört haben, füllen Sie die im Kasten stehenden fehlenden Wörter in die Lücken ein.

In his former job Mike was a __________ . He was __________ and __________ for his own work.
He also used to __________ a lot. Now he has less __________ in his job as a __________ , but instead he has more __________ .

lecturer · freedom · painter and decorator
self-employed · travel · responsible
security

Übung 8

True or False? Lesen Sie die Aussagen über Mikes Arbeit und schreiben Sie entweder *T(rue)* oder *F(alse)* in die Kästchen.

a. Mike used to work in one place ☐
b. He isn't self-employed now ☐
c. Mike doesn't travel in his present job ☐
d. In his former job he wasn't very independent ☐
e. His present job offers more security ☐
f. He is still getting used to his new life at the college ☐

Übung 9 (4/6)

In der Sprechübung sollen Sie Mike über seine Arbeit interviewen. Andreas sagt Ihnen auf Deutsch vor, welche Fragen Sie stellen sollen. Linda gibt Ihnen die richtige Version, nachdem Sie gesprochen haben. Hier noch zwei nützliche Ausdrücke:

What's your job? · Was sind Sie von Beruf?
present · gegenwärtig

4 (4/7)

What are the conditions like?

Kay hat im Dialog 2 über ihren Arbeitstag berichtet. Hier spricht sie über die Arbeitsbedingungen in ihrer Firma.

(J = Jack, K = Kay)

J: What are the conditions of service like in your company?
K: They're actually very good. I have about 26 days holiday a year, which doesn't include weekend days, and then I'm allowed to take 12 flexidays a year which means I can build up hours and have a day off in lieu of the hours I've actually worked.
J: You have a definite working week, do you?
K: Yes, we're supposed to work 35 hours a week; and anything above and beyond that you can then take off as a flexiday.
J: And the 26 days, does that include the national holidays? Christmas and so on.
K: No, no. The national holidays are above the 26 days. The 26 days are the annual leave, then you have national holidays and flexidays.
J: And can you take a day off at short notice?
K: Yes, I can. I can actually phone up in the morning and say I want today or this morning off. And I can actually take it.
J: So you enjoy that aspect.
K: Yes, I do – it gives you a great deal of freedom.

conditions of service (*oder:* conditions of employment)	Arbeitsbedingungen
to include	einschließen
above and beyond that	darüber hinaus

annual leave	Jahresurlaub
a great deal	eine Menge
definite	*hier:* fest, klar abgegrenzt

► **I have about 26 days holiday a year** Ich habe ungefähr 26 Tage Urlaub pro Jahr. **Holiday(s)** (Ferien, Urlaub), siehe auch weiter unten im Dialog: **national holidays** (Feiertage), **flexidays** Gleittage. Außerdem: **flexitime** gleitende Arbeitszeit.

I can build up hours and have a day off in lieu of the hours I've ... worked Ich kann (Über-)Stunden ansammeln und einen Tag für die Stunden freinehmen, die ich gearbeitet habe. **In lieu** (franz.): anstelle, für. Den Ausdruck findet man meistens nur in Verbindung mit Arbeit: **I'd like some money in lieu of my leave** Ich möchte gern Geld für meinen (mir zustehenden) Urlaub.

► **Can you take a day off at short notice?** Können Sie (sich) kurzfristig einen Tag freinehmen? Ähnlich: **He won't be able to come at such short notice** Er wird so kurzfristig nicht abkömmlich sein.

So you enjoy that aspect Diese Seite (Ihrer Arbeit) gefällt Ihnen also.

Übung 10

Links stehen Ausdrücke, die Kay in Dialog 4 im Zusammenhang mit ihren Arbeitsbedingungen gebraucht hat. Was ist ihre Bedeutung? Lesen Sie sich die rechts stehenden Erklärungen durch und schreiben Sie den Buchstaben des entsprechenden Ausdrucks in das jeweilige Kästchen. (Beispiel: *yearly holiday* = e.)

a. weekend	e	yearly holiday
b. flexiday	☐	with little warning
c. build up	☐	instead of
d. in lieu of	☐	a day's leave
e. annual leave	☐	Saturdays and Sundays
f. a day off	☐	accumulate
g. at short notice	☐	a day's leave earned by working extra hours

to accumulate · ansammeln

Übung 11

Missing figures. Lesen Sie diese Zusammenfassung von Kays Arbeitsbedingungen und füllen Sie die fehlenden Wörter (es sind immer Zahlen) ein.

I have ______ days holiday a year, and above and beyond that I'm able to take ______ flexidays. I'm supposed to work ______ hours a week. I can take ______ day off at short notice.

Übung 12

A word puzzle. Versuchen Sie dieses Worträtsel, das Sie mit Hilfe von Dialog 4 sicher schnell lösen werden. Die Anfangsbuchstaben ergeben, von oben nach unten gelesen, eine Einrichtung, die Leute beschäftigt.

a. 'What are the . . . of service like?' Jack asks.

b. Sometimes Kay takes a day . . .

c. Time of day

d. Kay can . . . in at short notice

e. Kay has 26 days . . . leave

f. Christmas is a . . . holiday

g. 52 weeks are one . . .

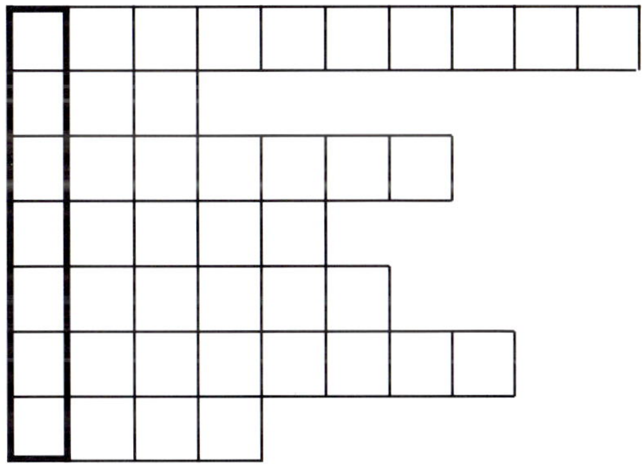

Übung 13 4/8

Jetzt sind Sie dran. Auf der CD fragt Linda Sie nach Ihren Arbeits- und Urlaubsbedingungen. Antworten Sie ihr wie üblich, nachdem Sie Andreas zugehört haben.

Wichtige Wörter und Ausdrücke

Your job	**Ihr Beruf**
I'm a ...	Ich bin ...
surveyor	Sachverständige(r) (für Gebäude)
painter and decorator	Maler und Tapezierer
college lecturer	Lehrer an einem Kolleg
(secretary / salesman	(Sekretärin / Verkaufskraft
company director	Firmendirektor
teacher)	Lehrer)
I work ...	Ich arbeite
in a department store	in einem Kaufhaus
for a property company	für eine Immobilienfirma
at a College for Further Education	an einem Kolleg für Weiterbildung
part-time/full-time	halbtags/ganztags
I am self-employed	Ich bin selbständig
I am responsible for my own work	Ich bin selbstverantwortlich
I travel a lot	Ich bin viel unterwegs
My work involves ...	Bei meiner Arbeit ...
writing letters / making phone calls	schreibe ich Briefe / telefoniere ich
business lunches with clients	gehe ich mit Kunden zum Mittagessen
Working conditions	**Arbeitsbedingungen**
There are ...	Es gibt/wir haben ...
perks / cheap meals	Vergünstigungen / verbilligte Mahlzeiten
discounts	Rabatt/Diskont
long hours	lange Arbeitszeiten
The pay is good/poor	Die Bezahlung ist gut/schlecht
The money comes in useful	Das Geld kommt gelegen
The staff are friendly	Die Belegschaft ist freundlich
There's a real company spirit	Es besteht ein echter Firmengeist
I have security/independence	Ich habe Sicherheit/Unabhängigkeit
Working hours	**Arbeitszeit**
I usually go to work at nine	Ich gehe normalerweise um neun zur Arbeit
I finish work at six	Ich mache um sechs Schluss
I have 26 days holiday/annual leave	Ich habe 26 Tage (Jahres-)Urlaub
a 35/40 hour week	eine 35/40-Stunden-Woche
I can take time off at short notice	Ich kann mir kurzfristig frei nehmen

Das Passiv

In Dialog 1 spricht Joanne über ihre Arbeit in einem Kaufhaus:
I *am untaxed* as a student.
(Als Studentin werde ich nicht besteuert)
The job *is* not highly *paid.*
(Die Arbeit wird nicht hoch bezahlt)

Die *kursiv* gedruckten Verbformen *(am untaxed, is paid)* sind Passivformen. Sie drücken aus, dass mit dem Subjekt des Satzes *(I, the job)* etwas geschieht. Bei Aktiv-Sätzen ist das Subjekt tätig:
As a student *I pay* no tax.
(Als Studentin zahle ich keine Steuern)
The pay for the job *is* not high.
(Die Bezahlung für die Arbeit ist nicht hoch)

Sehen Sie sich nun die Passivsätze noch einmal an stellen Sie sich folgende Fragen:
Wer besteuert Joanne nicht?
Wer bezahlt das niedrige Gehalt?

In beiden Fällen ist die Antwort offensichtlich:

1. die Regierung ist für Steuern verantwortlich, und 2. der Arbeitgeber zahlt Joannes niedriges Gehalt. Die Regierung und der Arbeitgeber wären in den beiden obigen Sätzen die Handlungsträger, d.h. der aktive Teil des Satzes. Joanne aber braucht sie nicht zu erwähnen, da allgemein bekannt ist, wer die Steuern festsetzt und dass Gehälter vom Arbeitgeber bezahlt werden. Sehen Sie sich diese ähnlichen Beispiele an:

a. Sherry is made in Spain.
b. Beer is drunk all over Germany.
c. Football is played throughout the world.
d. Many films are shown on television.

Wiederum brauchen die Handlungsträger nicht erwähnt zu werden, da allgemein bekannt ist, dass Sherry von Sherryproduzenten hergestellt wird usw.

Bildung des Passivs

Es ist einfach, das Passiv zu bilden: Man nimmt die entsprechende Form von *to be* plus Partizip Perfekt des Verbs.
Beispiel: *to see* (sehen):

I am seen	ich werde gesehen
you are seen	du wirst gesehen
he/she/it is seen	er/sie/es wird gesehen
we are seen	wir werden gesehen
you are seen	ihr werdet gesehen
they are seen	sie werden gesehen.

Das Passiv wird also ähnlich gebildet wie im Deutschen, nur dass man statt *werden* das Hilfsverb *sein (to be)* verwendet. Wollen Sie die Vergangenheit oder eine andere Zeitform benutzen, müssen Sie nur die Form von *to be* entsprechend abändern:
The drug *was tested* before it *was sold*
(Das Medikament wurde getestet, ehe es verkauft wurde) – Vergangenheit.
The new motorway *will be completed* soon
(Die neue Autobahn wird bald fertiggestellt sein) – Futur.
The lost city of Atlantis *has* never *been found*
(Die verlorene Stadt Atlantis ist nie gefunden worden) – Perfekt.

Im Englischen wird das Passiv – ähnlich wie im Deutschen – gern für allgemeine Aussagen verwendet, da es natürlicher klingt als eine aktive Konstruktion.
Zum Beispiel wirkt folgender Aktivsatz sehr „an den Haaren herbeigezogen“:
German people drink a lot of beer in Germany.

In diesem Fall ist immer eine Passivkonstruktion vorzuziehen, bei der der Handlungsträger *(German people)* weggelassen werden kann:
A lot of beer is drunk in Germany.

Übung 1

Setzen Sie diese Sätze nach dem obigen Beispiel ins Passiv und lassen Sie dabei den Handlungsträger (kursiv gedruckt) weg.

a. *French people* drink a lot of wine in France.
b. *Car workers* make Jaguar cars in England.
c. *The builders* will finish the new hotel soon.
d. *Japanese businessmen* have increased exports from Japan to Europe.

Das Passiv mit by

Wenn der Handlungsträger nicht aus dem Zusammenhang ersichtlich ist, muss er in passiven Sätzen genannt werden. In diesem Fall benutzt man die Präposition *by:*
Swimming records *are broken by* younger and younger swimmers.
(Schwimmrekorde werden von immer jüngeren Schwimmern gebrochen.)
The race *was won by* the favourite.
(Das Rennen wurde vom Favoriten gewonnen.)
This ring *was given* to me *by* my husband.
(Dieser Ring wurde mir von meinem Mann geschenkt.)

In allen drei Fällen ist der Handlungsträger für den Zusammenhang wichtig, d. h. es soll darauf hingewiesen werden, dass jüngere Schwimmer (und nicht ältere) Rekorde brechen, dass das Rennen vom Favoriten (und nicht von einem Außenseiter) gewonnen wurde und dass das Geschenk vom Ehemann stammt. Die Präposition ist wie gesagt in diesem Falle *by* (von). Manchmal, wenn etwas durch eine vermittelnde Instanz geschieht, benutzt man auch *through* (durch):
The deal *was done through* an agent.
(Der Verkauf wurde durch einen Agenten getätigt.)

Übung 2

Bilden Sie Passivsätze und nennen Sie dabei den Handlungsträger. Beispiel:
to win the Wimbledon Tennis Championship/ Boris Becker
The Wimbledon Tennis Championship was won by Boris Becker.

a. to rescue two ships/the Navy
b. to produce new computers/Japanese companies
c. to reach the moon first/American astronauts
d. to promise a new hospital/the governor

1

Die *Manpower Services Commission (MSC)* ist eine Kommission, die von der britischen Regierung eingesetzt wurde, um Arbeitssuchenden zu helfen und sie zu beraten. In einer Broschüre hat die *MSC* Fragen zusammengestellt, die sich jeder stellen sollte, der einen Arbeitsplatz sucht. Lesen Sie die Fragen und ordnen Sie sie den entsprechenden Überschriften unter *About yourself* und *About the job* zu (Beispiel: *About the job* – 1 = a.)

a. How much would it cost me every week to travel to work?
b. What is the pay?
c. Would I like to learn a different job?
d. Am I willing to move away from home?
e. Do the working hours suit me?
f. Have I any special training?
g. What does the job involve?
h. Do I want to work with other people?
i. Am I fit enough to do the type of work I'm looking for?

experience · Erfahrung
likes *(pl)* · Vorlieben
mobility · Mobilität
aims *(pl)* · Zielsetzungen
location · Ort, Lage
duties · Pflichten, Aufgaben
wages *(pl)* · Bezahlung

CAREERS & OCCUPATIONAL INFORMATION CENTRE
Manpower Services Commission

FINDING THE RIGHT JOB

Every job has its good points. And its not-so-good points. What suits one person may not suit another. You can tell if a job will suit you by asking yourself some of these questions.

About yourself

1 **Experience —**

2 **Health —**

3 **Likes —**

4 **Mobility —**

5 **Aims —**

About the job

1 **Location —**

2 **Duties —**

3 **Hours —**

4 **Wages —**

2

Focus on ... In diesen Auszügen aus einer anderen *MSC*-Broschüre werden zwei Berufe beschrieben: *sales assistant* (Verkaufskraft) und *industrial painter* (Industriemaler). Schreiben Sie diese Berufsbezeichnungen unter die Auszüge – je nachdem, von welchem Beruf im Text die Rede ist.

People who do this work

. . . need to:
- be accurate and good at arithmetic, and work the till
- be on their feet most of the time
- look smart, clean and tidy

a. ______________________

What the requirements are....

To be an . . . you need to:
- be fit and active. The work can be physically demanding
- be able to use different tools and equipment, and be practically minded
- be prepared to work outdoors on some jobs.
  It can be useful to be able to drive in this job.

b. ______________________

People who do this work

. . . have to:
- be fit and active
- work outdoors on some jobs, inside in others
- work in a small team usually

c. ______________________

What the requirements are....

To be a . . . you need to:
- have a pleasant and helpful manner
- be able to handle cash and bills and give change, receipts etc.
- be on your feet most of the time.

d. ______________________

at the till · an der Kasse
smart · *hier:* gut angezogen
tidy · ordentlich
requirements *(pl)* · Anforderungen
manner · Art, mit Leuten umzugehen
to handle cash and bills · mit Bargeld und Rechnungen umgehen
receipt · Quittung
physically demanding · körperlich anstrengend
tools and equipment · Werkzeuge und Ausrüstung
practically minded · praktisch veranlagt

1 (4/9)

Job spot heißt eine Sendung, die täglich bei *Southern Sound* über den Stellenmarkt in Brighton und Umgebung informiert. In unserem Auszug werden zwei freie Stellen beschrieben. Hören Sie gut zu, dann füllen Sie anhand der Radioinformationen die unten abgedruckten Handzettel aus.

Henfield · Dorf in der Nähe von Brighton
forecourt attendant · Tankwart (*wörtlich:* Vorhof-Aufsicht, d. h. jemand, der sich um die Tanksäulen usw. kümmert)
alternate shift · Wechselschicht
contract gardeners *(pl)* · Vertragsgärtner
landscape gardening · Landschaftsgärtnern
a clean driving licence · Führerschein ohne Strafpunkte
providing you have . . . · vorausgesetzt, Sie haben . . .
negotiable · nach Vereinbarung
Hove Job Centre · Arbeitsvermittlungs-Zentrum in Hove (bei Brighton), d. h. ein Zentrum des Arbeitsamts, in dem die freien Stellen ausgeschrieben und vermittelt werden.
vacancies *(pl)* · freie Stellen

1. JOB DESCRIPTION: Fourecourt attendant
   LOCATION: ______________________
   HOURS: ______ / ______ alternate shifts
   PAY: £ __________
   SPECIAL REQUIREMENTS: ______________

2. JOB DESCRIPTION: ______________________
   LOCATION: ______________________
   HOURS: ______________________
   PAY: £ __________ per week / negotiable
   SPECIAL REQUIREMENTS: ________ driving licence

2 (4/10)

Im Rahmen von Haushaltskürzungen sollen beim *East Sussex County Council* (Verwaltung der Grafschaft East Sussex) etliche Stellen gestrichen werden. Die Reporterin Sue Taylor von *Southern Sound* interviewt den Vorsitzenden John Chatfield zu diesem Thema. Nachdem Sie sich unseren Interview-Ausschnitt angehört haben, lesen Sie sich bitte die unten stehenden Aussagen durch und entscheiden Sie, ob diese richtig oder falsch sind. Schreiben Sie entweder *T(rue)* oder *F(alse)* in die Kästchen.

county council · *wörtlich:* Grafschaftsrat
councillors *(pl)* · *hier:* Abgeordnete (*wörtlich:* Ratsherren/Ratsmitglieder)
planning department · Abteilung für Planung *(von Bauten usw.)*
administration (costs) · Verwaltungskosten
cutback · Kürzung, Streichung
compulsory redundancy · Zwangsentlassung (aus Spargründen)
to refuse · sich weigern
the figure that I have in the back of my mind · die Zahl, die mir vorschwebt
... could vary either way by as many as ten · ... könnte sich sowohl nach oben als auch nach unten um zehn verschieben
because of the concern of individuals · im Interesse von Einzelpersonen
perceptible reduction · merkliche/wahrnehmbare Kürzung
consistent with · im Einklang mit
continuing effectiveness · fortgesetzte Leistungsfähigkeit

a. Jobs are to be cut in the Housing Department. ☐
b. Councillors disagreed with the cutback. ☐
c. The councillors have heard that the planning work needs more time. ☐
d. John Chatfield wants to avoid compulsory redundancy. ☐
e. Ten people will lose their jobs, according to John Chatfield. ☐
f. He doesn't give an exact number because it would worry people working in the Planning Department. ☐
g. The reduction will not be noticed. ☐
h. John Chatfield thinks the reduction will help to keep the work of the council efficient. ☐

Sprechen Sie selbst

1 (4/11)

Beschreiben Sie Ihren Beruf und Ihre Arbeitsbedingungen, d. h. nennen Sie Ihre Berufsbezeichnung, sagen Sie, was Sie verdienen, wie viel Urlaub Sie haben, ob Sie Vergünstigungen bekommen, wie lang Ihre Arbeitszeit ist usw. Auf der CD können Sie dann Martin hören, der den Beruf eines Buchhalters *(accountant)* beschreibt.

2 (4/12)

Und nun beschreiben Sie Ihren Arbeitstag im Einzelnen. Was für Arbeiten erledigen Sie morgens/nachmittags, haben Sie geschäftliche Besprechungen beim Mittagessen, sind Sie viel unterwegs usw.? Linda beschreibt dann den Tagesablauf einer Lehrerin.

11 How things are organized

Sie lernen in dieser Unit:

- etwas über das britische Parlament
- etwas über andere Institutionen auf nationaler und lokaler Ebene
- etwas über das Schul- und Erziehungswesen

... und Sie erhalten Gelegenheit, einer lokalpolitischen Kontroverse zuzuhören.

Wegweiser

Dialoge: Hören Sie zunächst dem Dialog 1 bei geschlossenem Buch zu; anschließend hören Sie ihn sich bei geöffnetem Buch an (wenn nötig, mehrmals). Studieren Sie ihn dabei sorgfältig Zeile für Zeile unter Zuhilfenahme des angegebenen Vokabulars und der Erklärungen. Bearbeiten Sie dann die zum Dialog gehörenden Übungen.

Anschließend verfahren Sie mit den Dialogen 2 und 3 ebenso.

Prägen Sie sich die *Wichtigen Wörter und Ausdrücke* (S. 181) gut ein.

Als nächstes sind diesmal wieder die *Leseübungen* (S. 182) dran.

Arbeiten Sie nun erst die *Grammatik* einschließlich der *Übungen* (S. 185) durch.

Hören Sie sich den *Radioauszug* an und bearbeiten Sie die entsprechende *Übung* (S. 187). (Hören Sie sich den Radioausschnitt an, sooft Sie wollen, versuchen Sie aber, nicht auf den Text im Begleitheft zu sehen. Im Buch finden Sie Vokabeln und Erklärungen abgedruckt, die Ihnen das Verständnis erleichtern.)

Machen Sie die offenen Sprechübungen im Abschnitt *Sprechen Sie selbst* (S. 188). Hören Sie sich dann zum Vergleich die Beispielversionen auf der CD an.

Hören Sie sich alle Dialoge und Radiotexte noch einmal ohne Buch an.

1 (4/13)

The House of Commons

Julie arbeitet im *House of Commons,* der „Mutter der Parlamente". Hier führt sie Jack durch das Unterhaus.

J: The view that the members of (the) public get of Parliament is very different from that civil servants get. As a member of the public, you might see Parliament from the Strangers' Gallery, which is the gallery slightly above the floor in the House of Commons, and on your left there's the government ranged on the benches; the members of the Cabinet are on the front benches; on your right there'll be the Opposition, and in front of you there is the Speaker. The Speaker is the Chairman of the House of Commons. Over his right shoulder you can see a ragged bunch of people who are civil servants. They're there basically to advise their minister. A civil servant will only be in the House of Commons itself, in these benches, if their minister is either involved in a debate or in answering an oral parliamentary question. You might see hurried notes being written by the people in this little box, as it's called, and being passed, probably by a junior Minister, to the minister who's making the speech. These notes are only done because the civil servants haven't properly briefed their minister in the first place.

members	Mitglieder, Angehörige
public	Öffentlichkeit
view	Sicht
civil servant	Beamte(r), Regierungsangestellte(r)
Parliament	Parlament
slightly above	etwas oberhalb (von)
government	Regierung
cabinet	Kabinett
opposition	Opposition
chairman	Vorsitzender
probably	wahrscheinlich
junior Minister	Staatssekretär
properly	richtig, ordentlich
to brief someone	jemanden informieren/in etwas einweisen

▶ **the House of Commons** das Unterhaus. Das britische Parlament besteht aus dem **House of Commons** und dem **House of Lords** (Oberhaus). Die Regierungsgewalt liegt beim Unterhaus.

Strangers' Gallery „Fremdengalerie", d. h. eine Galerie, von der aus das Publikum, also die Öffentlichkeit, Parlamentsdebatten beiwohnen kann.

ranged on the benches auf den Bänken aufgereiht. **To range** anreihen, aufreihen; **the range** Reihe, Kette: **a mountain range** eine Gebirgskette.

a ragged bunch of people ein zerlumpter Haufen (hier ironisch gemeint). **Ragged** kommt von **rag** (Lumpen); **a bunch** heißt hier Haufen, Gruppe (von Leuten), kommt aber auch in folgenden Verbindungen vor: **a bunch of flowers** ein Blumenstrauß, **a bunch of grapes** eine Weintraube.

They're there basically to advise their ministers* Sie sind grundsätzlich dazu da, ihre Minister zu beraten. **Basically** ist das

Adverb des Adjektivs **basic: basic facts** grundsätzliche Fakten. **To advise somebody** jemandem einen Rat geben: **I advise you to stop smoking** Ich gebe dir den Rat, das Rauchen aufzugeben. Es gibt auch das Substantiv **the advice** (Rat, Ratschlag).

► **if their minister is involved in a debate** ... wenn ihr Minister in eine Debatte verwickelt ist ... Ähnlich: **She shouldn't get involved with him** Sie sollte sich nicht mit ihm einlassen.

an oral parliamentary question eine (mündliche) Parlamentsanfrage.

in the first place zu Anfang, von Anfang an: **He should have done so in the first place** Das hätte er von Anfang an machen sollen.

* Einige weitere Regierungsämter:
the Prime Minister der Premierminister/die Premierministerin, *the Foreign Secretary* der Außenminister, *the Home Secretary* der Innenminister, *the Chancellor* der Finanzminister.

Übung 1

A view of the Commons. Was ist wo im Unterhaus? Hören Sie Julies Erklärungen gut zu. Sie beschreibt, wo sich die einzelnen Parteien, Einrichtungen usw. befinden. Die *Strangers' Gallery* z. B. befindet sich auf Position 1. Entscheiden Sie, wo die Regierungspartei, die Opposition, das Kabinett, der Parlamentssprecher und die Regierungsangestellten sitzen, und schreiben Sie die entsprechende Positionszahl in die Kästchen.

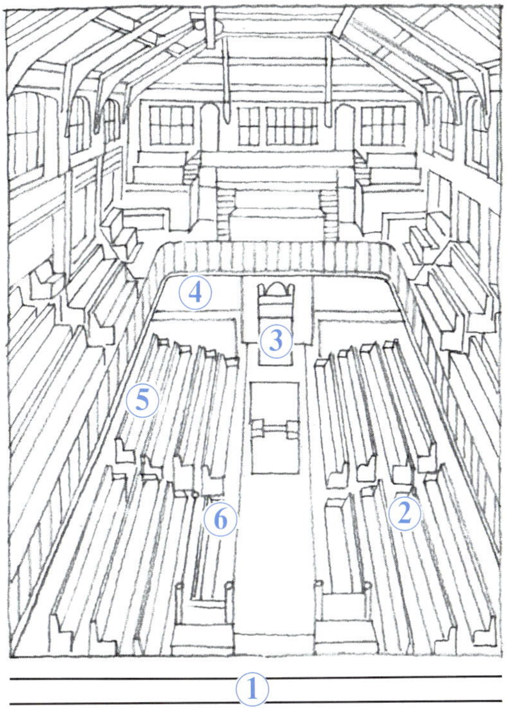

STRANGERS' GALLERY	1
GOVERNMENT	
CABINET	
OPPOSITION	
SPEAKER	
CIVIL SERVANTS	

Übung 2

On your right you see ... Hier wird das *House of Commons* noch einmal zusammenfassend beschrieben. Füllen Sie die fehlenden Präpositionen ein. (Versuchen Sie, dabei nicht auf den Dialogtext zu sehen.)

As a member of the public, you see Parliament ____________ the Strangers' Gallery, which is the gallery ____________ the floor ____________ the House of Commons and ____________ there's the Government ranged on the benches; the members of the Cabinet are ____________ the front benches; ____________ there'll be the Opposition and ____________ there is the Speaker. The Speaker ist the chairman of the House of Commons. ____________ his right shoulder you see civil servants.

on · over · from · on your right

slightly above · in front of you

in · on your left

Übung 3 (4/14)

Auf der CD wird Martin Ihnen ein paar Fragen zum Inhalt von Dialog 1 stellen. Versuchen Sie, ihm direkt zu antworten – es gibt diesmal keine Hinweise von Andreas. Benutzen Sie Ihre Pausentaste so oft wie nötig und lassen Sie sich Zeit bei der Beantwortung.

2 (4/15)

Local Government

Ruth, eine junge Beamtin, spricht über Regierung und Verwaltung auf lokaler Ebene.

R: Well, local government in Great Britain is run by local councils or metropolitan authorities. They have responsibilities for quite a large range of services.
In particular people are often interested to know that the education service is organized and controlled almost entirely by local authorities under the general guidance of course of the Department of Education and Science.
Local authorities are also responsible for provision of emergency services, including the police. Police forces outside of London are controlled by local police committees, while the Metropolitan Police Force itself is under the direct control of the Home Secretary.
Local authorities are also responsible towards provision of ambulance and fire services in their areas.

in particular	im Besonderen
education service	Erziehungs-/Bildungswesen
entirely	völlig
local authorities	Lokalbehörden
Department of Education and Science	Kultusministerium (*wörtlich:* Ministerium für Bildung und Wissenschaft)
general guidance	allgemeine Führung, Aufsicht

▶ **Local government ... is run by local councils or metropolitan authorities** Die lokale Verwaltung (wörtlich: Regierung) liegt in den Händen der örtlichen Landes- oder Stadtbehörden. Mit **local councils** sind hier Behörden gemeint, die etwa den deutschen Kreis- und Bezirkstagen entsprechen (vgl. **East Sussex County Council** aus der zweiten Radioübung, *Unit 10*). **Metropolitan councils** sind die Verwaltungsbehörden von Metropolen wie London oder Liverpool. **To run** (wörtlich: laufen) ist hier im Sinne von „leiten" gebraucht. Ähnlich: **The business was run by his son** Das Geschäft wurde von seinem Sohn geleitet.

They have responsibilities for quite a large range of services Sie sind für ziemlich viele Einrichtungen verantwortlich (wörtlich: für eine ziemlich große Reihe von Diensten).

▶ **... for (the) provision of emergency services** ... für die Einrichtung von/Versorgung mit Notdiensten. Es wäre umgangssprachlicher, das Verb zu benutzen: **they have to provide emergency services** sie müssen für Notdienste sorgen. - Wenn Sie in Großbritannien einen Notdienst anrufen wollen, müsen Sie **999** wählen. Sie werden dann gefragt: **Which services do you require?** (Welchen Dienst verlangen Sie?) und sagen dann entsprechend: **The police** (Polizei), **an ambulance** (die Ambulanz/einen Krankenwagen), **the fire brigade** (die Feuerwehr). Außerdem gibt es noch die Küstenwache **(coastguard)** und die Berg- und Höhlenwacht **(cave and mountain rescue).**

▶ **Police forces* outside of London ...** Polizeikräfte außerhalb Londons ... **Metropolitan Police Force** ist der zusammenfassende Name für alle Polizeikräfte in London.

... is under the direct control of the Home Secretary ... untersteht direkt dem Innenminister.

ambulances and fire services Ambulanz und Feuerwehr (wörtlich: Feuerdienste).

* Die britischen Polizisten *(Bobbies)* sind normalerweise unbewaffnet. Schusswaffen werden nur in Ausnahmefällen benutzt (bewaffneter Raubüberfall, Begleitschutz hochstehender Persönlichkeiten usw.). Im Zuge der immer häufiger auftretenden Straßenkrawalle und Demonstrationen in den Großstädten wird nunmehr lediglich die Einführung von Wasserwerfern und Gummigeschossen diskutiert. – Polizisten und Polizistinnen redet man im Allgemeinen mit *"officer"* an.

Counties (Grafschaften) in Großbritannien

Auf der Karte sehen Sie, wie Großbritannien in lokale Verwaltungsgebiete aufgeteilt ist. Die 47 „county councils“ (z. B. Devon) in England sowie die 369 kleineren „district authorities“ werden örtlich gewählt und sind für die öffentlichen Dienste in der jeweiligen Region verantwortlich. Die kleinste Einheit der örtlichen Verwaltung heißt „parish“ oder „community council“, also soviel wie (Land-)Gemeinde.

Wilts. = Wiltshire
Berks. = Berkshire
Bucks. = Buckinghamshire
Northants. = Northamptonshire
Oxon. = Oxfordshire
War. = Warwickshire
W. Mid. = West Midlands
Lincs. = Lincolnshire
Leics. = Leicestershire
Ches. = Cheshire
S. Yorks. = South Yorkshire
Glos. = Gloucestershire
Cambs. = Cambridgeshire
Notts. = Nottinghamshire
Lancs. = Lancashire
Northumb. = Northumberland
W. Glam. = West Glamorgang
Hants. = Hampshire
Staffs. = Staffordshire
Worcs. = Worcestershire

Übung 4

Which service? Die Zeichnungen illustrieren die in Dialog 2 (und in den Erklärungen) erwähnten Notdienste. Schreiben Sie den Namen des entsprechenden Rettungsdienstes unter die jeweilige Zeichnung.

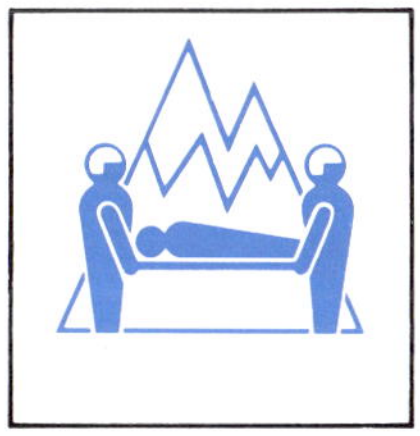

a. ______________

b. ______________

c. ______________

d. ______________

e. ______________

SOS - Emergency

Dial 999 to call the emergency services.
Do not insert money; these calls are free.

999

Übung 5

Who's responsible? In Dialog 2 benutzt Ruth eine Reihe von Wendungen, die alle Kontrolle oder Verantwortung ausdrücken. Füllen Sie diese fehlenden Wendungen in die Sätze unten ein. (Wenn nötig, hören Sie sich den Dialog noch einmal an, aber versuchen Sie, nicht auf den Buchtext zu schauen.)

a. Local government in Great Britain is ______ ______ local councils.
b. They have ________________________ quite a large range of services.
c. The education service ______________ and ____________ almost entirely by local authorities.
d. The Metropolitan Police Force is ______ the __________________ of the Home Secretary.

Übung 6 (4/16)

In der Sprechübung sollen Sie diesmal die Fragen stellen. Sie wollen von Linda Einzelheiten über die Lokalverwaltung in England wissen. Andreas sagt Ihnen auf Deutsch vor, welche Fragen Sie stellen sollen, und Martin gibt Ihnen die richtige Version der Fragen, nachdem Sie gesprochen haben.

Britische *public school* Harrow

3 (4/17)

Schools in Britain

Penelope ist Lehrerin und spricht hier über die Besonderheiten des britischen Schulwesens.

P: I think it's the sheer variety of types of schooling that Britain offers which is the main characteristic of the education system. For example, I was educated at a girls' independent or private day school. When I trained to become a teacher I did teaching practice in an Anglican comprehensive school, a secondary school. Then when I was looking for a job at the end of that year, I went first of all to a grammar school in Kent, then I also went to a mixed comprehensive school in outer London; and I've landed up teaching in a girls' senior high school, which is a comprehensive school for girls aged 14 to 18 in outer London. Tremendously varied.

to offer	bieten
main characteristic	Haupteigenschaft
to do teaching practice	ein (Unterrichts-) Praktikum absolvieren
mixed	gemischt, d. h. für Jungen und Mädchen
tremendously varied	ungeheuer unterschiedlich

I think it's the sheer variety ... Ich glaube, es ist schon allein die Unterschiedlichkeit ... Ähnlich: **the sheer size/cost of it** die schiere(n) Größe/Kosten (einer Sache).

► **I was educated at a girl's independent ... school** Ich wurde an einer unabhängigen Mädchenschule ausgebildet, d. h. an einer Privatschule, die vom staatlichen Schulsystem unabhängig ist. Penelope erwähnt noch ein Merkmal ihrer Schule: Es war eine **private day school,** also eine Tagesschule. Sie hebt diese Tatsache hervor, da viele unabhängige Privatschulen in England Internate sind. Denken Sie an die berühmten **public schools** wie Eton oder Harrow (die paradoxerweise **public** – öffentlich – heißen, obwohl sie privat sind).

... when I trained to become a teacher ... ... als ich meine Lehrerausbildung machte ... Ähnlich: **I trained to become a doctor/ policeman/secretary, etc.**

an Anglican comprehensive school eine anglikanische Gesamtschule. **Anglican** heißt, dass die Schule von der offiziellen englischen Staatskirche (**Church of England**, auch **Anglican High Church** genannt) unterhalten wird. **Die Church of England (C of E)** ist protestantisch.

► **a secondary school** eine Oberschule. Die meisten staatlichen **secondary schools** sind heute **comprehensive schools** (Gesamtschulen); es gibt nur noch wenige **grammar schools** (Gymnasien). Kinder bis zu elf Jahren gehen auf eine **primary school** (Grundschule).

I landed up teaching at a girls' senior high school Ich landete als Lehrerin an einer Mädchenoberschule. **Secondary schools** sind manchmal in **junior high** und **senior high schools** unterteilt. In **senior high**

schools gehen Schüler im Alter von 14 bis 18 oder 19. Beachten Sie den Ausdruck **to land up** (irgendwo landen), der die gleiche Bedeutung hat wie **to end up** (vgl. *Unit 5*, Dialog 3 und *Unit 10*, Dialog 2): **We set off for Edinburgh but we landed up going to Glasgow** Wir wollten eigentlich nach Edinburgh, landeten aber schließlich in Glasgow.

Übung 7

Sie werden bemerkt haben, dass Penelope in Dialog 3 eine ganze Reihe unterschiedlicher Schulen erwähnt hat, mit denen sie im Laufe ihrer Ausbildung zu tun hatte. Tragen Sie in der Tabelle ein, welche Schule sie als Schülerin *(pupil)*, Praktikantin *(trainee teacher)* und Lehrerin *(teacher)* besucht hat, d. h. machen Sie ein Kreuz in die entsprechende Spalte.

	TYPE OF SCHOOL VISITED...	AS A PUPIL	AS A TRAINEE TEACHER	AS A TEACHER
a.	Anglican compre-hensive school			
b.	mixed compre-hensive			
c.	girls' senior high school			
d.	grammar school			
e.	girls' independent school			

Übung 8

Unten finden Sie weitere Informationen über das Schulsystem in England und Wales (in Schottland ist das System etwas anders). Lesen Sie den Text, dann entscheiden Sie, ob die Aussagen in den Sätzen a. bis e. richtig – *T(rue)* – oder falsch – *F(alse)* – sind.

Children in England and Wales must attend school between the ages of 5 and 16; some stay at school until they are 18. – Over 85 % of secondary school pupils in England and Wales go to comprehensive schools. – There are 460 public schools in England and Wales. Curiously, "public" schools are really private. – 94 % of all schools are state schools. – Many 3- and 4-year-old children attend state nursery schools.

to attend · (die Schule) besuchen
curiously · merkwürdigerweise
nursery school · Vorschule

a. Most secondary school pupils go to grammar schools. T F
b. School becomes compulsory at the age of 6. T F
c. Some pupils stay at school after the age of 16. T F
d. Public Schools are state schools. T F
e. Many children go to nursery school before the age of 5. T F

school becomes compulsory at ... · Schulpflicht besteht ab ...

Übung 9 4/18

In der Sprechübung stellt Martin Ihnen Fragen über Ihre Schulausbildung. Antworten Sie ihm, nachdem Sie sich wie üblich die Hinweise von Andreas angehört haben.

The British Parliament	**Das britische Parlament**
the House of Commons	das Unterhaus
the House of Lords	das Oberhaus
the opposition	die Opposition
the government	die Regierung
the cabinet	das Kabinett
Members of Parliament	Parlamentsabgeordnete
the ministers	die Minister
the Prime Minister	der Premierminister/die Premierministerin
the Foreign Secretary	der Außenminister
the Home Secretary	der Innenminister
the Chancellor	der Finanzminister
to be involved in a debate/in politics	in eine Debatte verwickelt sein/mit Politik zu tun haben
civil servants	Beamte/Regierungsangestellte
Local government	**Lokalverwaltung**
local government is run by local authorities	Die Lokalverwaltung liegt bei den örtlichen Behörden
The local/metropolitan councils	Die Gemeinde-/Stadträte
are responsible for ...	sind verantwortlich für ...
the education service	das Erziehungswesen
emergency services	Notdienste
the police force	die Polizeikräfte
ambulance and fire services	Ambulanz und Feuerwehr
Education	**Erziehung/Ausbildung**
primary/secondary education	Primär- und Sekundarstufe
private/independent schools	Privatschulen/unabhängige Schulen
state schools	staatliche Schulen
public schools	private (Elite-)Internate
comprehensive schools	Gesamtschulen
grammar schools	Gymnasien
I was educated at ...	Ich besuchte eine ...
a boys'/a girls'/a mixed school	Jungen-/Mädchen-/gemischte Schule
The Church of England	Die englische Staatskirche

David McKie

Waive the cash and take a rest

SIR PHILIP GOODHART (C, Beckenham) has been in the Commons since 1957. He was the most senior of the backbench Tories who voted against their Government on the issue of Lord Hailsham's pay in the early hours of Wednesday.

Later, in a more reflective early evening debate, Sir Philip recalled the advice which Leo Amery gave Chamberlain and his ministers in the Norway debate of 1940, when, pointing to the government bench, he echoed the words of Cromwell: "You have sat here too long for any good you have been doing ... in the name of God, go."

"My prosaic message to ministers," Sir Philip said "is this: In the name of common sense, go and have a good holiday, go and paddle on the beach."

What the whole top pay episode had shown, Sir Philip concluded, was that the Government needed a bit of a rest.

What's the House up to? In einer täglichen Kolumne berichtet die britische Zeitung THE GUARDIAN über die Geschehnisse im Unterhaus. In diesem Ausschnitt berichtet der Korrespondent David McKie über eine Debatte, die einer umstrittenen Regierungsmaßnahme folgte: Führende Staatsbeamte hatten eine erhebliche Gehaltserhöhung bekommen, obwohl sie ohnehin schon zu den Spitzenverdienern der Nation zählten. Lesen Sie, wie ein konservativer Abgeordneter, Sir Philip Goodhart, auf die Maßnahme seiner eigenen Partei reagierte, dann machen Sie die beiden unten stehenden Übungen.

to vote against something · gegen etwas stimmen
the issue · der Punkt, das Thema
reflective · nachdenklich, besinnlich
to recall · in Erinnerung rufen
my prosaic message · meine prosaische Mitteilung
common sense · gesunder Menschenverstand
paddle on the beach · planscht am Strand herum
to conclude · folgern

Waive the cash · *etwa:* Verzichtet auf die Kröten (wörtlich: auf das Bargeld)

C, Beckenham = Conservative, Beckenham · konservativer Abgeordneter des Wahlkreises Beckenham

backbench Tories · nicht an der Regierung beteiligte konservative Abgeordnete (backbenchers sind die Abgeordneten, die auf den hinteren Bänken sitzen; die Minister sitzen vorne. Tories ist eine umgangssprachliche Bezeichnung für Conservatives)

Lord Hailsham · Name des Abgeordneten, der die umstrittene Gehaltserhöhung einführte

Leo Amery · Abgeordneter im Jahre 1940

the Norway debate · die Norwegen-Debatte

Oliver Cromwell · britischer Revolutionär (17. Jahrhundert)

You have sat here too long for any good you have been doing... · Sie haben Ihre Zeit für das Gute, das Sie (während Ihrer Amtszeit) vollbracht haben, schon lange abgesessen ... (1940 ein Wink mit dem Zaunpfahl der Opposition an die Regierung, den Platz zu räumen; hier ironisch als Aufforderung gebraucht, in die Sommerferien zu fahren.)

1

Unterstreichen Sie in dem Zeitungsausschnitt alle Ausdrücke im Zusammenhang mit Parlament und Regierung, an die Sie sich von Dialog 1 her erinnern.

2

Beantworten Sie folgende Fragen zu dem Lesetext:

a. Seit wann ist Sir Philip Goodhart Parlamentsabgeordneter?

b. War er für oder gegen die Gehaltserhöhung der führenden Beamten?

c. An wessen guten Rat hat Sir Philip die Abgeordneten erinnert?

d. Welche bekannte historische Persönlichkeit wird in dem Artikel erwähnt?

e. Was sollen die Minister laut Sir Philips Ratschlag tun?

f. Was braucht Sir Philips Meinung nach die gesamte Regierung?

3

Die *Open University* („Offene Universität“) ist ein Ferninstitut, an dem man ein volles Universitätsstudium mit Abschluss absolvieren kann und das Kurse zur beruflichen und allgemeinen Weiterbildung anbietet. Die Studenten verfolgen ihr Lehrprogramm im Fernsehen und im Rundfunk und werden außerdem schriftlich betreut. Zudem gibt es Intensivkurse, die berufstätige Studenten im Urlaub besuchen können. Die *Open University* wurde 1971 ins Leben gerufen.

Lesen Sie das *Question and Answer pamphlet* der *Open University,* das künftige Studenten über das Lehrprogramm informiert. Beantworten Sie dann die Fragen zum Text mit *yes* oder *no.*

Q *What does studying for an OU degree involve?*

A To be honest, it means a great deal of hard work. You will have to study in your first year for twelve to fourteen hours a week, 34 weeks of the year. Achieving a degree often takes six years of this part-time study. The University is open to everyone. It doesn't matter what your background is, nor do you need school leaving certificates. All we ask is that you are 21 years or older, and that you live in the UK.

Q *'Distance teaching' – how does it work?*

A Most of your course material will come through the post – specially commissioned, high-quality, large format books. There are also TV and radio broadcasts.

Q *Would I ever have personal tuition?*

A Certainly you would. There are over 5,000 part-time tutors around the country, and one will be assigned to you. He or she will mark your exercises, and you can attend a local study centre to meet tutors and fellow students is you so wish.

Q *What courses would I take?*

A You can choose from a whole range of courses available in arts, social sciences, education, mathematics, science and technology. Courses last from February to November, and on passing them you earn 'credits'. When you have earned six 'credits' you qualify for the University's BA degree.

Q *How much will it cost?*

A In 1987 the tuition fee for an Open University foundation course is £ 143. Fees can be spread over the year to make payment easier.

Q *Do I have to take a degree?*

A No – the Open University also offers a wide range of single, self-contained courses. Some are for professional or scientific updating, some deal with new technology, and some can be studied simply for personal interest or practical help with everyday life.

(Q = Question, A = Answer, OU = Open University)

degree · (Universitäts-)Abschlussexamen
to achieve · erreichen
background · *hier:* Ausbildung
school leaving certificate · Schulabschluss
distance teaching · Fernunterricht
specially commissioned books · extra für die OU verfasste Bücher
large format · großformatig
personal tuition · persönliche Betreuung
one will be assigned to you · einer wird Ihnen zugewiesen werden
to mark · korrigieren
fellow students · Mitstudenten, Kommilitonen
arts · Geisteswissenschaften
social sciences · Sozialwissenschaften
science · Naturwissenschaft
you earn "credits" · Sie sammeln „Punkte"
you qualify for the BA degree · Sie qualifizieren sich für den BA-Abschluss (BA = Bachelor of Arts, niedrigster akademischer Grad in Großbritannien)
tuition fee · Studiengebühr
to spread · verteilen
self-contained courses · abgeschlossene Kurse

a. Do students have to study more than 20 hours a week? [Yes] [No]
b. Do OU students have to be 21 or older before they start? [Yes] [No]
c. Does one need academic qualifications in order to study? [Yes] [No]
d. Is it necessary to have a radio or a television in order to follow the OU courses? [Yes] [No]
e. Will students be in personal contact with their tutors? [Yes] [No]
f. Do students have to pay the tuition fee all at once? [Yes] [No]
g. Can one study just one course without taking a degree? [Yes] [No]

Mehr über den Gebrauch von will

In der 3. Leseübung dieser *Unit* erscheint folgende Frage:
What does studying for an OU degree involve?
Antwort:
It *means* a great deal of work. You *will* have to study 12 to 14 hours a week.

Beachten Sie den Gebrauch des Präsens im ersten Satz der Antwort *(means)* und den Gebrauch der Zukunft mit *will* im zweiten. Das Präsens wird stets bei allgemeinen Beschreibungen oder bei Tatsachen verwendet, die immer gültig sind:
The University *is* open to everyone.
It *doesn't matter* what your background *is*.
All we *ask is* that you *are* 21 years or older.
Diese Präsens-Sätze beschreiben einige Aspekte des Studiums an der *Open University*. Sätze mit *will* drücken inhaltlich etwas anderes aus:
The material *will* come through the post.
A tutor *will* be assigned to you.
He or she *will* mark your exercises.

Will drückt aus, dass etwas geschehen wird, wenn etwas Bestimmtes vorausgegangen ist: Wenn man sich an der *Open University* eingeschrieben hat, *wird* das Material durch die Post kommen, *wird* man einen Tutor bekommen, *wird* er/sie die Arbeiten korrigieren.

Übung 1

Bilden Sie Sätze mit *will* nach folgendem Beispiel:
There is a new drug on the market.
(to undergo tests = Prüfungen unterzogen werden): *It will undergo tests.*

a. Your tutor is Mr. Ralph Heathersett. (to mark your exercises)

b. There is a lot of material to go with your OU course. (to be sent through the post)
c. There is a great deal of work involved. (to have to study several hours per day)
d. You have a choice of 130 courses. (to have plenty of time to choose the right one for you)

will als Ausdruck der Gewohnheit

Die Zukunft mit *will* wird aber auch benutzt, um bestimmte Gewohnheiten von Personen auszudrücken, vor allem dann, wenn es sich um eine starke Gewohnheit handelt, die schon fast zur Charaktereigenschaft geworden ist:

He is very generous – he *will* give money to everyone.

He knows cigarettes are bad for him – but he *will* smoke.

Im Deutschen wird *will* hier nicht mit *wird* übersetzt, sondern man benutzt am besten das Präsens mit einem Zusatzwort:

Er ist sehr großzügig – er gibt immer jedem Geld.

Er weiß, dass Zigaretten ihm schaden – aber er raucht trotzdem weiter.

Der obige Gebrauch von *will* ist bereits in der Vergangenheitsform *(would)* in *Unit 3* abgehandelt worden, der Ausdruck von *will* als unmittelbare Absicht in *Unit 6*: I think *I'll* have the grilled fish. *I'll* answer the telephone.

Übung 2

Übersetzen Sie die unten stehenden *will*-Sätze ins Deutsche.

a. He works too hard – he will make himself ill.
b. That's the doorbell – I'll get it.
c. I like Joe – he'll always listen to you, you know.
d. What a clever little boy – he'll do well at school.

4/19

Fußgängerzonen – *pedestrian precincts* – haben sich bisher in britischen Städten noch nicht in dem Maße durchsetzen können wie auf dem Kontinent. So hat zum Beispiel der Stadtrat von Hove bei Brighton versucht, nur eine Straße zur Fußgängerzone zu erklären, und das auch nur versuchsweise für sechs Monate. Aber der Versuch wurde schon vor Ablauf dieser Frist gestoppt. Warum?
Southern Sound versucht, die Gründe aufzudecken. Hören Sie der Reportage zu, dann entscheiden Sie, welche Bedeutung die unter a. bis g. aufgeführten Wendungen haben. Kreuzen Sie das richtige Kästchen an.

traders · *hier:* Ladenbesitzer
to rejoice (iron) · jubilieren
to scrap a car ban · ein Autoverbot abschaffen
amid controversy · unter Auseinandersetzungen
to oppose a scheme · sich einem Plan widersetzen
prematurely · vorzeitig
chairman · Vorsitzender
traders' association · Händlervereinigung
recuperation · Genesung
to recover something · etwas wiederbekommen
furious · wütend
ratepayers · (Gemeinde-)Steuerzahler
to favour/to be in favour of something · für etwas sein
environmentalist · Umweltschützer
keen · *hier:* überzeugt, aktiv
evidence · Beweis
a great loser · ein großes Verlustgeschäft
their books · ihre (Geschäfts-)Bücher
to suspect · den Verdacht haben
a survey · eine Umfrage
pedestrianisation · Einführung der Fußgängerzone

a. *traders* heißt hier:
1. ☐ businessmen
2. ☐ dealers
3. ☐ shopkeepers

b. *scrap a car ban* bedeutet:
1. ☐ destroy old cars
2. ☐ end an order prohibiting cars
3. ☐ fight an order prohibiting cars

c. *The scheme isn't hanging over our heads* bedeutet:
1. ☐ The scheme isn't a danger to us
2. ☐ The scheme isn't waiting for us
3. ☐ The scheme isn't above us

d. *We've got to get over it* heißt:
1. ☐ We must achieve it
2. ☐ We must recover from it
3. ☐ We must climb it

e. *Pedestrian schemes* sind:
1. ☐ plans to help people walk
2. ☐ plans to stop cars using a street
3. ☐ plans which move slowly

f. *show their books to the council* bedeutet:
1. ☐ show the council their financial records
2. ☐ show the council their goods
3. ☐ show the council their licence

Sprechen Sie selbst

1 (4/20)

Sie haben in dieser *Unit* etwas über das Regierungssystem in England erfahren. Schildern Sie nun in der ersten offenen Sprechübung das Regierungssystem in Deutschland (Kanzler = *Chancellor*). Dann hören Sie sich die CD an.

2 (4/21)

Sprechen Sie nun – so allgemein wie möglich – über die Lokalverwaltung. Folgende Wörter könnten Sie benutzen:
local council · Gemeinderat
district council · Kreis- oder Bezirkstag
city council · Stadtrat, Senat

3 (4/22)

Berichten Sie über Ihre Schulbildung, d. h. welche Schulen Sie besucht haben, wann Sie in die Schule gekommen sind, wann Sie Ihre Ausbildung beendet haben usw. Auf der CD spricht Martin eine Modellversion.

12 Technology changes so quickly

Sie lernen in dieser Unit:

- Gespräche über neue Technologie zu verstehen
- etwas über den Einfluss elektrischer und elektronischer Geräte auf Arbeit und Freizeit
- selbst solche Geräte zu beschreiben

... und Sie erfahren allgemein etwas über Probleme des Computer-Zeitalters.

Wegweiser

Dialoge: Hören Sie zunächst dem Dialog 1 bei geschlossenem Buch zu; anschließend hören Sie ihn sich bei geöffnetem Buch an (wenn nötig, mehrmals). Studieren Sie ihn dabei sorgfältig Zeile für Zeile unter Zuhilfenahme des angegebenen Vokabulars und der Erklärungen. Bearbeiten Sie dann die zum Dialog gehörenden Übungen.

Anschließend verfahren Sie mit den Dialogen 2, 3 und 4 ebenso.

Prägen Sie sich die *Wichtigen Wörter und Ausdrücke* (S. 197) gut ein.

Auch diesmal kommen nun erst wieder die *Leseübungen* (S. 198) an die Reihe.

Arbeiten Sie nun die *Grammatik* einschließlich der *Übungen* (S. 199) durch.

Hören Sie sich die beiden *Radioauszüge* an und bearbeiten Sie die entsprechenden *Übungen* (S. 200). (Hören Sie sich die Radioausschnitte an, sooft Sie wollen, versuchen Sie aber, nicht auf die Texte im Begleitheft zu sehen. Im Buch finden Sie Vokabeln und Erklärungen abgedruckt, die Ihnen das Verständnis erleichtern.)

Machen Sie die offenen Sprechübungen im Abschnitt *Sprechen Sie selbst* (S. 202). Hören Sie sich dann zum Vergleich die Beispielversionen auf der CD an.

Hören Sie sich alle Dialoge und Radiotexte noch einmal ohne Buch an.

1 (4/23)

110 electric things!

Cathy ist erstaunt, wie viele elektrische Geräte sie in ihrem Haushalt hat.

C: I came back last year from a business trip to Africa and my daughter arrived at the door and said, "Mum, I have a science assignment in which I have to list how many electric things we have in the house, and how many do you think there are?" I said, "Oh, probably 30 or 35." And she said, "110, you're wrong!" And I said, "We can't have 110 electric things!" And she then showed me her list which absolutely astounded me. We had not only lamps and radios an TVs and stereos, which were the things that I had thought of, but electric clocks, hair dryers, and the kitchen was loaded with electric things - a mixer, a toaster, a coffee pot, a grinder, in addition to the normal things like refrigerator, freezer, washer, dryer; and then we had things like an enlarger in the darkroom, a vacuum cleaner, a typewriter that was an electric one, a word processor, and finally a timer to turn all the devices on and off.

hairdryer	Fön
mixer	Mixgerät
coffee pot	Kaffeekanne, *hier:* Kaffeemaschine
grinder	Kaffeemühle
freezer	Gefriertruhe
washer (= washing machine)	Waschmaschine
dryer	Trockenschleuder
enlarger	Vergrößerungsgerät
darkroom	Dunkelkammer
vacuum cleaner	Staubsauger
typewriter	Schreibmaschine
word processor	Textcomputer
timer	Zeituhr
to turn on	anstellen
to turn off	abstellen

I have a science assignment Ich habe eine Physikaufgabe (zu machen); **science** (Naturwissenschaft) bezieht sich hier auf das Schulfach Physik; **assignment** Auftrag, Projekt, hier: Schulaufgabe. Es gibt auch das Verb **to assign: The pupils were assigned homework** Die Schüler bekamen Hausaufgaben zu erledigen. (Vgl. auch *Unit 11*, Leseübung 3: **A tutor will be assigned to you** Ein Tutor wird Ihnen zugeteilt werden.)

► **electric things** elektrische Dinge, d. h. Geräte. Andere Ausdrücke wären **electric appliances** oder **electric devices** (elektrische Geräte). Merken Sie sich auch ► **electricity** (Elektrizität).

► **And then she showed me her list which absolutely astounded me** Und dann zeigte sie mir ihre Liste, die mich absolut umwarf (wörtlich: erstaunte). Siehe auch ► **astonishment** (Erstaunen): **To my astonishment I found 110 electric things** Zu meinem Erstaunen fand ich 110 elektrische Geräte.

The kitchen was loaded with electric things Die Küche war mit elektrischen Geräten gespickt (wörtlich: beladen). Beachten Sie auch den umgangssprachlichen Ausdruck **to be loaded:** betucht, d. h. reich sein.

in addition to the normal things zusätzlich zu den normalen Geräten (d. h. Geräten, die jeder in der Küche hat).

TVs and stereos (= television and stereo sets) Fernsehapparate und Stereoanlagen.

Übung 1

A pyramid. Versuchen Sie, dieses Pyramidenrätsel zu lösen, wenn Sie glauben, Dialog 1 völlig verstanden zu haben. Übersetzen Sie die deutschen Definitionen ins Englische, die anderen sind auf Englisch. Striche in den Kästchenreihen bedeuten, dass ein neues Wort beginnt.

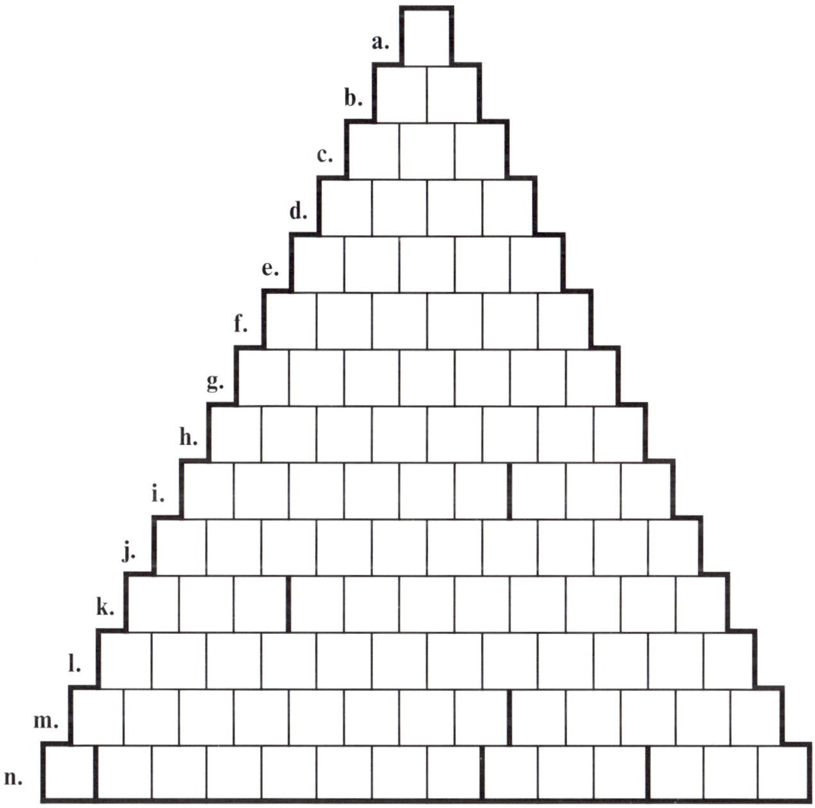

a. „ein …
b. … Fernseh…
c. … gerät“
d. „Haar…
e. … trockner“
f. You clean dirty clothes in it
g. You keep frozen food in it
h. Useful for photography
i. You make a hot drink in it
j. „Schreibmaschine“
k. „Die Dunkelkammer“
l. This is not as cold as g
m. You always know the exact time with this
n. Number of electric things in Cathy's home

Übung 2

Sort it out. Unten sehen Sie drei Zimmer in Cathys Haus – die Küche, das Arbeitszimmer und das Wohnzimmer. In jedem Zimmer befinden sich einige elektrische Geräte, die nicht dorthin gehören. Schreiben Sie sie unter jedes Bild.

a. ______________________________

b. ______________________________

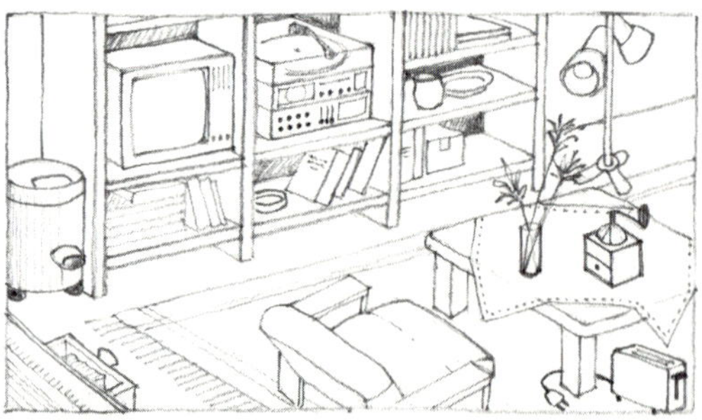

c. ______________________________

Übung 3 (4/24)

Diese Sprechübung ist wieder etwas offener. Ein Marktforscher interviewt Sie und fragt Sie, was für elektrische Geräte Sie in Ihrem Haushalt haben.

Wenn Sie das Gerät besitzen, nach dem Linda Sie fragt, sagen Sie: *Yes, I've got one of those,* wenn nicht, sagen Sie: *No, I haven't got one of those.*

Zum Schluss sollen Sie Geräte aufzählen, die Sie besitzen, die aber im Interview nicht erwähnt wurden. Zählen Sie sie auf und fangen Sie an mit: *Well, I've got …*

2 (4/25)

Technology changes so quickly

Jim erzählt, wie sein Haushalt nach und nach automatisiert wurde.

Jim: We got a word processor recently and before that we had a video. The video I thought was a bit of a luxury but in fact it's been very useful. When you have a small child and you don't want the child to watch television all the time you can make sure that you record one of the specific children's programmes. During the day, say around four o'clock, the child is tired, comes home from school. You can say: Okay, just watch TV for half an hour, and when TV is finished you can have your supper.

The word processor we got … It was so difficult to find out which one was the best one to get. In many respects, technology changes so quickly. Whichever one you get, it's going to be out of order in about three months, six months time.

word processor	Textcomputer
a bit of a luxury	ein ziemlicher Luxus(artikel)
supper	(frühes) Abendbrot
in many respects	in vieler Hinsicht
technology	Technologie; moderne Technik

... you can make sure that you record the specific children's programmes ... man kann darauf achten, dass man die speziellen Kinderprogramme aufnimmt. **To record** (aufnehmen), **recording** (Aufnahme), **to make sure** (wörtlich: sicherstellen, sich vergewissern): **Make sure that you lock the door** Schließ die Tür auch ganz bestimmt ab.

around four o'clock so um vier Uhr herum. Um diese Zeit kommen die Schulkinder in England von der Schule nach Hause. So gut wie alle Schulen sind Ganztagsschulen, d.h. der Unterricht dauert von etwa 9 Uhr morgens bis 16 Uhr nachmittags. Das Mittagessen wird in der Schule eingenommen; samstags ist schulfrei.

Just watch TV for half an hour Sieh mal gerade eine halbe Stunde lang fern. **Just** (gerade) hat auch andere Bedeutungen: **a just verdict** ein gerechtes Urteil; **he's here for just an hour** Er ist nur für eine Stunde hier.

out of order heißt eigentlich „außer Betrieb". Jim hätte sagen sollen: **It's going to be out of date** Es wird überholt sein. **Out of order** wird gelegentlich für **out of date** gebraucht, vor allem um London herum.

Übung 4

Ordnen Sie die Wendungen aus dem Dialog (links) ihrer richtigen deutschen Bedeutung (rechts) zu. Beispiel: a/VI.

a. recently	I. speziell hergestellt
b. a bit of	II. in vieler Hinsicht
c. specific	III. ziemlich
d. make sure	IV. ungefähr
e. in many respects	V. sicherstellen
f. so quickly	VI. vor nicht langer Zeit
g. around	VII. so schnell

Übung 5

True or False? Welche von den Sätzen unten stimmen und welche nicht? Schreiben Sie die entsprechenden Buchstaben in die Kästchen hinter *True* oder *False.*

a. Jim thinks that the video was essential.
b. The video has proved to be very useful.
c. Jim doesn't record children's programmes on the video.
d. When he bought the word processor, Jim wasn't sure which one to buy.
e. Word processors are soon out of date.

True			
False			

essential · notwendig, unumgänglich

Übung 6 4/26

Auch diese Sprechübung ist „offen". Martin fragt Sie nach Ihrer Meinung zu diversen modernen Einrichtungen: Halten Sie ein bestimmtes Gerät für Luxus oder für notwendig? Antworten Sie entweder mit *I think that it's a bit of a luxury*

(Ich halte das für einen ziemlichen Luxus) oder mit *I think it's essential* (Ich halte das für notwendig) – je nachdem, wie Ihre Meinung ist.

3 (4/27)

If I ever won the football pools ...

Jack fragt zwei Leute – zuerst den Restaurantbesitzer Chris, dann seinen Freund Gerald – was sie mit viel Geld machen würden.

(J = Jack, C = Chris, G = Gerald)

J: OK, Chris, £ 5.000. What are you going to spend it on? New technology?

C: Well, Jack, five thousand pounds, that gives me just about enough to get a good, modern dishwashing unit to replace the two very old and very dilapidated bits we've got at the moment.

G: Well, I always had an ambition that if ever I won the football pools – and as I don't do them, the chance of me winning them is pretty unlikely – I would buy myself a Rolls-Royce estate car. And do you know, the other day I was in Hanover Square, and one came around the corner. Some so-and-so has beaten me to it. I've now got to find another ambition in life.

Was würde Jack selbst kaufen?

J: Well, I think a nice luxury in the house would be to have all the lighting systems controlled from central panels in each room.

to replace	ersetzen
a dishwashing unit	Satz von Geschirrspülmaschinen
dilapidated	verkommen, verfallen
bits *(pl)*	*hier:* Stücke, Geräte

► **If I ever won the football pools ...** Wenn ich jemals im Fußballtoto gewänne ... Beachten Sie den Gebrauch des Konjunktivs nach **if** (wenn, falls). Im Englischen ist die Konjunktivform identisch mit der einfachen Vergangenheit: **If I had a lot of money ...** Wenn ich viel Geld hätte ... **If we came home early ...** Wenn wir früh nach Hause kämen ... (Siehe Grammatik *Unit 7*).

► **I would buy myself a Rolls-Royce estate car** ... würde ich mir einen Rolls-Royce-Kombi kaufen. So ein Rolls-Royce-Typ ist äußerst selten und wird nicht serienmäßig hergestellt, deshalb möchte Gerald einen haben. **Would** (würde) ist eine weitere Möglichkeit, „wenn"-Situationen auszudrücken und wird häufiger gebraucht als der Konjunktiv. Beachten Sie aber, dass sein Gebrauch nach **if** nicht möglich ist, da muss der Konjunktiv stehen.

Hanover Square Platz im vornehmen Londoner Viertel Mayfair.

Some so-and-so has beaten me to it Irgendein Herr So-und-So ist mir zuvorgekommen. **To beat someone to it** ist umgangssprachlich für „jemandem zuvorkommen": **I wanted to get there first, but you beat me to it** Ich wollte zuerst da sein, aber du hast mich geschlagen/bist mir zuvorgekommen.

► **I've now got to find another ambition in life** Ich muss nun ein anderes Ziel im Leben finden. **Ambition** heißt wörtlich Ehrgeiz, siehe weiter oben im Dialog: **I**

always had an ambition... Ich hatte immer den Ehrgeiz . . .
▶ Es gibt auch ein Adjektiv **ambitious** (ehrgeizig).

I think a nice luxury ... would be to have all the lighting systems controlled from central panels Es wäre schön (wörtlich: ich glaube, es wäre ein netter Luxus), alle Beleuchtungsanlagen von zentralen Schalttafeln aus steuern zu lassen. **To have** plus Partizip Perfekt wird häufig mit „lassen" übersetzt: **I think I'll have my hair cut** Ich glaube, ich lasse mir die Haare schneiden, **We'll have that arranged** Das lassen wir arrangieren.

Übung 7

Es folgen einige Verständnisfragen zu Dialog 3. Beantworten Sie sie entweder mit *Yes, he would* oder *No, he hasn't* oder einer anderen entsprechenden Kurzform – am besten auf einem gesonderten Blatt Papier.

a. Would Chris get himself a useful appliance for his restaurant? ...
b. Has he already got a modern dishwashing machine? ...
c. Does Gerald play the football pools? ...
d. Would he buy a very unusual car? ...
e. Did Gerald ever see the car of his dreams in the street? ...
f. Would Jack improve the lighting systems in his house? ...

Übung 8

What would they do if . . . ? Sie wissen, was Gerald sich kaufen würde, wenn er viel Geld hätte (Bild a.). Sehen Sie sich nun die anderen Zeichnungen an und schreiben Sie (nach dem Beispiel von a.), was *diese* Personen machen würden.

a. Gerald would buy himself a Rolls-Royce estate car.

b. Chris ______________________________

____

c. Doris ______________________________

____

d. Mark ______________________________

____

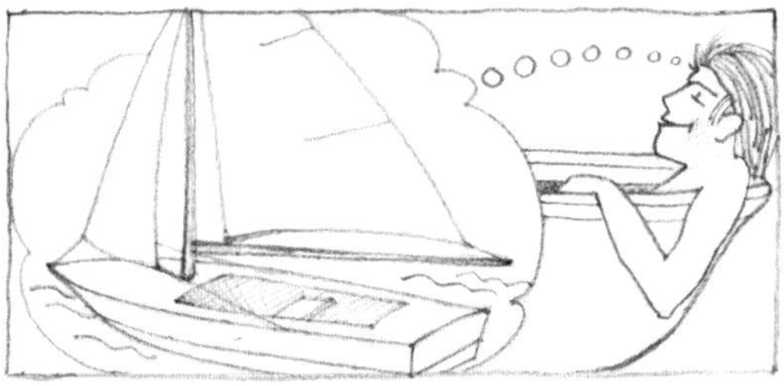

e. Francis ______________________________

____

f. Catherine ______________________________

____

Übung 9 4/28

From five pounds to five thousand pounds. In der Sprechübung fragt Linda Sie, was Sie mit einer bestimmten Geldsumme machen würden. Antworten Sie ihr, nachdem Sie Andreas zugehört haben.

What would you do if ...	**Was würden Sie machen, wenn ...**
If I ever won the pools/had a lot of money ...	Wenn ich im Lotto gewinnen würde/ viel Geld hätte ...
I would buy myself ...	... würde ich mir ...
a washing machine	eine Waschmaschine kaufen
a word processor	einen Textcomputer kaufen
a freezer	eine Gefriertruhe kaufen
a mixer	ein Mixgerät kaufen
a stereo	eine Stereoanlage kaufen
a television (set)	einen Fernseher kaufen
a video	ein Videogerät kaufen
I think a computer is essential/ a bit of a luxury	Ich finde, einen Computer braucht man/ ein Computer ist ziemlicher Luxus
electric devices/appliances	elektrische Geräte
electricity	Elektrizität
technology	Technologie, Technik
It absolutely astounded me/ to my astonishment	Es erstaunte mich sehr/zu meinem Erstaunen
My ambition was ...	Mein Ziel/Ehrgeiz bestand darin ...
ambitious	ehrgeizig

Leseübungen

1

Technology is everywhere. Lesen Sie sich diese vier Anzeigen durch, die alle für diverse Geräte für Haushalt und Büro werben. Entscheiden Sie dann, wovon in jeder Anzeige die Rede ist, und ordnen Sie die entsprechenden Bezeichnungen unter dem Text den Anzeigen zu.

copying machines/copiers · Fotokopiergeräte
demonstrations · Vorführungen
trials · Probezeiten (zum Testen der Geräte)
service by expert technicians · *hier:* Wartung durch Experten
delivery of copier supplies · Versorgung der Maschinen mit dem nötigen Material wie Papier und anderem Zubehör
trade-in · Inzahlungnahme
to rent · mieten
consultancy · Beratung
full friendly technical support and training · kompletter, freundlicher technischer Service sowie Unterweisung/Einweisung (in den Gebrauch des Geräts)
supplies catalogue · Zubehörkatalog
GEC Esprit/Envoy · Telefontypen der Firma GEC
a cordless · ein drahtloses (Telefon)
with built-in intercom · mit eingebauter Gegensprechanlage
base unit · *hier:* Hauptapparat
Customer Hotline · Telefon-Kundendienst
restrictions · Beschränkungen
designed · entworfen, geplant
simplicity itself · die Einfachheit selbst
auto playback · automatisches Playback
to rewind · zurückspulen
remote control · Fernbedienung

COPYING MACHINES

MAIN LONDON AGENTS
FOR TOSHIBA COPIERS

SAME DAY

DEMONSTRATIONS
TRIALS
SERVICE BY
EXPERT TECHNICIANS.
DELIVERY OF COPIER SUPPLIES.
LEASE, RENT OR BUY.
HIGH DISCOUNTS AND TRADE-INS.

a. ______________________

Part of the family.

The Esprit is the latest model in GEC's range of house phones. It's a range designed to free you – and your family – from traditional restrictions.

The GEC Envoy, for instance, is a cordless with built-in intercom – so you can chat with anyone at the base unit. The intercom costs you nothing to use – while the Envoy costs only

£ 159.95.

Whichever phone you choose, make sure it's from GEC. No one else can give you such high standards for such low prices.

Available now!

See it at your local phone shop – or ring one of your Customer Hotlines for full information.

b. ______________________

ACT sirius 1 apricot

- FREE CONSULTANCY AND ON SITE DEMONSTRATIONS
- WIDE RANGE OF BUSINESS PROGRAMS
- FULL FRIENDLY TECHNICAL SUPPORT AND TRAINING
- MICRO ENGINEERING
- FREE-COMPUTER SUPPLIES CATALOGUE

c. ______________________________

Sony SLF 30

- ✱ Cordless remote control
- ✱ Simplicity itself to use
- ✱ Auto playback and rewind*
- ✱ Ultra slim styling

* FREE VIDEOTAPES WITH VOUCHER

£39.95
PER MONTH

d. ______________________________

Video · House phones
Photo copiers · Computers

2

Beantworten Sie nun diese Fragen zu den Anzeigen:

a. Welches Gerät kann man monatlich abzahlen?
b. Welche Geräte sind eher für den Hausgebrauch als fürs Büro geeignet?
c. Welche Geräte könnte man vom Sessel aus bedienen?
d. Welche Firma würde ein altes Gerät in Zahlung nehmen, falls man ein neues kauft?
e. Welches Gerät braucht man nicht unbedingt gleich zu kaufen?

Einige Aspekte des Gerundiums

In Dialog 3 dieser *Unit* sagt Gerald folgenden Satz:
The chance of me winning the football pools is pretty unlikely.
Of me winning ist eine Gerundiumkonstruktion.

Wörtlich ins Deutsche übersetzt, würde der Satz ungefähr so lauten:
Die Chance meines Gewinnens im Fußballtoto ist ziemlich unwahrscheinlich.
Das Gerundium *(winning)* entspricht also dem substantivierten Verb *(Gewinnen).*
Weitere Beispiele:
Give up *smoking!*
Gib' das Rauchen auf!
I like *reading.*
Lesen macht mir Spaß.
Hiking in the mountains is very exhausting.
Das Wandern in den Bergen ist sehr anstrengend.

Das Gerundium steht häufig nach Präpositionen und ermöglicht eine knappe und prägnante Ausdrucksweise.
Im Deutschen werden dann häufig Nebensätze gebraucht:

He was proud *of* winning the race.
Er war stolz, dass er das Rennen gewonnen hatte.
She has a habit *of* biting her nails.
Sie hat die Angewohnheit, auf den Nägeln zu kauen.
She succeeded *in* losing 10 pounds per week.
Sie schaffte es, pro Woche 10 Pfund abzunehmen.
He is used *to* working hard.
Er ist an hartes Arbeiten gewöhnt/Er ist daran gewöhnt, hart zu arbeiten.

Übung 1

Übersetzen Sie diese Sätze ins Englische und benutzen Sie dabei das Gerundium:

a. Das Schwimmen im Meer ist wunderbar.
b. Ich hörte sein lautes Singen.
c. Sie ist stolz darauf, wie ein Filmstar auszusehen.
d. Er schaffte es, zuerst dort anzukommen.
e. Wir sind daran gewöhnt, früh aufzustehen.

Das Gerundium mit eigenem Subjekt

Betrachten Sie noch einmal den eingangs erwähnten Satz:
The chance of *me* winning the pools is pretty unlikely. (Die Möglichkeit, dass ich im Toto gewinne, ist ziemlich unwahrscheinlich.)

Das unterstrichene Pronomen *(me)* ist das Subjekt des Gerundiums. Ohne dieses Subjekt hätte der Satz einen anderen, allgemeineren Sinn:
The chance of winning the football pools is pretty unlikely. (Die Möglichkeit, im Toto zu gewinnen, ist ziemlich unwahrscheinlich.)

Das Subjekt des Gerundiums kann entweder ein Substantiv oder ein Pronomen sein:
You can't rely on *the train* being on time.
Man kann sich nicht darauf verlassen, dass der Zug pünktlich ist.
There is no hope of *an outsider* winning the race.
(Es besteht keine Hoffnung, dass ein Außenseiter das Rennen gewinnt.)
Would you mind *me* shutting the window?
(Macht es Ihnen etwas aus, wenn ich das Fenster schließe?)
I remember *him* seeing the film.
(Ich erinnere mich daran, dass er den Film gesehen hat.)

Übung 2

Diese Sätze enthalten Gerundien mit und ohne eigenes Subjekt. Übersetzen Sie sie ins Deutsche.

a. Would you like coming to the party?
b. Would you like me coming to the party?
c. I don't like smoking cigars.
d. I don't like my father smoking cigars.
e. There's no hope of catching the plane.
f. There's no hope of the passengers catching the plane.

Radioübungen

Technology in hospitals. Ein brandneuer Scanner ist im *Brighton Hospital* eingetroffen. Hören Sie sich den Kurzbericht von *Southern Sound* mit Hilfe der Vokabeln gut an und nehmen Sie, wenn nötig, den abgedruckten Text im Begleitheft zu Hilfe. Machen Sie dann die beiden unten stehenden Übungen.

the most advanced body scanner · der modernste Scanner (= Körperabtastgerät)
Charles Honeysett Unit · Charles Honeysett-Station (nach einem privaten Spender und Wohltäter benannt)
to replace · ersetzen
the makers · die Hersteller
comprehensive · umfassend
sophisticated · raffiniert; kompliziert
to diagnose · diagnostizieren
spinal problems · Beschwerden, die mit der Wirbelsäule zu tun haben (*spine* = Rückgrat, Wirbelsäule)
injuries *(pl)* · Verletzungen

to trace · entdecken, aufspüren
cancer · Krebs (die Krankheit)
to be operational · in Gebrauch sein
Royal Sussex County Hospital · ein großes Krankenhaus in Brighton, Sussex
Charles Honeysett · Millionär in Brighton, der den Scanner gestiftet hat. Man nennt solche Leute *benefactors* (Wohltäter, Geldgeber)
Brighton Health Authority · Gesundheitsamt in Brighton
South East Thames Region · ein weiterer Verwaltungsbezirk des National Health Service (des staatlichen britischen Gesundheitsdienstes)

1 (4/29)

Lesen Sie nun die Zusammenfassung der Reportage und füllen Sie die fehlenden Wörter ein.

A hospital in Brighton has received a new (a) ____________ (b) ____________ for its Charles (c) ____________ unit; it will (d) ____________ the existing old one. Mr Honeysett's (e) ____________ have paid half the money. The new machine will be used to (f) ____________ (g) ____________ . It is so (h) ____________ that it can also be used to (i) ____________ spinal (j) ____________ .

2

Füllen Sie die Wörter, die Sie oben in den Text eingesetzt haben, in die Kästchen dieses Rätsels ein (von a. bis j., wie angegeben). Die Buchstaben in der Mittelsäule ergeben, von oben nach unten gelesen, eine Bezeichnung für Leute wie Mr. Charles Honeysett.

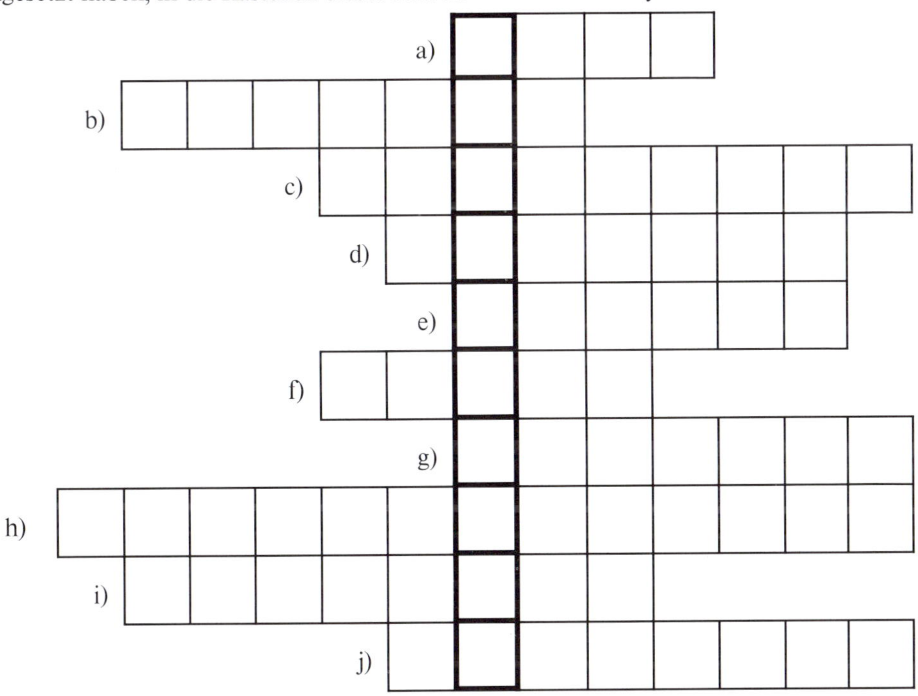

Computers for Transport. Der zweite Radioauszug schildert, wie ein Mikrocomputer zur Verbesserung eines Busnetzes beigetragen hat, d. h. die Busgesellschaft kann nun ihre Fahrpreistabellen viel schneller auf den neuesten Stand bringen. Hören Sie sich den Auszug an, dann machen Sie Übung Nr. 3.

to win an award · einen Preis/eine Auszeichnung gewinnen
to help cut costs · helfen, die Kosten zu senken
accountant · Buchhalter(in)
issued by · *hier:* verliehen von
fare tables *(pl)* · Fahrpreistabellen, Tariftafeln
previously · zuvor
considerable · beträchtlich
to produce the fare table on artwork · die Fahrpreistabelle graphisch aufzeichnen
fare increases · Fahrpreiserhöhungen
a revised print · einen revidierten Abdruck
for each service · *hier:* für jede Buslinie
the initial cost · die anfänglichen Kosten
covered · gedeckt (von Kosten)
savings · Einsparungen
payments · Ausgaben, Zahlungen
South Down Bus Company · Busgesellschaft in den South Downs, d. h. den Hügeln in der Gegend von Brighton
National Bus Company · britische Busgesellschaft

3 (4/30)

True or False? Lesen Sie sich die Sätze durch und entscheiden Sie, ob diese im Zusammenhang mit dem Radioauszug entweder richtig *(True)* oder falsch *(False)* sind. Kreuzen Sie das entsprechende Kästchen an.

a. South Down Bus Company won an award. | T | F |
b. Rosemary Holland is the Chairman of South Down. | T | F |
c. They won the award four years ago. | T | F |
d. Their micro-computer system produces fare tables. | T | F |
e. The micro-computer system is cheaper than the methods they previously used. | T | F |
f. The drivers don't have to see the new fare tables. | T | F |

Sprechen Sie selbst

1 (4/31)

Der vollautomatisierte Haushalt. Was meinen Sie, welche Geräte der moderne Haushalt unbedingt braucht? Denken Sie an Einrichtungen in der Küche, im Wohnzimmer, Badezimmer usw. und sagen Sie, was Sie für wichtig halten. Auf der CD gibt Ihnen Linda ein Beispiel.

2 (4/32)

Technology gone mad. Was würden Sie alles in Ihrer Wohnung/Ihrem Haus installieren, wenn Sie viel Geld hätten und sich das Modernste leisten könnten? Lassen Sie Ihrer Phantasie freien Lauf, so wie es Martin auf der CD tut.

Wortschatz

Die Zahlen am Ende jedes Eintrags verweisen auf die *Unit(s)*, in der bzw. in denen das Stichwort in den angegebenen Zusammenhängen auftritt.

A

able [ˈeɪbl] – *I was finally able to get him on the telephone.* Ich schaffte es endlich, ihn telefonisch zu erreichen. / *He wasn't able to do anything.* Er konnte überhaupt nichts (d. h. er war völlig unfähig). 1, 6

about [əˈbaʊt] – *What was that all about?* Worum ging's denn dabei? / *loll about in the river* sich im Fluss ‚aalen' / *The thing that was nice about it was ...* Was mir besonders gut gefiel, war ... / *to be about to do something* im Begriff sein, etwas zu tun 2, 6, 9

above and beyond [əˈbʌv] darüber hinaus 10

abroad [əˈbrɔːd] – *from abroad* aus dem Ausland 4

absentmindedly [æbsəntˈmaɪndɪdlɪ] geistesabwesend 8

absolutely [ˈæbsəluːtlɪ] über alle Maßen, absolut 5

accident [ˈæksɪdənt] Unfall 6

accommodation [əkɒməˈdeɪʃn] Unterkunft 3

accompaniment [əˈkʌmpənɪmənt] Begleitung 7

according to their type [əˈkɔːdɪŋ] je nach Sorte 7

accountant [əˈkaʊntənt] Buchhalter 12

accumulate [əˈkjuːmjʊleɪt] ansammeln 10

achieve [əˈtʃiːv] erreichen 11

actor [ˈæktə] Schauspieler 9

actress [ˈæktrɪs] Schauspielerin 3

actually [ˈæktʃʊəlɪ] tatsächlich – *He actually enjoyed his holiday ...* Ihm hat der Urlaub (doch) tatsächlich Spaß gemacht ... / *You can't actually do it all day long.* Man kann es eigentlich nicht den ganzen Tag lang machen. 2

addition [əˈdɪʃn] – *in addition to* zusätzlich zu 12

address oneself to someone [əˈdres] sich an jemanden wenden, jemanden ansprechen 9

administration [ədmɪnɪˈstreɪʃn] Verwaltung 10

adult [ˈædʌlt] Erwachsener 6

advance [ədˈvɑːns] – *in advance* im Voraus 1

advanced [ədˈvɑːnst] fortschrittlich, modern 12

advantage [ədˈvɑːntɪdʒ] Vorteil 1

adventure [ədˈventʃə] Abenteuer 2

advise [ədˈvaɪz] beraten 11

aeroplane [ˈeərəpleɪn] Flugzeug 4

affect [əˈfekt] beeinträchtigen 8

age [eɪdʒ] – *the age of steam and latterly diesel* das Zeitalter der Dampf- und später Diesel-Lokomotiven / *in ages* seit langem 3, 5

agent [ˈeɪdʒənt] Vertreter 12

ago [əˈgəʊ] – *a few years ago* vor ein paar Jahren 1

agonizing [ˈægənaɪzɪŋ] qualvoll 6

agony [ˈægənɪ] – *At first it was agony.* Zuerst war es schlimm. / *I'm in agony.* Ich habe starke Schmerzen. 6

aim (at) [eɪm] zielen (auf), sich richten auf 8

aims [eɪmz] Zielsetzungen 10

airline [ˈeəlaɪn] Fluggesellschaft 4

alarm [əˈlɑːm] Schreck, Bestürzung, Alarm – *Poppy was really more alarmed than I was.* Poppy hat sich mehr geängstigt als ich. 2

alarming [əˈlɑːmɪŋ] beunruhigend 2

all of a sudden [ɔːl] ganz plötzlich 2

all right [ɔːl ˈraɪt] in Ordnung 4

allow extra time [əˈlaʊ] planen Sie extra Zeit ein 4

almonds [ˈɑːməndz] Mandeln 5

alternate shift [ɔːlˈtɜːnət] Wechselschicht 10

a. m. (= ante meridiem) [eɪˈem] vormittags 7

amazing [əˈmeɪzɪŋ] erstaunlich; phantastisch 8, 9

ambition [æmˈbɪʃn] Ehrgeiz 12

ambitious [æmˈbɪʃəs] ehrgeizig 12

ambulance [ˈæmbjʊləns] Krankenwagen 11

amid controversy [əˈmɪd] unter Auseinandersetzungen 11

amount [əˈmaʊnt] Menge, Anzahl 3

ample [ˈæmpl] mehr als ausreichend 2

amuse oneself [əˈmjuːz] sich amüsieren 2

annual leave [ˈænjʊəl ˈliːv] Jahresurlaub 10

another [əˈnʌðə] ein weiterer, noch einer 1

anti-biotics [æntɪbaɪˈɒtɪks] Antibiotika 6

anti-diarrhoea [æntɪdaɪəˈrɪə] gegen Durchfall 6

anything [ˈenɪθɪŋ] – *A few years ago I could eat anything I liked.* Vor ein paar Jahren konnte ich (noch) alles essen, was ich wollte. 1

apart (from) [əˈpɑːt] abgesehen (von) 6

appeal to somebody [əˈpiːl] jemandem zusagen, jemandem gefallen 2

appearance [əˈpɪərəns] Teilnahme (wörtlich: Erscheinen) 1

appliance [əˈplaɪəns] Gerät 12

appliances in the home [əˈplaɪənsɪz] Haushaltsgeräte 6

apply [əˈplaɪ] – *The same applies to ...* Dasselbe trifft auf ... zu / *apply for extensions* um Verlängerungen nachsuchen 7

argue [ˈɑːgjuː] streiten, diskutieren 8

around [əˈraʊnd] – *around coming home time at about five* um die Heimkehrzeit herum, gegen fünf / *around 6 o'clock* so um sechs Uhr 8, 10

arrange a visit [əˈreɪndʒ] einen Besuch arrangieren 1

array [əˈreɪ] Aufgebot (hier: an Getränken) 9

arrival [əˈraɪvəl] Ankunft 4

arrive [əˈraɪv] ankommen 3

art [ɑːt] Kunst 8

arts [ɑːts] Geisteswissenschaften 11

as follows [æz / əz] wie folgt 9

as though [æz / əz] als ob 8

aspect [ˈæspekt] Aspekt, Seite (einer Sache) 10

assign [əˈsaɪn] zuweisen 11

assignment [əˈsaɪnmənt] Auftrag, Projekt, (hier:) Schulaufgabe 12

assume [ə'sju:m] annehmen, vermuten 1
asthma ['æsmə] Asthma 6
astonishment [ə'stɒnɪʃmənt] Erstaunen 12
astound [ə'staʊnd] erstaunen 12
at short notice [æt / ət] kurzfristig 10
athletics [æθ'letɪks] Leichtathletik 1, 8
atrocious [ə'trəʊʃəs] grauenvoll 5
attack [ə'tæk] – *I'm usually attacked by both the children.* Gewöhnlich fallen beide Kinder über mich her. / *an attack of asthma* ein Asthmaanfall 3, 6
attend [ə'tend] teilnehmen (an); (Schule:) besuchen 4, 11
audience ['ɔ:djəns] Publikum 9
auto playback ['ɔ:təʊ 'pleɪbæk] automatisches Playback 12
award [ə:wɔ:d] Preis, Auszeichnung 12
awful ['ɔ:fʊl] schrecklich 6
axe [æks] – *be axed* (coll.) abgeschafft werden 3

B

back [bæk] – *the figure that I have in the back of my mind* die Zahl, die mir vorschwebt 10
backbenchers ['bækbentʃə] (= Abgeordnete auf den hinteren Bänken) 11
background ['bækgraʊnd] (hier:) Ausbildung 11
backstage visit ['bæksteɪdʒ] Besuch hinter den Kulissen 1
bags of entertainment [bægz] ein reichhaltiges Unterhaltungsprogramm 2
bar (oder: **barring**) **Sunday** [bɑ:] außer Sonntag 7
bargain ['bɑ:gɪn] guter Kauf 5
base unit ['beɪs ju:nɪt] (hier:) Hauptapparat 12
based in London ['beɪst] mit Stammsitz in London 10
basic facts ['beɪsɪk] grundsätzliche Fakten 11
basically ['beɪsɪkəlɪ] grundsätzlich 9
beach [bi:tʃ] Strand 2
beat someone [bi:t] jemandem zuvorkommen 12
beef [bi:f] Rindfleisch 5
belligerent [bɪ'lɪdʒərənt] streitsüchtig, aggressiv 9
benefit ['benɪfɪt] – *it can only benefit the sport* es kann dem Sport nur zugute kommen 1
beyond imagination [bɪ'jɒnd] jenseits aller (menschlichen) Vorstellung 9
bill [bɪl] Rechnung 5
billiards ['bɪljədz] Billard(spiel) 7
bits [bɪts] (hier:) Stücke, Geräte 12
blanket ['blæŋkɪt] Decke (zum Zudecken) 2
blood [blʌd] Blut 6
bobby ['bɒbɪ] (= englischer Polizist) 11
body scanner ['bɒdɪ 'skænə] Scanner, Körperabtastgerät 12
book a flight [bʊk] einen Flug buchen 4
books [bʊks] (hier:) (Geschäfts-)Bücher 11
boom [bu:m] (Segel-)Baum 2
boost [bu:st] – *it'll be a boost to the Crawley Club* es wird dem Crawley-Club Auftrieb geben 1
bottle party ['bɒtl] ‚Flaschenparty' (= die Gäste bringen eigene Getränke mit) 7
bottled ['bɒtld] abgefüllt 9
brands [brændz] Handelsmarken 5
breeze [bri:z] leichter Wind, Brise 1
brick [brɪk] Ziegelstein 3
bride [braɪd] Braut 8
bridle way ['braɪdl] Reit- und Fahrweg 3
brief someone [bri:f] jemanden informieren, jemanden in etwas einweisen 11
bronchitis [brɒŋ'kaɪtɪs] Bronchitis 6
brush up [brʌʃ 'ʌp] aufpolieren (z. B. Kenntnisse) 1
buffet ['bʊfeɪ] (kaltes) Buffet 7
bug [bʌg] – *There's a bug going round.* Ein Virus grassiert. 6
building site ['bɪldɪŋ saɪt] Baustelle 5
built-in intercom ['bɪltɪn] eingebaute Gegensprechanlage 12
bunch [bʌntʃ] Gruppe, Haufen – *a bunch of flowers* ein Blumenstrauß 11
busy ['bɪzɪ] belebt, beschäftigt 5
butcher ['bʊtʃə] Metzger, Fleischer 5
buzz [bʌz] Summen; summen – *it gives you a bit of a buzz* (hier:) es macht einen ein bisschen high 9
by [baɪ] – *by the seaside* am Meer 2

C

cabinet ['kæbɪnɪt] Kabinett 11
call [kɔ:l] – *call out the coastguards* die Küstenwache rufen / *the train calls here* der Zug hält hier 2, 4
camp site → **camping site**
camping ['kæmpɪŋ] – *go camping* zelten gehen / *camping in the open* ‚wild', d. h. im Freien zelten 2
camping site ['kæmpɪŋ saɪt] Campingplatz 2
cancer ['kænsə] Krebs (= Krankheit) 12
cap something [kæp] (coll.) etwas die Krone aufsetzen 6
capability [keɪpə'bɪlətɪ] Fähigkeit 6
capable ['keɪpəbl] – *Nobody was capable of doing anything.* Keiner war in der Lage, irgendetwas zu tun. 6
capsule ['kæpsju:l] Kapsel 6
car [kɑ:] Auto 1
card [kɑ:d] Karte 1
cardamom seeds ['kɑ:dəməm] Kardamomkerne 7
carry ['kærɪ] – *a story carried in most of the papers ...* eine Geschichte, die von den meisten Blättern aufgegriffen wurde ... 8
cartoon [kɑ:'tu:n] Zeichentrickfilm 8
case [keɪs] Fall 3
cash [kæʃ] bar, Bargeld 4

catch [kætʃ] (**caught** [kɔːt] **-have caught**) – *It caught my eye.* Es fiel mir auf. 9
cater ['keɪtə] – *We cater for them.* Wir versorgen sie. / *The hospital caters for the entire area.* Das Krankenhaus versorgt den gesamten Bereich. 9
catering ['keɪtərɪŋ] Restaurant- und Partyservice 5
cause [kɔːz] Ursache; verursachen 6
cave and mountain rescue [keɪv] Berg- und Höhlenwacht 11
celebrate ['selɪbreɪt] feiern 2
celebration [selɪ'breɪʃn] Feier 2
centigrade ['sentɪgreɪd] (Grad) Celsius 1
certain ['sɜːtn] – *a certain amount* ein gewisser Betrag 3, 9
c/h (= central heating) Zentralheizung 2
chairman ['tʃeəmən] Vorsitzender 11
chance [tʃɑːns] Gelegenheit, Chance 1
change [tʃeɪndʒ] – *What if he changes his mind?* Was ist, wenn er seine Meinung ändert? / *Do I have to change here?* Muss ich hier umsteigen? 1, 4
charge [tʃɑːdʒ] Eintrittsgeld; Gebühr; Eintritt verlangen 9
chat [tʃæt] Schwätzchen; schwatzen, plaudern, reden 3
chat show ['tʃæt ʃəʊ] „Talkshow" 8
cheap [tʃiːp] billig 1
chemist ['kemɪst] Drogist; Apotheker 6
cheque [tʃek] Scheck 4
choice [tʃɔɪs] Auswahl 7
Christmas pudding ['krɪsməs pʊdɪŋ] (englischer) ‚Weihnachtspudding' 2
cinema ['sɪnəmə] Kino 1
cinnamon ['sɪnəmən] Zimt 7
circulation [sɜːkjʊ'leɪʃn] Auflage 8
circulation numbers [sɜːkjʊ'leɪʃn 'nʌmbəz] Auflageziffern 8
city council ['sɪtɪ 'kaʊnsl] Stadtrat, Senat 11
civil servant ['sɪvl 'sɜːvənt] Beamte(r); Regierungsangestellter 11
civilized ['sɪvɪlaɪzd] zivilisiert 3
classical music ['klæsɪkl] klassische Musik 8
clean [kliːn] sauber – *a clean driving licence* ein Führerschein ohne Strafpunkte 5, 10
clear [klɪə] – *The road was clear.* Die Straße war frei. / *The river isn't clear of ice yet.* Der Fluss ist noch nicht eisfrei. / *The coast is clear.* Die Luft ist rein. 6
clear spells [klɪə] Aufhellungen 1
clerk [klɑːk] Angestellte(r) 4
client ['klaɪənt] Kunde 3
climb [klaɪm] klettern (auf) 1
climbing frame ['klaɪmɪŋ 'freɪm] Klettergerüst 3
clogged [klɒgd] verstopft 4
closing time ['kləʊzɪŋ] Schließungszeit 7
cloves [kləʊvz] (Gewürz-)Nelken 7
clue [kluː] Hinweis 3
coach [kəʊtʃ] Reisebus; Betreuer, Trainer 4, 8
coach service [kəʊtʃ] Busdienst 4
coast guard ['kəʊstgɑːd] Küstenwache 2
coast guards (pl.) ['kəʊstgɑːdz] Küstenwärter 2
cobbled ['kɒbld] kopfsteingepflastert 1
cocktail ['kɒkteɪl] Cocktail 5
cod [kɒd] Kabeljau 5
coffee pot ['kɒfɪpɒt] Kaffeekanne; (hier:) Kaffeemaschine 12
come in useful [kʌm] gelegen kommen 10
comedy series ['kɒmɪdɪ] Unterhaltungsserie 8
commercialization [kəmɜːʃəlaɪ'zeɪʃn] Kommerzialisierung 2
community [kə'mjuːnətɪ] Gemeinde; (hier:) Bevölkerung 9
community place Bürgerzentrum; (hier:) Volkstheater 9
company spirit ['kʌmpənɪ 'spɪrɪt] Firmengeist, Firmenklima 4
compare [kəm'peə] vergleichen 3
compete [kəm'piːt] wetteifern 8
competitive rates [kəm'petətɪv] konkurrenzfähige Preise 4
complete [kəm'pliːt] völlig, vollkommen 5
comprehensive [kɒmprɪ'hensɪv] umfassend 12
comprehensive school Gesamtschule 11
compulsory [kəm'pʌlsərɪ] Pflicht(-) 11
compulsory redundancy [kəm'pʌlsərɪ rɪ'dʌndənsɪ] Zwangsentlassung 10
computer-linked [kəm'pjuːtə lɪŋkt] am Computer angeschlossen 4
concentrate ['kɒnsəntreɪt] (sich) konzentrieren 2
concern [kən'sɜːn] – *because of the concern of the individuals* im Interesse der Einzelpersonen 10
concert ['kɒnsət] Konzert 2
conclude [kən'kluːd] folgern 11
conditions of employment [kən'dɪʃnz] Arbeitsbedingungen 10
conditions of service [kən'dɪʃnz] Arbeitsbedingungen 10
confirmation [kɒnfə'meɪʃn] Bestätigung 2
confuse [kən'fjuːz] verwirren 7
connecting buses [kə'nektɪŋ] Anschlussbusse 4
connectors [kə'nektəz] Anschlüsse 6
consecutive [kən'sekjʊtɪv] aufeinanderfolgend 1
consider [kən'sɪdə] betrachten, durchleuchten 8
considerable [kən'sɪdərəbl] beträchtlich 12
consistent with [kən'sɪstənt] im Einklang mit 10
consultancy [kən'sʌltənsɪ] Beratung 12
contemporary [kən'tempərərɪ] zeitgenössisch 8
content ['kɒntent] Inhalt 8
continuing effectiveness [kən'tɪnjuːɪŋ] fortgesetzte Leistungsfähigkeit 10
contract gardener ['kɒntrækt] Vertragsgärtner 10
convenient [kən'viːnjənt] passend, bequem; günstig 4
conversation [kɒnvə'seɪʃn] Unterhaltung, Konversation 1
copier supplies ['kɒpiə sə'plaɪz] Material (z. B. Papier) für Fotokopiergeräte 12
copying machine ['kɒpɪɪŋ mə'ʃiːn] Fotokopiergerät 12
cordless ['kɔːdlɪs] drahtloses Telefon 12
costs [kɒsts] Kosten 10

costume drama [ˈkɒstju:m] historisches Drama oder Fernsehspiel 3
cot [kɒt] Kinderwiege 2
cottage cheese [ˈkɒtɪdʒ] Hüttenkäse 6
cough [kɒf] Husten; husten 1
council [ˈkaʊnsl] Rat (z. B. Gemeinderat) 11
councillor [ˈkaʊnsələ] (hier:) Abgeordneter; (wörtlich:) Ratsherr, Ratsmitglied 10
country [ˈkʌntrɪ] – *go to the country* auf's Land fahren / *see an old country house* ein altes Landhaus besuchen 1
country of origin [ˈkʌntrɪ] Herstellungsland, Herkunftsland 9
county [ˈkaʊntɪ] Grafschaft (in Großbritannien) 10
county council [ˈkaʊntɪ ˈkaʊnsl] (wörtlich:) Grafschaftsrat 10
covered [ˈkʌvəd] gedeckt (Kosten) 12
crab [kræb] Krebs (= Tier) 5
crazy golf [ˈkreɪzɪ] Minigolf 2
cream [kri:m] Creme 6
creative [kri:ˈeɪtɪv] kreativ 8
credit card [ˈkredɪt ˈkɑ:d] Kreditkarte 4
crime series [ˈkraɪm ˈsɪəri:z] Kriminalserie 8
curiously [ˈkjʊərɪəslɪ] merkwürdigerweise 11
current affairs [ˈkʌrənt] Tagesfragen, Aktuelles 8
current affairs programme aktuelle Sendung 8
currently [ˈkʌrəntlɪ] momentan 9
customer hotline [ˈkʌstəmə] Telefon-Kundendienst 12
cut [kʌt] **(cut – have cut)** – *We couldn't recognize the cuts of meat.* Wir konnten nicht erkennen, wie das Fleisch geschnitten wurde. / *cut costs* Kosten senken 5, 12
cutback [ˈkʌtbæk] Kürzung, Streichung 10

D

daily [ˈdeɪlɪ] täglich 2
dance [dɑ:ns] Tanz; tanzen 1
darkroom [ˈdɑ:krʊm] Dunkelkammer 12
darts board [ˈdɑ:ts bɔ:d] Scheibe zum Pfeilwurfspiel 7
date [deɪt] Datum 1
dawn [dɔ:n] Dämmerung 9
day trip [ˈdeɪtrɪp] Tagesausflug 1, 4
deal [di:l] – *a great deal* eine Menge 10
death [deθ] Tod 10
debate [dɪˈbeɪt] Debatte 11
decide [dɪˈsaɪd] (sich) entscheiden, (sich) entschließen 5
decision [dɪˈsɪʒn] Entschluss, Entscheidung 6
definite [ˈdefɪnɪt] (hier:) fest, klar abgegrenzt 10
degree [dɪˈgri:] (Universitäts-)Abschlussexamen 11
delay [dɪˈleɪ] aufhalten 4
delicate [ˈdelɪkət] zart 8
deliver [dɪˈlɪvə] liefern 8
delivery [dɪˈlɪvərɪ] Lieferung 4
demand [dɪˈmɑ:nd] fordern 9
demonstrations [demənˈstreɪʃnz] Vorführungen 12
department store [dɪˈpɑ:tmənt stɔ:] Kaufhaus 10
departure [dɪˈpɑ:tʃə] Abfahrt, Abflug 4
departures lounge [dɪˈpɑ:tʃəz ˈlaʊndʒ] Abflughalle 4
deposit [dɪˈpɒsɪt] Anzahlung 4
designed [dɪˈsaɪnd] entworfen, geplant 12
despicable [ˈdespɪkəbl] (sehr) schlecht, verabscheuungswürdig 5
dessert [dɪˈzɜ:t] Dessert, Nachtisch 5
destination [destɪˈneɪʃn] (Ausflugs-)Ziel 1
detain [dɪˈteɪn] – *be detained in hospital* im Krankenhaus behalten werden 8
devilled chicken [ˈdevld ˈtʃɪkɪn] Paprikahühnchen 5
diagnose [ˈdaɪəgnəʊz] diagnostizieren 12
dial [ˈdaɪəl] (Telefon:) wählen 6
diction-perfect [ˈdɪkʃnˈpɜ:fɪkt] stilistisch perfekt 9
diesel [ˈdi:zl] Diesel 3
diet [ˈdaɪət] Nahrung; Diät; (hier:) Diätkost 2
different sorts of media [ˈdɪfrənt] verschiedene Materialien 3
dilapidated [dɪˈlæpɪdeɪtɪd] verkommen, zerfallen 12
dinner [ˈdɪnə] Abendessen; (auch:) Hauptmahlzeit 1
direct [dɪˈrekt] – *... is under the direct control of the Home Office ...* untersteht direkt dem Innenministerium 11
direct train [dɪˈrekt] durchgehender Zug 4
direction [dɪˈrekʃn] Richtung 2
director [dɪˈrektə] (hier:) Regisseur 3
disabled [dɪsˈeɪbld] behindert, Behinderte(r) 2
disadvantage [dɪsədˈvɑ:ntɪdʒ] Nachteil 1
discounts of goods [ˈdɪskaʊnts] Warenrabatte 10
discrimination [dɪskrɪmɪˈneɪʃn] Diskriminierung 10
discussion [dɪˈskʌʃn] Diskussion 3
dish [dɪʃ] Gericht (= Speise) 5
dishwashing unit [ˈdɪʃwɒʃɪŋ ˈju:nɪt] Satz von Geschirrspülmaschinen 12
disillusioned [dɪsɪˈlu:ʒnd] desillusioniert 8
displays [dɪˈspleɪz] (hier:) Dekorationen 5
disposable nappies [dɪˈspəʊzəbl ˈnæpɪz] Wegwerfwindeln 6
distance teaching [ˈdɪstəns] Fernunterricht 11
distinct [dɪˈstɪŋkt] deutlich verschieden 8
district [ˈdɪstrɪkt] Distrikt; Bezirk 11
dive [daɪv] (hier:) springen 8
doctor [ˈdɒktə] Arzt 11
documentary [dɒkjuˈmentərɪ] Dokumentarbericht 8
doorcatch [ˈdɔ:kætʃ] Türschnapper 6
downstairs [daʊnˈsteəz] unten (im Haus) 3
downstream [daʊnˈstri:m] flussabwärts 1
dramatization [dræmətaɪˈzeɪʃn] (wörtlich:) Dramatisierung (eines Romans usw.); (hier:) Stück, Hörspiel 8
dressing [ˈdresɪŋ] Salatsoße 7
dressing room [ˈdresɪŋrʊm] Ankleideraum, Garderobe 3
dripping [ˈdrɪpɪŋ] Bratenfett 5
driving licence [ˈdraɪvɪŋ laɪsns] Führerschein 4, 10

drizzle ['drızl] Nieselregen 1
drop [drɒp] – *the fare drops* der (Flug-)Preis geht 'runter 4
drug dealing [drʌg] Drogenhandel 8
dryer ['draıə] Trockenschleuder 12
due [dju:] – *it's due to the* ... das ist auf die ... zurückzuführen / *due to bad weather* wegen des schlechten Wetters 9
dump [dʌmp] wegwerfen 8
duties ['dju:tız] Pflichten 10
duty ['dju:tı] – *on duty* im Dienst 10

E

each [i:tʃ] – *four minutes past each hour* vier Minuten nach jeder (vollen) Stunde 4
earn 'credits' [ɜ:n] Punkte sammeln 11
earth [ɜ:θ] – *what on earth* was um Himmels willen 2
educate ['edju:keıt] ausbilden, erziehen 11
education service [edju:'keıʃn] Erziehungswesen 11
either ['aıðə] – *in either direction* in beiden Richtungen / *on either side* auf beiden Seiten 2
electric things [ı'lektrık] elektrische Dinge (Geräte) 12
electricity [ılek'trısətı] Elektrizität 12
element ['elımənt] Element 9
emergency [i:mɜ:dʒənsı] Notfall, Not- 11
end [end] – *we ended up going to a butcher* ... sind wir bei einem Metzger gelandet ... / *at the end of the day* am Ende des Tages, abends / *And what have you got at the end of the day?* Und was hat man letzten Endes davon? 5, 8, 10
endive ['endıv] Endivien 7
endless ['endlıs] zahlreich; endlos 1
energy ['enədʒı] Energie 3
enjoy [ın'dʒɔı] – *enjoy oneself* sich amüsieren / *enjoy something* etwas mögen, an etwas Gefallen finden 2
enjoyment [ın'dʒɔımənt] Vergnügen, Spaß 2
enlarger [ın'lɑ:dʒə] Vergrößerungsgerät 12
enormous [ı'nɔ:məs] enorm 9
entertain [entə'teın] unterhalten 2, 9
entertaining [entə'teınıŋ] unterhaltsam 2, 9
entertainment [entə'teınmənt] Unterhaltung; Unterhaltungsprogramm 2, 9
entirely [ın'taıəlı] völlig 11
environmentalist [ınvaıərən'mentəlıst] Umweltschützer 11
epic ['epık] – *on an epic scale* mit epischer Breite 9
essential [ı'senʃl] notwendig, unumgänglich 12
estate [ı'steıt] Kombi 4
estate agent [ı'steıt 'eıdʒənt] Häusermakler 10
eventually [ı'ventʃʊəlı] schließlich, letzten Endes 9
everybody ['evrıbɒdı] jede(r, s) 1
evidence ['evıdəns] Beweis(e) 11
except [ık'sept] außer, bis auf ... 7
exchange [ıks,tʃeındʒ] Austausch 1
excursion [ık'skɜ:ʃn] Ausflug, Exkursion 1
executive cars [ıg'zekjʊtıv] Autos für Manager und Führungskräfte 4
exhausted [ıg'zɔ:stıd] erschöpft 2
exhausting [ıg'zɔ:stıŋ] anstrengend 2
exhaustion [ıg'zɔ:stʃən] Erschöpfung 2
exhaustive [ıg'zɔ:stıv] erschöpfend 8
existence [ıg'zıstəns] – *There are many books in existence* ... Es gibt viele Bücher ... 7
expatriate [eks'pætrıət] ausgewandert 9
expect [ık'spekt] erwarten 2
experience [ık'spıərıəns] Erfahrung 9, 10
expert technicians ['ekspɜ:t tek'nıʃnz] Experten 12
eyebrows ['aıbraʊz] Augenbrauen 8

F

face-lift ['feıslıft] Schönheitsoperation (im Gesicht) 8
facilities [fə'sılətız] (hier): Einrichtungen wie Bad, Toilette usw. in jedem Zimmer / *sports facilities* Sportstätten 2, 3
fairly ['feəlı] ziemlich 3
false teeth [fɔ:ls] künstliches Gebiss 8
famous ['feıməs] berühmt 1
fancy ['fænsı] – *How do you fancy popping up to Brown's Hotel?* Was hältst du davon, schnell zu „Brown's Hotel" hinüberzuspringen? / *I can't fancy doing that.* Ich kann mir nicht vorstellen, dass ich das tun würde. / *I rather fancy going out tonight.* Ich würde heute Abend gern ausgehen. / *fancy displays* aufgetakelte Dekorationen 3, 5
fare tables ['feə] Fahrpreistabellen 12
fares ['feəz] Fahrpreise 1
farther afield ['fɑ:ðə] weiter weg 4
fashion ['fæʃn] Mode 8
fat spreads ['fæt 'spredz] fette Brotaufstriche 6
favour something ['feıvə] für etwas sein 11
feature film ['fi:tʃə] Spielfilm 8
fed up [fed] – *I'm fed up with being indoors.* Ich habe genug davon, immer drinnen zu sein. 1
feel [fi:l] **(felt** [felt] **– have felt)** – *Do you feel like playing cards?* Hast du Lust, Karten zu spielen? 1
feet → **foot**
fellow students ['feləʊ] Mitstudenten, Kommilitonen 11
ferry ['ferı] Fähre 4
festive season ['festıv] Feiertage 2
few [fju:] wenige – *a few* einige / *quite a few* eine ganze Menge 1, 7
fight [faıt] Kampf; kämpfen 3
figure [fıgə] Zahl 10
finally ['faınəlı] endlich, schließlich 1
fine [faın] schön 4
finish ['fınıʃ] zu Ende gehen 6

fire brigade ['faɪə brɪ'geɪd] Feuerwehr 2
fires [faɪəz] - *electric fires* Elektroheizstrahler 6
firm [fɜːm] fest; Firma 5, 10
fizzy ['fɪzɪ] sprudelnd 6
flexible tubing ['fleksəbl 'tjuːbɪŋ] Schnüre und Leitungen 6
flexidays ['fleksɪdeɪz] Gleittage 10
flexitime ['fleksɪtaɪm] gleitende Arbeitszeit 10
float [fləʊt] schwimmen, treiben 7
flourish ['flʌrɪʃ] gedeihen 8
fly [flaɪ] (**flew** [fluː] - **have flown** [fləʊn]) fliegen 9
focus ['fəʊkəs] Brennpunkt, Hauptaugenmerk 10
fog [fɒg] Nebel 1
foot [fʊt] (Mehrzahl: **feet** [fiːt]) Fuß (Längenmaß: 30,48 cm) / *on foot* zu Fuß 1, 4
football pools ['fʊtbɔːl 'puːlz] Fußballtoto 12
for - *go for a walk* einen Spaziergang machen 1
force 2 to 4 southerly breezes [fɔːs] leichte südliche Winde Stärke zwei bis vier 1
forecourt attendant ['fɔːkɔːt ə'tendənt] Tankwart 10
foreign visitors ['fɒrən] ausländische Besucher 7
fork [fɔːk] Gabelung, Abzweigung 4
forthcoming [fɔːθ'kʌmɪŋ] kommend 8
free delivery [friː] kostenlose Lieferung 4
freeze [friːz] (**froze** [frəʊz] - **have frozen** [frəʊzn]) erstarren 3
freezer ['friːzə] Gefriertruhe 6, 12
fridge [frɪdʒ] (kurz für **refrigerator**) Kühlschrank 6
frocks [frɒks] Kleider 8
front page ['frʌnt peɪdʒ] Titelseite (einer Zeitung) 8
frontier ['frʌntɪə] Grenze 8
frozen → **freeze**
fruit compote ['fruːt 'kɒmpɒt] Obstkompott 7
full [fʊl] - *full central heating* alle Räume mit Zentralheizung / *full of energy* energiegeladen / *full range* komplettes Angebot / *full AA cover* voller Schutz des AA / *fully comprehensive insurance* Vollkaskoversicherung / *a full evening's entertainment* ein volles Abendprogramm / *full friendly technical support and training* kompletter, freundlicher Service sowie Einweisung 2, 3, 4, 9, 12
full-time job ['fʊltaɪm] volle Stelle, Ganztagsstelle 10
full-bodied ['fʊlbɒdɪd] voll, schwer (vom Wein) 7
function ['fʌŋkʃn] Veranstaltung 7
furious ['fjʊərɪəs] wütend 11

G

game [geɪm] Wild 7
garlic ['gɑːlɪk] Knoblauch 5
garnish ['gɑːnɪʃ] garnieren 7
gas heater ['gæs 'hiːtə] Gasheizofen 6
gasboard approved ['gæsbɔːd ə'pruːvd] vom Gaswerk abgenommen 6
geared to the needs of ... ['gɪəd] auf die Bedürfnisse von ... zugeschnitten 4
general guidance ['dʒenərəl 'gaɪdəns] allgemeine Führung/Aufsicht 11
general knowledge ['dʒenərəl 'nɒlɪdʒ] Allgemeinwissen 8
German measles ['dʒɜːmən 'miːzlz] Röteln 6
get - *get him on the telephone* ihn telefonisch erreichen / *get a better job* eine bessere Stelle finden / *get lost in the fog* sich im Nebel verlaufen / *Get lost!* Hau ab! / *get exhausting* anstrengend werden / *They want to get out and about from London.* Sie wollen sich ein bisschen von London aus (im Lande) umsehen. / *get back* zurückkommen / *get to know* kennenlernen / *get over something* über etwas hinwegkommen 1, 2, 4, 6, 10
get-together ['gettə'geðə] Treffen 2
gimmicks ['gɪmɪks] (hier etwa:) Werbetricks 5
girls' independent school ['gɜːlz ɪndɪ'pendənt 'skuːl] unabhängige Mädchenschule (= Privatschule) 11
give [gɪv] (**gave** [geɪv] - **have given** [gɪvn]) - *give a party* eine Party geben / *give something away* etwas verraten 3, 7
glandular fever ['glændjʊlə 'fiːvə] Drüsenfieber 6
glaze [gleɪz] glasieren 5
go [gəʊ] (**went** [went] - **have gone** [gɒn]) - *go out there* dorthin gehen / *go out* ausgehen / *go out into the country* auf's Land fahren / *go camping* zelten gehen / *go off and play* losgehen und spielen / *All of a sudden the boom went over.* Ganz plötzlich kam der (Segel-)Baum 'rüber. / *go down with an illness* krank werden / *it goes very well* es geht (d. h. es verkauft sich) sehr gut 1, 2, 6, 9
good [gʊd] *They want to have a good fight.* Sie wollen sich noch ein bißchen balgen. / *We had a good walk today.* Wir haben heute einen ausgedehnten Spaziergang gemacht. / *have a good run-around* sich ordentlich austoben 3, 4
got [gɒt] - *I've got a book.* Ich habe ein Buch. / *If I got another job ...* Wenn ich eine neue Stellung bekäme ... / *This got us all quite upset.* Das hat uns alle ziemlich beunruhigt. / *Get some people to help you.* Lassen Sie sich von ein paar Leuten helfen. / *Get him to do it!* Mach' ihm Beine! 1, 2
government ['gʌvnmənt] Regierung 11
grammar school ['græmə 'skuːl] Gymnasium 11
grandstand ['grændstænd] Haupttribüne 8
grant [grɑːnt] Stipendium 10
gratin ['grætæ̃ŋ / 'grætæŋ] (französisch:) mit Käse überbacken 5
greengrocery ['griːngrəʊsərɪ] Obst- und Gemüseabteilung 5
grinder ['graɪndə] Kaffeemühle 12
ground [graʊnd] - *from ground to plane* vom Boden zum Flugzeug 4
grounding ['graʊndɪŋ] - *a grounding of Greek* griechische Grundkenntnisse 3
group [gruːp] Gruppe 8

group ticket ['gru:p tɪkɪt] Fahrkarte für Gruppenreisende 4
guard [gɑ:d] (hier:) (Feuer-)Schutz 6
guide [gaɪd] Führer 2
guidebook ['gaɪdbʊk] Ratgeber 8

H

haddock ['hædək] Schellfisch 7
hairdryer ['heədraɪə] Fön 12
half-day-trips [hɑ:f] halbtägige Ausflüge 1
hand [hænd] - *on hand* zur Verfügung 8
handle cash and bills ['hændl] mit Bargeld und Rechnungen umgehen 10
handy ['hændɪ] bequem; praktisch 4
hangout ['hæŋaʊt] (coll.) Aufenthaltsort; (hier ironisch:) Zufluchtsstätte (oder Stammkneipe) 9
hatchback ['hætʃbæk] Wagen mit Heckklappe 4
health [helθ] Gesundheit 6
healthy ['helθɪ] gesund 6
heart attack ['hɑ:t ə'tæk] Herzanfall 6
heartbeat ['hɑ:tbi:t] Herzschlag 6
hero ['hɪərəʊ] Held 9
high chair ['haɪ tʃeə] Kinderstuhl 2
high level [haɪ] hoher Standard 8
hinges ['hɪndʒɪz] Angeln (an einer Tür) 6
hire ['haɪə] mieten 4
hold [həʊld] (**held** [held] - **have held**) - *hold a party* eine Party geben / *hold the fort* „die Festung halten" 6, 7
hold-up ['həʊldʌp] (hier:) Wartezeit 4
holiday(s) ['hɒlɪdeɪ(z)] Ferien, Urlaub 10
holiday schedule ['hɒlɪdeɪ 'ʃedju:l] Ferienreiseplan 1
honesty ['ɒnɪstɪ] Ehrlichkeit 2
hot [hɒt] (hier:) scharf 5
housing estate ['haʊzɪŋ ɪ'steɪt] Siedlung 9
how [haʊ] - *How about ...?* Wie wär's mit ...? 1
however [haʊ'evə] jedoch 9

I

idea [aɪ'dɪə] - *That's the idea.* (Etwa:) So stell' ich mir das vor. 2
illness ['ɪlnɪs] Krankheit 6
imagine [ɪ'mædʒɪn] (sich) vorstellen 2
immediate post [ɪ'mi:djət] dringende Post 10
impressive [ɪm'presɪv] imponierend, eindrucksvoll 9
in advance [ɪn əd'vɑ:ns] im voraus 1
in lieu [ɪn 'lju:] anstelle, für 10
in that (hier:) insofern, als 3
inch [ɪntʃ] Zoll (= 2,54 cm) 4
incident ['ɪnsɪdənt] Zwischenfall, Vorfall 2
include [ɪn'klu:d] einschließen 3, 10
increase ['ɪnkri:s] Erhöhung 12
incredible [ɪn'kredəbl] unglaublich; erstaunlich 9
independence [ɪndɪ'pendəns] Unabhängigkeit 10
independent [ɪndɪ'pendənt] unabhängig 9
indicate ['ɪndɪkeɪt] anzeigen; andeuten 8
indication [ɪndɪ'keɪʃn] Anzeichen 8
indicator ['ɪndɪkeɪtə] Blinker (am Auto) 8
indoors [ɪn'dɔ:z] drinnen 1
industrial estate [ɪn'dʌstrɪəl ɪ'steɪt] Industriegelände 5
industrial painter [ɪn'dʌstrɪəl 'peɪntə] Industriemaler 10
information screen [ɪnfə'meɪʃn 'skri:n] Informationstafeln 4
initial cost [ɪ'nɪʃl] anfängliche Kosten 12
injuries ['ɪndʒərɪz] Verletzungen 12
inkling ['ɪnklɪŋ] - *an inkling of Italian* ein Hauch Italienisch 3
insect repellent ['ɪnsekt rɪ'pelənt] Insektenschutzmittel 6
insight ['ɪnsaɪt] Einblick 8
instantly ['ɪnstəntlɪ] sofort 6
instruct [ɪn'strʌkt] Anweisungen geben 2
instrument ['ɪnstrʊmənt] Instrument 9
insurance [ɪn'ʃʊərəns] Versicherung 4
intend [ɪn'tend] beabsichtigen 3, 4
invariably [ɪn'veərɪəblɪ] - *I invariably find that the phone rings as I'm about to leave.* Gerade dann, wenn ich gehen will, klingelt mit Sicherheit immer das Telefon. 3
involve [ɪn'vɒlv] mit sich bringen - *I soon got involved with the local parent-toddler group.* Ich habe mich dann bald der örtlichen Eltern-Kinder-Gruppe angeschlossen. 3, 10
issue ['ɪʃu:] Punkt; Thema - *valid from the day of issue* gültig vom Tag der Ausstellung an / *issued by* (hier:) verliehen von 1, 11, 12

J

jail [dʒeɪl] Gefängnis; jemanden ins Gefängnis sperren 8
jerk [dʒɜ:k] Ruck; reißen, zerren 6
jet-lag ['dʒetlæg] (= Anpassungsschwierigkeiten bei weiten Flugreisen, die durch die Zeitumstellung entstehen) 4
job [dʒɒb] Arbeit; Beruf; Stellung 1
job safety ['dʒɒb 'seɪftɪ] Sicherheit (d. h. Gefahrlosigkeit) am Arbeitsplatz 10
job security ['dʒɒb 'sɪ'kjuərətɪ] ein sicherer (d. h. garantierter) Arbeitsplatz 10
jog [dʒɒg] laufen, „joggen" 6
jolly ['dʒɒlɪ] - *You can eat jolly well here.* Man kann hier ausgesprochen gut essen. / *jolly difficult* verdammt schwierig / *jolly nice* einfach toll 5
jostle for space ['dʒɒsl] um Platz kämpfen 4

journey [ˈdʒɜːnɪ] Reise 1
jug [dʒʌg] Kännchen; Krug 7
junior high school [ˈdʒuːnjə] Oberschule (Altersgruppe bis ca. 14) 11
junk [dʒʌŋk] Abfall, Schmutz, Schund 5
junk food (= Nahrungsmittel wie z. B. Hot Dogs, Hamburger, Pommes Frites, Cola, Limonaden usw., die viele Kalorien, aber kaum Vitamine aufweisen und daher auf die Dauer die ungeeignete Nahrung darstellen) 5
junk shop Trödelladen 5
just [dʒʌst] – *We couldn't just get up and leave, could we?* Wir konnten ja schließlich nicht einfach aufstehen und weggehen. / *just in time* gerade noch rechtzeitig / *Just watch TV for half an hour.* Sieh' mal gerade eine halbe Stunde lang fern. / *a just verdict* ein gerechtes Urteil / *just an hour* nur eine halbe Stunde 1, 12

K

keen [kiːn] (hier:) überzeugt, aktiv 11
keep fit [kiːp] (sich) fit halten 6
keeper [ˈkiːpə] Wärter, Wächter 8
kind [kaɪnd] – *all kinds of newspapers* alle Arten von Zeitungen / *of that kind* dieser Art; etwas dergleichen 8

L

lake [leɪk] (der) See 1
lamb [læm] Lamm 5
land (up) [lænd] irgendwo ‚landen' 11
landscape gardening [ˈlændskeɪp] landschaftsgärtnern 10
lane [leɪn] Spur (einer Straße) 4
language [ˈlæŋgwɪdʒ] – *use bad language* fluchen / *language centre* Zentrum für Fremdsprachen 2, 3
lard [lɑːd] Schmalz 5
large format [lɑːdʒ] großformatig 11
latterly [ˈlætəlɪ] später 3
lead [liːd] (**led** [led] – **have led**) – *they lead with a story* sie bringen als Aufmacher eine Geschichte 8
leader [ˈliːdə] Leitartikel 8
lean [liːn] mager 6
leave [liːv] (**left** [left] – **have left**) abfahren; weggehen; wegfahren; verlassen – *leave to stand* beiseite stellen 1, 7
lecturer [ˈlektʃərə] Lektor; (hier:) Lehrer 10
lemon broccoli [ˈlemən ˈbrɒkəlɪ] Brokkoli mit Zitronenscheiben 7
licence [ˈlaɪsəns] Lizenz 9
licensed [ˈlaɪsənst] mit Lizenz zum Alkoholausschank 2, 9
licensed bar Bar mit Alkoholausschank 9
lifestyle [ˈlaɪfstaɪl] Lebensweise, Lebensstil 10
lifting devices [ˈlɪftɪŋ dɪˈvaɪsɪz] Hebeeinrichtungen 4
light [laɪt] leicht; (hier:) heiter – *light to moderate* schwach bis mäßig 1, 8
lighthouse [ˈlaɪthaʊs] Leuchtturm 8
like [laɪk] – *Do you feel like playing cards?* Hast du Lust, Karten zu spielen? / *and the like* und so ähnlich 1, 8
likes [laɪks] Vorlieben 10
linen [ˈlɪnɪn] Bettwäsche 2
lines [laɪnz] (wörtlich): Zeilen; (hier:) Rollentext 3
linked to something [lɪŋkt] mit etwas verbunden 1
liqueur [lɪˈkjʊə] Likör 5
liquid [ˈlɪkwɪd] Flüssigkeit 6
listener [ˈlɪsnə] Zuhörer 2
litter bin [ˈlɪtə bɪn] Mülltonne 8
living conditions [ˈlɪvɪŋ] Wohnverhältnisse 6
loaded [ˈləʊdɪd] – *loaded with* ‚gespickt' mit / *to be loaded* betucht, d. h. reich sein 12
local [ˈləʊkl] hiesig, örtlich; (hier:) ansässig – *She's a local girl.* Sie kommt von hier. / *local pub* Eckkneipe / *local papers* lokale Zeitungen / *local council* örtliche Landesbehörden; Gemeinderat / *local authorities* [ɔːˈθɒrətɪz] Lokalbehörden 3, 8, 11
location [ləʊˈkeɪʃn] Ort; Lage 10
loll about (in the river) [lɒl] sich (im Fluss) ‚aalen' 2
lonely [ˈləʊnlɪ] einsam 3
long hire discount [ˈdɪskaʊnt] Rabatt bei längerer Leihzeit 4
long hours [lɒŋ] (hier:) lange Arbeitszeit 10
loser [ˈluːzə] – *a great loser* ein großes Verlustgeschäft 11
lotion [ˈleʊʃn] – *suntan lotion* Sonnenschutzmittel 2, 6
lounge [laʊndʒ] Salon; Aufenthaltsraum; (in privaten Häusern:) Wohnzimmer 3
low [ləʊ] niedrig; tief 5
lozenge [ˈlɒzɪndʒ] Pastille, Tablette 6
luckily [ˈlʌkɪlɪ] glücklicherweise 2
luminous [ˈluːmɪnəs] leuchtend; Leucht- 5
lunchtime [ˈlʌntʃtaɪm] Mittag, mittags 9
luxury [ˈlʌkʃərɪ] – *a bit of a luxury* ein ziemlicher Luxus (-artikel) 12

M

magazine [mægəˈziːn] Magazin, Zeitschrift 8
main [meɪn] – *main advantage* Hauptvorteil / *main course* Hauptgericht / *mainly* hauptsächlich / *main characteristic* Haupteigenschaft 2, 3, 5, 11
maintenance [ˈmeɪntənəns] Wartung 6

make [meɪk] (**made** [meɪd] - **have made**) - *make sure* darauf achten, (sich) vergewissern / *That makes you feel...* Dann fühlt man sich, ... / *be made up* geschminkt werden / *make up for lost time* das Versäumte nachholen 2, 3, 8, 12
maker ['meɪkə] Hersteller 12
manage ['mænɪdʒ] - *She managed to do it.* Sie schaffte es. / *She managed to wander off.* Sie schaffte es, sich zu entfernen. 1, 2
manner ['mænə] Art, mit Leuten umzugehen 10
manufacturer [mænjʊ'fækʃərə] Hersteller 6
map of the alps [mæp] Karte der Alpen 2
marinated ['mærɪneɪtɪd] mariniert 5
mark [mɑ:k] korrigieren 11
marvellous ['mɑ:vələs] großartig, vorzüglich, wunderbar
meal [mi:l] Essen 2
meat [mi:t] Fleisch 7
media ['mi:djə] (hier:) Arbeitsmaterialien; (auch:) Medien (= Fernsehen, Presse usw.) 3
medical condition ['medɪkl] Gesundheitsproblem 8
melt [melt] schmelzen 5
members ['membəz] Mitglieder; Angehörige 11
membership ['membəʃɪp] Mitgliedschaft 6
mental ['mentl] geistig 3
merely ['mɪəlɪ] nur 8
mess [mes] - *Kids can make a lot of mess there.* Kinder können dort alles so richtig schön schmutzig machen. / *make a mess* alles durcheinanderbringen 3
message ['mesɪdʒ] Botschaft; (hier mehr:) Gehalt (= Inhalt) 8
messy ['mesɪ] schmutzig, unordentlich 3
metropolitan authorities [metrə'pɒlɪtən ɔ:'θɒrətɪz] Stadtbehörden 11
MI5 ['em'aɪ'faɪv] für geheime Nachrichten zuständige britische Regierungsabteilung *(MI = Military Intelligence)* 8
microwave ['maɪkrəʊweɪv] im Mikrowellen-Herd erhitzen 7
might [maɪt] - *Anybody might need it.* Jeder könnte es brauchen. / *It might rain.* Es könnte regnen. 6
mile [maɪl] Meile (= 1,60935 km) 1
mileage ['maɪlɪdʒ] Kilometerzahl 4
mince [mɪns] Hackfleisch 6
mind [maɪnd] - *What if he changes his mind?* Was ist, wenn er seine Meinung ändert? 1
mischievous ['mɪstʃɪvəs] mutwillig, schelmisch; boshaft 9
miss [mɪs] - *miss out on a chance* eine Chance verpassen 1
mist [mɪst] (leichter) Nebel 1
mixed [mɪkst] gemischt; (hier:) für Jungen und Mädchen 11
mixer ['mɪksə] Mixgerät 12
mobility [məʊ'bɪlətɪ] Mobilität 10
moderate ['mɒdərət] - *light to moderate* schwach bis mäßig 1
moisten ['mɔɪsn] anfeuchten 5
monkey ['mʌŋkɪ] Affe 1
monthly ['mʌnθlɪ] monatlich 2
monument ['mɒnjumənt] Denkmal, Monument 1
morons ['mɔ:rɒnz] (coll.) (hier:) Bekloppte 9
motor racing ['məʊtə 'reɪsɪŋ] Autorennen 8
mountain ['maʊntɪn] Berg 11
mousse [mu:s] Mousse 5
mulled wine [mʌld] Glühwein 7
mussels ['mʌslz] Muscheln 5
must [mʌst / məst] - *it's a must* es ist ein Muss, d. h. da muss man unbedingt hingehen 5

N

nappies ['næpɪz] Windeln 2
national daily newspapers ['næʃənl] überregionale Tageszeitungen 8
national evening „nationaler Abend" 1
national holidays Feiertage 10
naval history ['neɪvl] Geschichte der Seefahrt 1
need [ni:d] brauchen 6
negotiable [nɪ'gəʊʃjəbl] nach Vereinbarung 10
neighbourhood ['neɪbəhʊd] Wohngegend; (wörtlich:) Nachbarschaft 5
nevertheless [nevəðə'les] trotzdem 2
news [nju:z] Nachrichten 1, 8
news programme Nachrichtensendung 8
news review Nachrichtenanalyse 8
nice [naɪs] schön; angenehm / *One of the really nice things about going there is that...* Was so schön daran ist, ist die Tatsache, dass ... / *nicely done up* nett eingerichtet 1, 2, 3, 7
noise [nɔɪz] Ton; (auch:) Lärm 9
nothing special ['nʌθɪŋ] nichts Besonderes 3
number of people ['nʌmbə] Reihe von Leuten 9
nursery school ['nɜ:sərɪ] Vorschule 11
nursing mothers ['nɜ:sɪŋ] stillende Mütter 4

O

obsession [əb'seʃn] Obsession, Besessenheit 8
obviously ['ɒbvɪəslɪ] offensichtlich 10
odd [ɒd] - *You need 70 odd litres of wine.* Man braucht etwa 70 Liter Wein. / *200 odd pages* circa 200 Seiten 7
off - *wander off* sich entfernen (davonwandern) / *I rushed off to hospital.* Ich eilte (davon) ins Krankenhaus. / *take a day off* einen Tag freinehmen 2, 10
offer ['ɒfə] Angebot; (an)bieten 4, 6, 11
officer ['ɒfɪsə] Polizist; Offizier 11
off-licence ['ɒflaɪsns] Wein- und Spirituosenhandlung 9

on – *on the tube* in der (Londoner) U-Bahn / *on either side* auf beiden Seiten / *on Friday week* Freitag in einer Woche / *spend money on something* Geld für etwas ausgeben / *go on* weitermachen / *on hand* zur Verfügung / *walk on stage* die Bühne betreten / *on duty* im Dienst / *on order* auf Bestellung 1, 2, 4, 8, 9, 10
one-way street Einbahnstraße 6
opening ['əʊpnɪŋ] – *a new opening* eine Neueröffnung / *opening meeting* Eröffnungsveranstaltung / *opening times* Öffnungszeiten 1, 5, 7
opera ['ɒpərə] Oper 1
operate ['ɒpəreɪt] – *operate till 2 o'clock* bis zwei Uhr offen haben / *This train does not operate on Sundays.* Dieser Zug verkehrt sonntags nicht. 7
operational [ɒpə'reɪʃənl] in Gebrauch 12
oppose a scheme [ə'pəʊz] sich einem Plan widersetzen 11
opposition [ɒpə'zɪʃn] Opposition 11
oral ['ɔ:rəl] mündlich 11
orange ['ɒrɪndʒ] Orange, Apfelsine 7
ordeal [ɔ:'di:l] Qual 7
order ['ɔ:də] Bestellung; bestellen / *on order* auf Bestellung 5, 8
ordinary ticket ['ɔ:dnrɪ] normale Fahrkarte 4
originally [ə'rɪdʒənlɪ] ursprünglich 6
out of action [aʊt] (coll.) außer Gefecht 6
out of date überholt 12
out of order außer Betrieb; überholt 12
outlook ['aʊtlʊk] (die) (weiteren) Aussichten 1
outside (of) [aʊt'saɪd] außerhalb 11
overleaf [əʊvə'li:f] umseitig 1

P

paddle on the beach ['pædl] am Strand herumplanschen 11
pageantry ['pædʒəntrɪ] (hier:) prunkvolle historische Kostüme (der Wachsoldaten usw.) 1
pain [peɪn] Schmerz 6
paint [peɪnt] Farbe 3
painter and decorator ['peɪntə ənd 'dekəreɪtə] Maler und Tapezierer 10
parent ['peərənt] Elternteil 3
parliament ['pɑ:ləmənt] Parlament 11
parliamentary question [pɑ:lə'mentərɪ] Parlamentsanfrage 11
parsley ['pɑ:slɪ] Petersilie 7
particular(ly) [pə'tɪkjʊlə(lɪ)] besonders / *in particular* im Besonderen 5, 11
part-time job ['pɑ:taɪm] Halbtagsstelle 10
pass [pɑ:s] passieren; (Prüfung usw.:) bestehen 7, 11
passenger capacity ['pæsɪndʒə kə'pæsətɪ] Passagiervolumen 4
passport ['pɑ:spɔ:t] Pass 2
pastry ['peɪstrɪ] Teig 5
pastries ['peɪstrɪz] (süße) Pasteten 6
patchy mist of fog ['pætʃɪ] stellenweise Nebel 1
pay [peɪ] Bezahlung 10
pay packet ['peɪ 'pækɪt] (hier:) Lohntüte 10
payments ['peɪmənts] Ausgaben, Zahlungen 12
peak [pi:k] den höchsten Punkt erreichen 1
peanut sauce ['pi:nʌt 'sɔ:s] Erdnußsoße 5
pedestrianisation [pɪdestrɪənaɪ'zeɪʃn] Einführung der Fußgängerzone 11
perceptible reduction [pə'septəbl rɪ'dʌkʃn] merkliche Kürzung 10
perform [pə'fɔ:m] aufführen, vortragen, spielen 9
performance [pə'fɔ:məns] Aufführung, Vorstellung 1, 9
performer [pə'fɔ:mə] Akteur 9
perks [pɜ:ks] (von *perquisites*) Nebeneinnahmen; Vergünstigungen 10
permanently ['pɜ:mənəntlɪ] permanent, ständig 8
personal tuition ['pɜ:snl tju:'ɪʃn] persönliche Betreuung 11
persuade [pə'sweɪd] überreden 9
persuasion [pə'sweɪʒn] Überredung 9
phone [fəʊn] anrufen, telefonieren 1
phone messages telefonische Nachrichten 10
phonecall ['fəʊnkɔ:l] Telefongespräch 10
photography [fə'tɒgrəfɪ] (hier:) Kameraarbeit, Aufnahmen 8
physically demanding ['fɪzɪkəlɪ] körperlich anstrengend 10
physiological changes [fɪzɪə'lɒdʒɪkəl] physiologische Veränderungen 6
piano [pɪ'ænəʊ] Klavier 1
pick up [pɪk] – *a good way to pick up a suntan* eine gute Methode, braun zu werden / *I picked up a cold.* Ich habe mir eine Erkältung geholt. / *pick somebody up* jemanden abholen 2, 4
picket ['pɪkɪt] Streikposten 9
pill [pɪl] Pille 6
place [pleɪs] Ort, Platz / *in the first place* von Anfang (an) 1, 11
plan [plæn] Plan; planen 1
plane [pleɪn] Flugzeug 4
planning department ['plænɪŋ] Planungsabteilung 10
play [pleɪ] – *We'll just play it by ear.* (Etwa:) Wir werden sehen (, was morgen ist). / *play cards* Karten spielen / *play around* herumtoben (spielen) 1
pleasant ['pleznt] angenehm; schön 2, 6
p. m. (= post meridiem) [pi:'em] nachmittags 7
police [pə'li:s] Polizei 11
policeman [pə'li:smən] Polizeibeamter, Polizist 11
political issues [pə'lɪtɪkl] politische Fragen 8
polyunsaturated [pɒlɪʌn'sætʃəreɪtɪd] mehrfach ungesättigt 6
pony trekking ['pəʊnɪ 'trekɪŋ] Ponyreiten 2
pool and bar billiards [pu:l] (= Billard-Arten, die in englischen Pubs gespielt werden) 7

pop [pɒp] – *How do you fancy popping up to Brown's Hotel?* Was hältst du davon, schnell zu „Brown's Hotel" hinüberzuspringen? / *I'm just going to pop over to my parents.* Ich schau' mal gerade bei meinen Eltern vorbei. 3
pop music [pɒp] Popmusik 8
popular papers ['pɒpjʊlə] Massenblätter 8
portable ['pɔ:təbl] tragbar 6
possibility [pɒsə'bɪlətɪ] Möglichkeit 1
poster ['pəʊstə] Plakat 5
poultry ['pəʊltrɪ] Geflügel 6
pound (= Gewicht) [paʊnd] (= 453,6 Gramm) 4
practically minded ['præktɪkəlɪ] praktisch veranlagt 10
prawn [prɔ:n] Garnele 5
predominantly [prɪ'dɒmɪnəntlɪ] hauptsächlich 9
pre-heated oven ['pri:'hi:tɪd] vorgeheizter Backofen 5
prehistoric [pri:hɪ'stɒrɪk] prähistorisch 1
prematurely [premə'tʃʊəlɪ] vorzeitig 11
premises ['premɪsɪz] – *on the premises* (hier:) im Haus 5
present ['preznt] gegenwärtig 10
preside [prɪ'zaɪd] präsidieren 9
previously ['pri:vjəslɪ] zuvor 12
primarily ['praɪmərɪlɪ / praɪ'merəlɪ] in erster Linie 2
primary school ['praɪmərɪ] Grundschule 11
prime site ['praɪm 'saɪt] erstklassige Lage 5
print [prɪnt] drucken 8
private day school ['praɪvɪt] private Tagesschule 11
probably ['prɒbəblɪ] wahrscheinlich 11
produce the fare table on art work [prə'dju:s] die Fahrpreistabelle graphisch aufzeichnen 12
production [prə'dʌkʃn] – *on production* bei Vorlage 6
programme controller ['prəʊgræm] Programmdirektor 2
promote [prə'məʊt] – *We promote a yearly concert.* Wir sorgen dafür, dass in jedem Jahr ein Konzert gesendet wird. 2
promotions [prə'məʊʃnz] (hier:) Werbeträger 5
propel a wheelchair [prə'pel] einen Rollstuhl fahren 4
properly ['prɒpəlɪ] richtig, ordentlich 11
property ['prɒpətɪ] Eigentum / *property company* Immobilienfirma 10
prosaic [prəʊ'zeɪɪk] prosaisch 11
provide [prə'vaɪd] sorgen (für); liefern 7, 9
providing you have . . . [prə'vaɪdɪŋ] vorausgesetzt, Sie haben . . . 10
provision of emergency services [prə'vɪʒn] Versorgung mit Notdiensten 11
pub (kurz für: **public bar**) [pʌb] Gastwirtschaft, Kneipe 5, 7
public ['pʌblɪk] Öffentlichkeit 11
public bar öffentliche Bar (im Pub) 7
public school (= privates Internat oder Schule) 11
publican ['pʌblɪkən] Gastwirt 7
puff pastry ['pʌf 'peɪstrɪ] Blätterteig 5
puncture ['pʌŋktʃə] (Reifen-)Panne 4
pupil ['pju:pl] Schüler(in) 12
put [pʊt] **(put – have put)** – *put on a broadcast* eine Sendung bringen 2
puzzle [pʌzl] Puzzlespiel 3

Q

qualify ['kwɒlɪfaɪ] (sich) qualifizieren 11
quality papers ['kwɒlətɪ] seriöse Zeitungen 8
queue [kju:] Schlange (von Menschen) 4
quite a few [kwaɪt] eine ganze Menge 7

R

radio ['reɪdɪəʊ] Radio 2
rag [ræg] Lumpen (= Stück Stoff) 11
ragged ['rægɪd] zerlumpt 11
rain [reɪn] Regen; regnen 1
raise [reɪz] – *raise the alarm* Alarm schlagen / *raised eyebrows* hochgezogene Augenbrauen 8
range [reɪndʒ] Reihe, Kette; Sortiment; Auswahl; anreihen, aufreihen – *a range of mountains* eine Gebirgskette / *a large range of services* ziemlich viele Einrichtungen (Dienste) 9, 11
ratepayers ['reɪtpeɪəz] (Gemeinde-)Steuerzahler 11
rather ['rɑ:ðə] ziemlich 2
ravenous ['rævənəs] heißhungrig 3
reaction [rɪ'ækʃn] Reaktion 9
readership ['ri:dəʃɪp] Leserschaft 8
really ['rɪəlɪ] wirklich 1
recall [rɪ'kɔ:l] in Erinnerung rufen 11
receipt [rɪ'si:t] Quittung 10
recently ['ri:sntlɪ] kürzlich 9
reckon ['rekən] – *well, I reckon* . . . nun, ich glaube . . . 9
recognize ['rekəgnaɪz] erkennen 5
recommend [rekə'mend] empfehlen 4
record [rɪ'kɔ:d] aufnehmen, aufzeichnen 12
recording [rɪ'kɔ:dɪŋ] Aufnahme 12
recuperation [rɪkju:pə'reɪʃn] Genesung 11
reduction [rɪ'dʌkʃn] Ermäßigung 9
reflect [rɪ'flekt] reflektieren, wiedergeben 6
refrigerator → **fridge**
refuse [rɪ'fju:z] (sich) weigern; verweigern 10
regional papers ['ri:dʒənl] regionale Zeitungen 8
registration number (of a car) [redʒɪ'streɪʃn] Autonummer, -kennzeichen 6
regret [rɪ'gret] bedauern 8
rehearsal [rɪ'hɜ:sl] Probe (z. B. im Theater) 1
rehearse [rɪ'hɜ:s] – *They rehearsed the play for four weeks.* Sie probten das Stück vier Wochen lang. 1
rejoice [rɪ'dʒɔɪs] (iron.) jubilieren 11

relax [rɪ'læks] (sich) entspannen 2
relaxing [rɪ'læksɪŋ] entspannend 8
remains [rɪ'meɪnz] Ruinen; Überreste 9
reminder [rɪ'maɪndə] – *a reminder of Russian* eine Auffrischung der Russischkenntnisse 3
remote control [rɪ'məʊt kən'trəʊl] Fernbedienung 12
rent [rent] mieten 12
replace [rɪ'pleɪs] ersetzen 12
report [rɪ'pɔ:t] melden 2
require [rɪ'kwaɪə] verlangen, erfordern 11
requirements [rɪ'kwaɪəmənts] Anforderungen 10
rescue ['reskju:] Rettung 11
respects [rɪ'spekts] – *in many respects* in vieler Hinsicht 12
respiration [respə'reɪʃn] Atmung 6
responsibility [rɪspɒnsə'bɪlətɪ] Verantwortung 10
responsible [rɪ'spɒnsəbl] verantwortlich 10
restive ['restɪv] unruhig 9
restrictions [rɪ'strɪkʃnz] Beschränkungen 12
resurfacing work [ri:'sɜ:fɪsɪŋ] Neuasphaltierung 4
retailing ['ri:teɪlɪŋ] Einzelhandelsgewerbe 5
retrospect ['retrəʊspekt / 'ri:trəʊspekt] – *in retrospect* im Nachhinein 9
revised print [rɪ'vaɪzd] revidierter Abdruck 12
rewind [ri:'waɪnd] zurückspulen 12
rich and fruity [rɪtʃ] nahrhaft und fruchtig 5
right [raɪt] (etwa:) in Ordnung 4
risk [rɪsk] Risiko 8
river ['rɪvə] Fluss 1
riverside pub ['rɪvəsaɪd] Gasthaus am Flussufer 1
roller skating ['rəʊləskeɪtɪŋ] Rollschuhlaufen 2
Roman relics ['rəʊmən 'relɪks] römische Überreste 1
rosé wine [rəʊ'seɪ] Weißherbst, Rosé(wein) 7
rosemary ['rəʊzmərɪ] Rosmarin 5
route [ru:t] Route, Strecke 4
rude [ru:d] unhöflich, unfreundlich 5
run [rʌn] (**ran** [ræn] – **have run**) laufen, rennen; leiten – *they are running smoothly* sie laufen fahrplanmäßig / *The questions usually run along these lines.* Die Fragen verlaufen gewöhnlich so. 1, 4, 9
run-around [rʌn] – *have a good run-around* sich ordentlich austoben 3
rush off [rʌʃ] (davon)eilen 2

S

saffron brown rice ['sæfrən] Naturreis in Safran gekocht 7
sailing boat ['seɪlɪŋ bəʊt] Segelboot 2
sailing holiday ['seɪlɪŋ 'hɒlɪdeɪ] Segelurlaub 2
salad ['sæləd] Salat 7
sale [seɪl] Verkauf 10
sales assistant ['seɪlz ə'sɪstənt] Verkaufskraft 10
saloon [sə'lu:n] Limousine 4
saloon bar [sə'lu:n bɑ:] Salonbar (im Pub) 7
savoury snacks ['seɪvərɪ] herzhafte Snacks 6
say [seɪ] (**said** [sed] – **have said**) – *say Tuesday* sagen wir mal Dienstag 2
scale [skeɪl] – *on an epic scale* mit epischer Breite 9
schedule ['ʃedju:l] Flugplan; Fahrplan; Zeitplan 4
scheduled airlines ['ʃedju:ld] Linienflüge 4
scheme [ski:m] Plan 11
school leaving certificate [sku:l] Schulabschluss 11
science ['saɪəns] Naturwissenschaften 12
science assignment ['saɪəns ə'saɪnmənt] (hier:) Physikaufgabe 12
scrap a car ban [skræp] ein Autoverbot abschaffen 11
seafood ['si:fu:d] Fischgerichte 5
search [sɜ:tʃ] suchen 2
seaside ['si:saɪd] – *by the seaside* an der See, an der Küste 2
seasonal ['si:zənl] je nach Jahreszeit 5
seasoned flour ['si:znd] gewürztes Mehl 5
secluded [sɪ'klu:dɪd] abseits gelegen 2
secondary school ['sekəndərɪ] Oberschule 11
secret ['si:krɪt] Geheimnis 5
secretary ['sekrətrɪ] Sekretär(in) 11
security [sɪ'kjʊərətɪ] Sicherheit 10
security staff [sɪ'kjʊərətɪ 'stɑ:f] Sicherheitspersonal, Wärter 8
see [si:] (**saw** [sɔ:] – **have seen** [si:n]) sehen; (sich) anschauen 1
seek [si:k] (**sought** [sɔ:t] – **have sought**) suchen 8
selection [sɪ'lekʃn] Auswahl 9
self-catering [self'keɪtərɪŋ] mit Selbstversorgung 2
self-contained courses [selfkən'teɪnd] in sich abgeschlossene Kurse 11
self-drive car hire ['selfdraɪv] Autoverleih für Selbstfahrer 4
self-employed [selfɪm'plɔɪd] selbständig (d. h. nicht angestellt) 10
sell [sel] (**sold** [səʊld] – **have sold**) – *they sell most* sie verkaufen sich am besten / *Some newspapers sometimes sell out.* Manche Zeitungen sind manchmal ausverkauft. / *sold out* ausverkauft 8, 9
sell-out ['selaʊt] – *It was a sell-out.* Es war ausverkauft. 9
senior high school ['si:njə] Oberschule (Altersgruppe 14–19) 11
sensible ['sensəbl] vernünftig; praktisch 4
sensitive ['sensɪtɪv] empfindlich 6
serious ['sɪərɪəs] seriös; ernst(haft) 8
serve [sɜ:v] servieren / *serves 5–6* für 5–6 Personen 5
service ['sɜ:vɪs] Bedienung; Wartung 5, 12
set [set] (**set – have set**) – *set off for Edinburgh* nach Edinburgh wollen / *sets of roadworks* (Straßen-)Bauarbeiten 4, 11
settle ['setl] – *I'll settle for the ...* ich hab mich für das ... entschieden 5
shape up [ʃeɪp] sich in Form bringen 6

shaving cream ['ʃeɪvɪŋ kri:m] Rasierseife 6
sheer ['ʃɪə] – *I think it's the sheer variety* ... Ich glaube, es ist schon allein die Unterschiedlichkeit ... 11
shelf [ʃelf] Regal 5
shift [ʃɪft] Schicht 10
shoe-shine girls ['ʃu:ʃaɪn] Schuhputzerinnen 4
shortcrust ['ʃɔ:tkrʌst] Mürbeteig 5
shortenings ['ʃɔ:tnɪŋz] Backfette 6
should [ʃʊd / ʃəd] sollte(n) / *It shouldn't cost so much.* Es sollte (eigentlich) nicht so viel kosten. 1, 5
showery ['ʃaʊərɪ] regnerisch 1
sick [sɪk] krank / **be sick** (auch:) sich übergeben 6
sights [saɪts] Sehenswürdigkeiten 1
sight-seeing tour ['saɪtsi:ɪŋ] (Stadt- etc.)Besichtigung 1
similar ['sɪmɪlə] ähnlich 7
simmer ['sɪmə] sieden 5
simplicity itself [sɪm'plɪsətɪ] die Einfachheit selber 12
size [saɪz] Größe / *What size vehicle were you interested in?* An welcher Wagengröße wären Sie interessiert? 3, 4
skewer ['skjʊə] Spieß 5
ski [ski:] Schi 2
skimmed milk [skɪmd] Magermilch 6
skin [skɪn] Haut 6
sleeping bag ['sli:pɪŋ bæg] Schlafsack 2
slide [slaɪd] rutschen 2
slightly above ['slaɪtlɪ] etwas oberhalb (von) 11
slot-machine amusements ['slɒtməʃi:n] Spielautomaten 4
slow down [sləʊ] verlangsamen, langsamer werden 6
smart [smɑ:t] (hier:) gut angezogen 10
smashing ['smæʃɪŋ] toll 5
smattering ['smætərɪŋ] – *a smattering of Spanish* ein bisschen Spanisch 3
smoulder ['sməʊldə] glimmen, schwelen 6
snow [snəʊ] Schnee; schneien 1
soap [səʊp] Seife – *soap opera* ‚Seifenoper' (d. h. Serien wie ‚Dallas' usw.) 6, 8
social sciences ['səʊʃl 'saɪənsɪz] Sozialwissenschaften 11
soft drinks [sɒft] nicht-alkoholische Getränke 7
solid fuel ['sɒlɪd 'fjʊəl] fester Brennstoff 6
somewhat ['sʌmwɒt] – *somewhat alarming* etwas beunruhigend 2
sophisticated [sə'fɪstɪkeɪtɪd] raffiniert; kompliziert 12
sort [sɔ:t] – *What sort of newspaper?* Welche Art von Zeitung? 8
sound [saʊnd] klingen 4
southerly ['sʌðəlɪ] südlich; aus dem Süden 1
space [speɪs] Platz, Raum; Lücke – *there's no space left* hier ist kein Platz mehr / *a journey into space* eine Reise in den Weltraum 1
sparkling ['spɑ:klɪŋ] sprudelnd, schäumend 7
speak [spi:k] (**spoke** [spəʊk] – **have spoken** ['spəʊkən]) sprechen, reden 1
special offers ['speʃl] Sonderangebote; Vergünstigungen 4
special savers verbilligte Fahrkarten 4
special ticket Sonderfahrkarte 4
speciality [speʃɪ'ælətɪ] Spezialität 5
specific children's programmes [spɪ'sɪfɪk] spezielle Kinderprogramme 12
speedy ['spi:dɪ] schnell 6
spend [spend] (**spent** [spent] – **have spent**) ausgeben 4
spicy ['spaɪsɪ] stark gewürzt 5
spinal problems ['spaɪnl] Beschwerden, die mit der Wirbelsäule zu tun haben 12
spine [spaɪn] Rückgrat, Wirbelsäule 12
spirited ['spɪrɪtɪd] angeregt 9
spirits ['spɪrɪts] (hier:) Branntwein und Schnäpse 5
sports news [spɔ:ts] Sportnachrichten 1
sports programme [spɔ:ts] Sportsendung 8
spot [spɒt] entdecken 8
spray [spreɪ] Spray 6
spread [spred] verteilen 11
spy [spaɪ] Spion 8
squash [skwɒʃ] Fruchtgetränk zum Verdünnen 6
staff [stɑ:f] Belegschaft, Personal; Bedienung, Kollegium (einer Schule) 5, 10
start [stɑ:t] – *we started wondering* ... wir fragten uns ... 2
starter ['stɑ:tə] Vorspeise 5
state [steɪt] – *in a bad state* in schlechtem Zustand 6
stave in [steɪv] – *The bumper of my car got staved in by the collision.* Die Stoßstange meines Autos wurde durch den Zusammenstoß eingedrückt. 6
stay [steɪ] bleiben; wohnen 1
steak and kidney pie ['steɪk ənd 'kɪdnɪ paɪ] Steak- und Nierchenpastete 5
steam [sti:m] Dampf 3
stereos ['sterɪəʊz] Stereoanlagen 12
stewing steak ['stju:ɪŋ steɪk] Rindfleisch zum Schmoren 5
still [stɪl] (hier:) nicht schäumend 7
stock [stɒk] Brühe 5
stop [stɒp] stoppen, anhalten 1
stretch [stretʃ] Strecke 4
strident ['straɪdnt] (hier:) laut, rhythmisch 7
strike [straɪk] (**struck** [strʌk] – **have struck**) – *be struck by stage-fright* von Lampenfieber befallen werden 3
stroll [strəʊl] Bummel, Spaziergang 1, 2
struck → **strike**
student card ['stju:dnt] Studentenausweis 9
style of life [staɪl] Lebensweise 10
sudden ['sʌdn] plötzlich 6
suggest [sə'dʒest] vorschlagen 6
suit [su:t] – *That suits me fine.* Das passt mir gut. / *That doesn't suit me at all.* Das passt mir überhaupt nicht. 3, 4
sunglasses ['sʌnglɑ:sɪz] Sonnenbrille 6
suntan ['sʌntæn] Sonnenbräune 2, 6

super saver voucher ['su:pə] Super-Spar-Gutschein 6
supervisor ['su:pəvaɪzə] Abteilungsleiter 10
supper ['sʌpə] (frühes) Abendbrot 12
supplies catalogue [sə'plaɪz] Zubehörkatalog 12
suppose [sə'pəʊz] vermuten 2
sure ['ʃʊə] – *make sure* darauf achten 12
surrounding London [sə'raʊndɪŋ] in der Umgebung von London 1
survey ['sɜ:veɪ] Umfrage 11
survey [sə'veɪ] inspizieren 10
surveyor [sə'veɪə] (hier:) Sachverständiger für Gebäudeinspektion; (eigentlich:) Landvermesser 10
suspect [sə'spekt] Verdacht haben 11
swift [swɪft] rasch, geschwind 4
swim [swɪm] (**swam** [swæm] – **have swum** [swʌm]) schwimmen 1
swimming costumes ['swɪmɪŋ kostju:mz] Badesachen 2
sympathetic [sɪmpə'θetɪk] verständnisvoll 3

T

tablet ['tæblɪt] Tablette 6
take [teɪk] (**took** [tʊk] – **have taken** [teɪkn]) – *How long does the journey take?* Wie lange dauert die Reise? / *It will take some time.* Es wird etwas dauern. / *take down* aufschreiben / *... and takes in St. Mark's Square ......* und nimmt den Markusplatz mit ... / *take a day off* einen Tag freinehmen 4, 6, 8, 10
tasty ['teɪstɪ] wohlschmeckend 5
tax [tæks] – *I'm highly taxed.* Ich muss hohe Steuern zahlen. / *I'm untaxed.* Ich zahle keine Steuern. 10
teacher ['ti:tʃə] Lehrer(in) 1
teacher trainee ['ti:tʃə treɪ'ni:] Lehrer(in) in der Ausbildung 1
teaching practice ['ti:tʃɪŋ præktɪs] Praktikum 11
technology [tek'nɒlədʒɪ] Technologie, moderne Technik 12
telephone ['telɪfəʊn] telefonieren 1
telephone account ['telɪfəʊn ə'kaʊnt] Telefonrechnung 8
telephone call ['telɪfəʊn 'kɔ:l] Telefongespräch 10
temporarily ['tempərərɪlɪ] zeitweilig 8
tend [tend] – *So what we tend to do is relax a little as well.* Also neigen wir auch dazu, uns ein bisschen zu entspannen. 2
tent [tent] Zelt 2
terminal ['tɜ:mɪnl] Abfertigungsgebäude 4
terrific [tə'rɪfɪk] toll, wunderbar 2
terrified ['terɪfaɪd] – *I was terrified.* Ich stand Todesängste aus. 2
that – *in that* insofern, als / *That's it!* Das ist alles! 1, 2
that much – *The children were just that much younger.* Die Kinder waren gerade um so viel jünger. 2
theatre ['θɪətə] Theater 1
though [ðəʊ] – *It's not a happy picture on the roads, though.* Auf den Straßen sieht's aber leider schlecht aus. 4
throughout [θru:'aʊt] – *throughout the day* den ganzen Tag hindurch / *throughout the country* über das ganze Land hinweg 8
throw [θrəʊ] (**threw** [θru:] – **have thrown** [θrəʊn]) – *throw a party* eine Fete ‚steigen lassen' / *throw in* hineinwerfen / *throw up* erbrechen 6, 7
thunder ['θʌndə] Donner 8
tick [tɪk] ankreuzen; (aus)wählen 1
ticket ['tɪkɪt] (Eintritts-)Karte 1, 4
tidy ['taɪdɪ] ordentlich 10
tied to it [taɪd] damit verbunden 1
tightly-packed ['taɪtlɪ] voll (mit Leuten) 4
till [tɪl] Kasse 10
time [taɪm] – *just in time* gerade noch rechtzeitig / *At the time it was somewhat alarming.* Zu dem Zeitpunkt war es etwas beunruhigend. 1, 2
timer ['taɪmə] Zeituhr 12
toddle ['tɒdl] herumwatscheln; unsicher gehen 3
toddler ['tɒdlə] kleines Kind 3
tools and equipment ['tu:lz ənd ɪ'kwɪpmənt] Werkzeuge und Ausrüstung 10
tooth [tu:θ] (Mehrzahl: **teeth** [ti:θ]) Zahn 8
top of the form [tɒp] der/die Klassenbeste 8
topped [tɒpt] bedeckt 5
toss [tɒs] wälzen – *toss (the salad)* den Salat (in der Soße) umdrehen 5, 7
trace [treɪs] entdecken, aufspüren 12
track [træk] Aschenbahn 1
trader ['treɪdə] Einzelhändler; Ladenbesitzer 5, 11
trader's association ['treɪdəz əsəʊsɪ'eɪʃn] Händlervereinigung 11
trade-in ['treɪdɪn] Inzahlungnahme 12
train [treɪn] Zug 1
treat [tri:t] behandeln 10
tremendously varied [trɪ'mendəslɪ 'veərɪd] ungeheuer unterschiedlich 11
trials ['traɪəlz] Probezeiten (zum Testen der Geräte) 12
trim [trɪm] Zurechtschneiden 5
trip [trɪp] – *a trip down the river* ein Bootsausflug (flussabwärts) 1
try [traɪ] versuchen 3
tube [tju:b] (die Londoner) U-Bahn 1
tuition fee [tju:'ɪʃn fi:] Studiengebühr 11
tunnel access ['tʌnl 'ækses] Tunnelzufahrt 4
turkey ['tɜ:kɪ] Truthahn 2
turn [tɜ:n] – *turn on* anstellen / *turn off* abstellen 12
tutor ['tju:tə] Tutor 12
TV film [ti:'vi:] Fernsehfilm 8
typewriter ['taɪpraɪtə] Schreibmaschine 12

U

underwear ['ʌndəweə] Unterwäsche 2
unfit to drive [ʌn'fɪt] fahruntüchtig 8
unhygienic [ʌnhaɪ'dʒiːnɪk] unhygienisch 5
uniform ['juːnɪfɔːm] Uniform; Arbeitskleidung 10
unknown [ʌn'nəʊn] unbekannt 6
unlimited mileage [ʌn'lɪmɪtɪd] unbegrenzte Kilometerzahl 4
unplugged [ʌn'plʌgd] aus der Steckdose gezogen 6
untaxed [ʌn'tækst] – *I'm untaxed.* Ich muss keine Steuern zahlen. 10
up – *that's up to you* das ist Ihnen überlassen / *up the river* flussaufwärts 1, 7
upholstered furniture [ʌp'həʊlstəd 'fɜːnɪtʃə] Polstermöbel 6
upset [ʌp'set] beunruhigen 2
upstream [ʌp'striːm] flussaufwärts 1
urgent ['ɜːdʒənt] dringend 10
used to ['juːstə] – *what we were used to buying . . .* was wir zu kaufen pflegten . . . 5, 6
useful ['juːsfʊl] nützlich; gelegen 10
user ['juːsə] Benutzer 4
usually ['juːʒʊəlɪ] normalerweise, gewöhnlich 3
utensils [juː'tenslz] Utensilien 5

V

vacancy ['veɪkənsɪ] freie Stelle 10
vacuum cleaner ['vækjʊəm 'kliːnə] Staubsauger 12
valid from the day of issue ['vælɪd] gültig vom Tag der Ausstellung an 1
van [væn] (kleiner) Lastwagen; Lieferwagen 4
variety [və'raɪətɪ] – *a big variety of English food* viele verschiedene englische Gerichte / *a variety of music* unterschiedliche Musik 3, 9
various ['veərɪəs] – *a various amount of wine* eine unterschiedliche Anzahl von Weinen 5
vary ['veərɪ] sich verschieben, variieren 10
V. A. T. (= value added tax) [viːeɪ'tiː] Mehrwertsteuer 4
veal chop ['viːl 'tʃɒp] Kalbskotelett 5
vegetarian [vedʒɪ'teərɪən] Vegetarier – *vegetarian dishes* vegetarische Gerichte 5
vehicle ['viːɪkl] Auto; Fahrzeug 4
verdict ['vɜːdɪkt] Urteil 12
verge [vɜːdʒ] Rand; Böschung 8
vicarage ['vɪkərɪdʒ] Pfarrhaus 2
video (recorder) ['vɪdɪəʊ] Videogerät 12
view [vjuː] Sicht 11
village ['vɪlɪdʒ] Dorf 1
virus ['vaɪərəs] Virus 6
visit ['vɪzɪt] besuchen 1
visual ['vɪzjʊəl] visuell 8
vote against something [vəʊt] gegen etwas stimmen 11
voucher ['vaʊtʃə] Gutschein 6

W

wages ['weɪdʒɪz] Bezahlung; Lohn 10
waiter ['weɪtə] Kellner 5
waitress ['weɪtrɪs] Kellnerin 5
waive something [weɪv] auf etwas verzichten 11
walk [wɔːk] (zu Fuß) gehen – *walk on stage* die Bühne betreten 1, 9
wander ['wɒndə] – *wander off* sich entfernen (davonwandern) 2
washer ['wɒʃə] (= washing machine) Waschmaschine 12
waste away [weɪst] (hier:) verfallen 9
watch [wɒtʃ] – *watch one's figure* auf seine Figur achten / *watch TV* fernsehen 1, 3
weather ['weðə] Wetter 1
wedding carriage ['wedɪŋ 'kærɪdʒ] Hochzeitskutsche 4
week [wiːk] – *on Friday week* Freitag in einer Woche 2, 4
weekend [wiːk'end] Wochenende 1
weekly ['wiːklɪ] wöchentlich 2
weight [weɪt] Gewicht – *lose weight* (Gewicht) abnehmen / *put on weight* zunehmen 6
well-cooked gut zubereitet 5
went → **go**
whatever [wɒt'evə] was immer 9
wheelchair [wiːl'tʃeə] Rollstuhl 4
whenever [wen'evə] wann immer 9
wherever [weər'evə] wo immer – *I could go wherever I liked.* Ich konnte gehen, wohin ich wollte. 1, 9
whipped cream [wɪpt] Schlagsahne 7
whoever [huː'və] wer auch immer 9
whole [həʊl] ganz 6
wholemeal bread ['həʊlmiːl 'bred] Weizenkeimbrot 6
whooping cough ['huːpɪŋkɒf] Keuchhusten 6
wig [wɪg] Perücke 3
wildlife programme ['waɪldlaɪf] Natursendung 8
win [wɪn] (**won** [wʌn] – **have won**) gewinnen – *win an award* [ə'wɔːd] einen Preis/eine Auszeichnung gewinnen 12
windsurfing ['wɪndsɜːfɪŋ] Surfen 2
wine bar [waɪn] Weinlokal 5
wine-poached haddock ['waɪnpəʊtʃt 'hædɒk] Schellfisch in Wein gedünstet 7
wise [waɪz] klug 4
wobble ['wɒbl] wackeln 5
wonder ['wʌndə] sich fragen 2, 4
wood-panelled ['wʊdpænld] holzgetäfelt 3
word processor ['wɜːd'prəʊsesə] Textcomputer 12
work out [wɜːk] ausarbeiten 3

worm [wɜːm] Wurm 9
would [wʊd / wəd] – *I would really love to go.* Ich würde schrecklich gern gehen. / *I would like to* ... Ich würde gerne ... 1, 3

Y

yearly [ˈjɜːlɪ / ˈjɪəlɪ] jährlich; jedes Jahr 2
young [jʌŋ] jung 1

Z

zebra crossing [ˈziːbrə / ˈzebrə] Zebrastreifen 6
zero meridian [ˈzɪərəʊ məˈrɪdɪən] Nullmeridian 1

Lautschrift

[ʌ]	kurzes *a,* etwa wie in dt. m*a*tt	bus [bʌs], run [rʌn]
[aɪ]	etwa wie in dt. *Ei*s, f*ei*n	my [maɪ], nice [naɪs]
[aʊ]	etwa wie in dt. Fr*au*, H*au*s	out [aʊt], how [haʊ]
[ɑ:]	langes *a*, etwa wie in dt. l*ah*m	last [lɑ:st]
[ɑ̃:]	französisch nasaliertes *a*, wie in dt. Restaur*ant*	restaurant ['restrɑ̃:]
[æ]	mehr zum *a* hin als dt. *ä* in W*ä*sche	back [bæk], stand [stænd]
[e]	kurzes *e*, wie in dt. B*e*tt	best [best]
[eɪ]	nicht wie in dt. *Ei*, sondern *e-i*, d. h. von [e] zu [ɪ] gleiten	late [leɪt], name [neɪm], safe [seɪf], pay [peɪ]
[eə]	*ä* wie in dt. B*ä*r, dann zu [ə] gleiten	air [eə], where [weə]
[ə]	kurzes, unbetontes e, etwa wie in dt. grüß*e*n, bitt*e*	about [ə'baʊt]
[əʊ]	von [ə] zu [ʊ] gleiten	smoke [sməʊk]
[ɜ:]	etwa wie in dt. K*ör*ner (aber ohne *r*!)	word [wɜ:d]
[ɪ]	kurzes *i*, etwa wie in dt. m*i*t	it [ɪt]
[ɪə]	von kurzem [ɪ] zu [ə] gleiten, kürzer als in dt. h*ier*	here [hɪə]
[i:]	langes *i*, etwa wie in dt. n*ie*, L*ie*be	please [pli:z], see [si:]
[ɒ]	kurzes offenes *o*, etwa wie in dt. G*o*tt	not [nɒt], long [lɒŋ]
[ɔɪ]	etwa wie in dt. n*eu*	noise [nɔɪz]
[ɔ:]	langes offenes *o*, etwa wie in dt. K*or*n (aber ohne *r*!)	all [ɔ:l]
[ʊ]	kurzes *u*, etwa wie in dt. M*u*tter	book [bʊk], good [gʊd]
[ʊə]	kürzer als in dt. K*ur*	sure [ʃʊə]
[u:]	langes *u*, etwa wie in dt. Sch*uh*	who [hu:], school [sku:l]

[ŋ]	wie in dt. la*ng*e, Me*ng*e	thing [θɪŋ]
[r]	nicht rollen! Zunge an den Gaumen und leicht zurückbiegen	right [raɪt], friend [frend]
[s]	wie in dt. rei*ß*en, wi*ss*en	sir [sɜː], Miss [mɪs]
[z]	wie in dt. rei*s*en, le*s*en	please [pliːz]
[θ]	wie *ss* in dt. Fa*ss*, aber gelispelt, d. h. Zunge an obere Vorderzähne	thing [θɪŋ], nothing ['nʌθɪŋ]
[ð]	wie *s* in dt. *s*att, aber gelispelt, d. h. Zunge an obere Vorderzähne	that [ðæt], with [wɪð], another [ə'nʌðə]
[ʃ]	wie in dt. Ti*sch*	shop [ʃɒp]
[ʒ]	wie in dt. Garage, Loge	television ['telɪvɪʒn]
[v]	wie in dt. *W*ein, *V*ioline, *V*isum	very ['verɪ]
[w]	nicht wie dt. *w*! Mit vorgestülpten Lippen gebildetes kurzes *u*, von dem man schnell zum nachfolgenden Laut übergleitet	well [wel], what [wɒt], always ['ɔːlweɪz], quite [kwaɪt]
[']	steht vor stark betonter Silbe	afternoon [ɑːftə'nuːn]

Umfassend – gründlich – unterhaltsam

Großer Lernwortschatz Englisch

von Hans G. Hoffmann
und Marion Hoffmann
15.000 Wörter zu 150 Themen
368 Seiten
ISBN 3–19–006365–6

Vokabeln lernen sich leichter, wenn sie nach Themenbereichen gegliedert und in thematischen Zusammenhängen präsentiert werden. Diesem Prinzip folgt der **Große Lernwortschatz**:

- Rund 15.000 Wörter in 20 thematisch geordneten Kapiteln
- Themen wie soziale Probleme und Weltanschauung
- Fast jeder Begriff in einem typischen Anwendungsbeispiel
- Extras zu Grammatik, Aussprache, Wortgebrauch und Landeskunde
- Topaktueller Wortschatz durch Berücksichtigung von neuesten Pressetexten
- Mit phonetischer Lautschrift

Auch für Französisch, Italienisch und Spanisch lieferbar.

Hueber
Sprachen der Welt
www.hueber.de